やわらかアカデミズム
〈わかる〉シリーズ

よくわかる
子どもの健康と安全

丸尾良浩/竹内義博

[編著]

ミネルヴァ書房

　令和元年と元号が変わり，新たな時代の幕開けを迎えました。時代が変わるだけなく，子どもを取り巻く環境も昭和・平成と大きな変化が見られています。核家族化，共働きなどの生活基盤の変化とともに，虐待やいじめが喫緊の社会問題となる一方，国際化も進み育児環境にも宗教，言語，習慣などの違いも考慮しなければならなくなっています。日本においては少子高齢化が進み社会構造の変化も子どもの生育環境に影響を及ぼしています。これからの令和の時代の社会を担う子どもたちのためには新しい時代に対応できる保育者が必要です。小児保健の中心を担うのは保育士，保健師，看護師，栄養士，教育者です。

　「よくわかるシリーズ」は，大学新入生向けに学問の構造が全体として把握できるように，さらに次に進む意欲が湧くように構成されたものです。本書の元になった『よくわかる子どもの保健』もこの方針を最大限に尊重し，小児保健の重要事項と小児救急について原則として見開き2頁でわかりやすく解説し，保育の現場ですぐに役に立つように編集されました。2018年に保育士養成課程のカリキュラムの変更が行われ「子どもの保健Ⅰ」「子どもの保健Ⅱ」から「子どもの保健」「子どもの健康と安全」に再編されました。この改革に対応するために『よくわかる子どもの保健』を全面的に見直し，『新版　よくわかる子どもの保健』と『よくわかる子どもの健康と安全』の2冊に分冊して出版することになりました。『よくわかる子どもの保健』のコンセプトを踏襲し見開き2頁を原則として，読みやすく，保育の現場に役立つ書を目指しました。

　執筆には滋賀医科大学小児科学講座及び関連施設・関連病院の小児科医が担当し，多くの女性医師が参加しているのも本書の大きな特徴です。子育てをする側の目線も生かした現場に即した内容になっていると思います。

　これからの社会を担う子どもを見守り育成する環境を整備することは，日本の未来のために欠かせません。私ども小児科医の思いが，「子どもを守る」という目標を共有するみなさまのお役に立てれば，これ以上の喜びはありません。

2020年9月

編著者　丸尾良浩・竹内義博

もくじ

やわらかアカデミズム・〈わかる〉シリーズ

よくわかる
子どもの健康と安全

保育における保健的対応の基本的な考え方

❶ 「保育」と「保健」

　「保育」という用語は，広義には保育所や幼稚園等の乳幼児を対象とする「集団施設保育」と家庭の乳幼児を対象とする「家庭保育」の両方を含む概念として用いられます。しかし一般には狭義に保育所や幼稚園等における教育を含む日々の営みを指すことが多いでしょう。

　一方「保健」とは，健康を保つための活動を指し，小児においては特に小児保健として示されます。小児保健では，健康・安全を保つだけでなく，子どもの健やかな成長や発達を導くことにも重点が置かれます。

　また，時代の変遷とともに深刻となる問題や新たな問題も加わってきています。ネグレクトを含む児童虐待や発達障害については近年増えてきており，保育の現場でも重要な課題となっています。また，国際化による宗教，言語，習慣の違いの理解や，台風，大雨，地震といった大規模災害に対しても安全の確保が求められています。これからの保育を考えるうえで，これらの問題を考慮した保健的対応が求められます。

❷ 保育における保健的対応

　保育所における保育については，「保育所保育指針」において「健全な心身の発達を図ることを目的とする」とされており，その目的を達成するために「保育に関する専門性を有する職員が，家庭との緊密な連携の下に，子どもの状況や発達過程を踏まえ，保育所における環境を通して，養護及び教育を一体的に行うことを特性としている」と示されています。

　保育における保健的対応の基本的考え方については，「保育所保育指針」の「第3章　健康及び安全」において解説されています。「保育所保育において，子どもの健康及び安全の確保は，子どもの生命の保持と健やかな生活の基本であり，一人一人の子どもの健康の保持及び増進並びに安全の確保とともに，保育所全体における健康及び安全の確保に努めることが重要となる。また，子どもが，自らの体や健康に関心をもち，心身の機能を高めていくことが大切である」と示されています。そして，これを実践するためには，「子どもの健康支援」「食育の推進」「環境及び衛生管理並びに安全管理」「災害への備え」を念頭に置き保育を行うことが求められています。

▶　保育所保育指針は，1965年に策定され，以降4回の改訂（定）が行われている。現在の指針は2018年4月より施行されている。また，実際の保育所での運用のために，厚生労働省より「保育所保育指針解説」が刊行されている。

③ 子どもの健康支援

　健康支援としては「子どもの健康状態並びに発育及び発達状態の把握」や「健康増進」, そして保育中に起こる「疾病等への対応」が求められます。特に健康状態については, 身長・体重の変化を知ることにより把握し, 疾患や虐待などの発見となります。定期的・継続的な把握が大切です。健康増進のために, 一人一人の子どもの生活リズムや食習慣を把握すること, そして, 保育中に起きる疾病に対する初期対応を行うことは大切です。保育中の子どものけがや体調不良への対応, 感染症対策, アレルギー疾患への対応などを理解し, さらに嘱託医や看護スタッフと連携できるようにすることが求められます。

④ 食育の推進

　健康な生活の基本としての「食を営む力」の育成に向け, その基礎を培うことが求められます。食事の摂取量や食べ方などより, 規則正しい食事生活ができているかを把握することが大切です。また, 食物アレルギーや宗教的な理由により食べられない食品に対する対応や配慮も必要であり, 栄養士や医療者との連携も大切です。

⑤ 環境及び衛生管理並びに安全管理

　保育を行う施設の温度, 湿度, 換気, 採光, 音などの環境や設備・用具などの衛生管理や安全管理を行います。食中毒の予防に向けての衛生面の取り組みが求められます。また, 食中毒発生時を想定しての衛生管理体制を整備しておくことや, 事故が起こりそうな場所や物をあらかじめ想定して, 事故防止の対策をすることが大切です。外部からの侵入や事故を想定して対応を講じておくことも必要です。

⑥ 災害への備え

　一般的な防災に対する備えや災害発生時の具体的対応, 避難訓練計画等に関するマニュアルの作成が必要です。いざという時の自治体との連携, 保護者との連携を行い, 定期的な避難訓練の実施, 保護者への引き渡しなどの手順の確認を行うことが大切です。大地震や台風など大規模災害に対する対応を想定することも大切であり, 地域の自治体や関係機関との連携をはかり, 必要な時は協力を得られる用意しておくことが求められます。

　これまでは考えられないこともたくさん予想しなければならない時代になってきています。保育所保育指針を守るだけでなく, 保育所保育指針を基本とし令和の時代に即した保健的な考え方を身につけてください。　　　　　（丸尾良浩）

社会のなかでの保育環境

人との愛着形成の基盤となる乳幼児期に保育者が子どもに与える影響は多大です。長時間保育を必要とする乳幼児が増えている現状のなか，子どもにとって一日の大半を過ごす保育所生活を支えてくれる保育士から得るものは人生の基盤となると言って過言ではないでしょう。ここでは社会のなかにおける保育環境について考えます。

1　社会における保育所の役割

◯保育所の社会的責任

児童福祉法第39条に「保育所は，保育を必要とする乳児・幼児を日々保護者の下から通わせて保育を行うことを目的とする施設」とあります。

保育所が地域において最も身近な児童福祉施設として，これまでに蓄積してきた保育の知識・経験・技術を生かしながら，子育て家庭や地域社会に対しその役割を果たしていくことは，社会的使命であり，責任でもあります。

保育所は子どもの人権に十分配慮するとともに子ども一人一人の人格を尊重して保育を行わなければなりません。子どもの発達や経験の個人差等にも留意し，国籍や文化の違いを認め合い，互いに尊重する心を育て，子どもの人権に配慮した保育となっているか常に職員全体で確認することが必要です。体罰や言葉の暴力はもちろん，日常の保育のなかで子どもに身体的，精神的苦痛を与え，その人格をはずかしめることが決してないよう，子どもの人格を尊重して保育にあたらなければなりません。幼い子どもは身近な保育士等の姿や言動を敏感に受け止めています。保育士の言動は子どもに大きな影響を与えていることを常に意識し，愛情をもって子どもと関わり，信頼関係を築いていかなければなりません。

◯社会における保育への意識

「三歳までは母親の手で子育てを」という「三歳児神話」が一般的であった時代もありましたが，就労と子育ての両立が価値あるものと捉え，保育を肯定的に評価する考えが多くなってきています。「三歳児神話」のなかで育った親世代が，我が子が受けた保育を肯定的に評価する背景に，保育者との関係のなかで不安等が解消されたことがあげられています。保育経験による悪い影響よりも，よい影響を期待する考えが多く，また認知面や身体的側面の育ちよりも，他者とのさまざまな関わりを経験することにより，社会生活の基盤となる情緒

▷1　増田まゆみ（2005）．低年齢児の保育に対する保護者の意識──中高生をもつ保護者に対する意識調査から．日白大学総合科学研究，(1)，pp.85-97．

的，社会的な側面の育ちを期待する声も多くあります。その背景には，保護者とパートナーシップを組んで子育てを支える存在としての保育者の存在の大きさが示唆されます。保護者を理解し，子育てを支える存在として保育所は期待されています。

② 求められる保育環境の充実

○低年齢児の保育環境

保育所における低年齢児の割合は高く，開園から閉園の長時間を過ごす子どもも多くいます。乳児期は安定した養育者との関わりのなかで「基本的信頼感」を得ていく重要な時期です。また疾病への抵抗力も弱く，このような特性を考慮した保育環境の整備が求められています。

○認定こども園

従来は保育所，幼稚園が教育・保育の場として主流でしたが，2015年から開始した**子ども・子育て支援新制度**により認定こども園の普及が進んでいます。こども園は幼稚園と保育所の機能や特徴をあわせもち，地域の子育て支援も行う施設です。子育て支援の場が用意されており，園に通っていない子どもの家庭も，子育て相談や親子の交流の場などに参加できるという特徴があります。

▷2　子ども・子育て支援新制度
⇨Ⅵ-4 参照。

○家庭的保育

待機児童対策の一つとして，拡がりを見せている対策です。保育者の家庭で行われる小規模（5人以下）の異年齢保育です。家庭的保育者として市町村長の認定を受けた保育士，看護師，幼稚園教諭などが「保育ママ」として子どもを保育します。前述の新制度の地域型保育の一つと位置づけられています。その他の地域型保育は，小規模保育（定員6〜19人），事業所内保育，居宅訪問型保育があります。

○病児・病後児保育

子どもが風邪など感染症にかかり，その病気中，病気の回復期，出席停止期間に保護者が長期間仕事を休めないような場合に，子どもを預かって保育を行うシステムです。小児科医，看護師，保育士など専門家集団によって保育や看護を行えるよう医療的な配慮がなされている場所で行われますが，その数はまだ少なく，十分に行われているとは言えない現状です。

○ファミリー・サポート・センター

保護者が仕事の都合がつかない場合など，保育所までの送迎を行ったり，保育所の開始前や終了後の子どもを預かるサポートをする事業です。地域において働く人々の仕事と子育てまたは介護の両立を支援することを目的に，1994年より設立が始まりました。地域の援助を受けたい人と援助を行いたい人がセンターに申し込むことにより会員となり事業が行われています。

（上羽智子）

保育施設における環境整備

保育所の生活は大きく分けて「人的環境」「物的環境」「自然環境」「社会的環境」の4つの環境で構成されています。ここでは物的環境を中心に述べます。[注1]

 ### 物的環境

子どもの心身の健康と発達を支えるうえで，保育所における一日の生活が，発達過程や時期，季節などに即して静と動のバランスのとれたものとなるよう配慮することが重要です。子どもが保育士と一緒に落ち着いて過ごすことのできる時間や空間が保障されることが大切です。また，一人または少人数で遊びに集中したり，友達と一緒に思い切り身体を動かしたり，さまざまな活動に取り組むことができる配慮や工夫が求められます。子どもの心身の健康と情緒の安定を図るために，室内の温度や湿度を調整し換気を行い，さらに部屋の明るさ，音，声の大きさなどにも配慮して心地よく過ごすことができる環境を整えることが大切です。

以下は文部科学省「学校環境衛生基準」（2018年改正）に基づいた基準ですが，保育所等の保育施設の環境としても参考になります。

◯温度・湿度

湿・温度計を整え，至適温度・湿度を保つように注意します。冬期では室温は18〜22℃に，また夏期では25〜28℃に保ち，冷房中は外気との差をなるべく5℃以内に調整します。湿度は30〜80％とします。近年では，熱中症の事故が多発していますが，その発症場所は40％が室内であり，どの季節でも発症します。乳幼児はリスクが高いため暑さ指数測定器などを用いて熱中症の予防を図ることも大切です。

◯換気

暖房中は，換気に注意します。換気の基準としての CO_2 濃度は1,500 ppm 以下です。おおよそ1時間に2回，換気を行います。

◯採光・照明

日当たりのいい場所であり，少なくとも1日1回以上は自然光線が十分差し込んでいることが求められます。室内照度は下限値が300ルクスです。絵本を読んだりお絵かきをするスペースでは500ルクス以上が望ましいです。

◯音環境

室内の**等価騒音レベル**[注2]は窓を閉じている時は50デシベル以下，窓を開けてい

▷1 社会的環境については，I-2 を参照。

▷2 **等価騒音レベル**
不規則かつ大幅に騒音レベルが変動している場合に，測定時間内の騒音レベルのエネルギーを時間平均したもの。

る時は55デシベル以下が望ましいです。また，保育所の「子どもの声が騒音である」という問題もあります。近隣の苦情対応，防音壁の設置，園庭遊び時間の限定，近隣公園への外遊び実施などさまざまな対策を余儀なくされている現状があり，今後の大きな課題です。

○事故防止・安全面

【保育室内・周辺】

　縁側や窓から転落しないように適当な柵があることや，子どもの手が届くところに危険物や薬品，非衛生的な物を置かないように注意し，常に整理整頓を心がけます。窓ガラスの破損やひび割れがないことも確認しておきます。家具，展示物，戸棚内・上の物品類が落下・転倒しないよう設営することが地震などの防災においても大切です。スイッチ・コンセントは，子どもの手の届かない場所に取り付けましょう。暖房器具の設置は，防護柵で囲んでおきましょう。床面は滑らないか確認しておきましょう。防火用水・消火器を準備し，物に隠れないように設置しておきましょう。

【園庭や室外の遊び場等の環境】

　長時間の紫外線を避けるため，プールサイドや砂場などに，直射日光を避ける日よけをつくります。遊具，砂場，水遊び場，プール，手洗い場，足洗い場の安全・衛生確認は，担当や確認日を決めて，活動開始前に行いましょう。素足や素手でけがをするような異物がないか，滑りやすくなっていないかなどを点検します。異常があればロープなどを張り，改善対策が行われるまでは使用できないようにしておきます。遊具などの業者による点検の日程も把握しておくようにします。活動中は園児が一人で外に出てしまわないように，また不審者の侵入を防止できるように園庭から外への出入り口は1か所にして施錠し，鍵は園児の手の届かないところに保管しましょう。飼育活動環境の清潔・管理では，休日や長期休み中の世話，夜間の防音も考えておきましょう。

② 人的環境

　子どもは身近な大人や子どもと関わり合い，その影響を受けて育ちます。同年齢の子どもとの関係，異年齢の子どもとの関係，保育士等との関係や地域のさまざまな人との関わりなど，安心してさまざまな人と関わる状況をつくりだすことが大切です。こうした人々との関係のなかで子どもはさまざまな感情や欲求をもち，他人との関係を深め興味関心を育てていきます。

③ 自然環境

　子どもたちは，身近な環境に親しみ，自然と触れ合うなかでさまざまな事象に興味や関心をもちます。植物を育てるなど自然に触れ合える環境を整えましょう。

（上羽智子）

乳幼児健診の役割と意義

① 乳幼児健診の歴史と役割──疾病対策と母子保健から，子育て支援へ

　我が国の乳幼児健康診査（以下，乳幼児健診）は，乳幼児死亡率が高かった1930年代に疾病対策を目的として始まり，その後の母子保健指導により，日本は世界でも有数の母子保健水準となりました。しかし1980年代以降，日本では少子化が続いており，女性の社会進出と産後の就労困難，核家族化，地域社会から孤立した育児，貧困や虐待などのさまざまな社会問題が生じています。[▷1] そのため，現在の乳幼児健診は，全ての子どもが健やかに育つための母子保健の基盤であるだけでなく，社会問題を抱える母子への対策と，育児不安に寄り添って育児支援をする役割も求められています。

▷1　宮嵜雅則（2009）．乳幼児健診の歴史と法的根拠．小児保健シリーズ，**64**，pp. 1-6.

▷2　山崎嘉久（編）（2015）．標準的な乳幼児期の健康診査と保健指導に関する手引き──「健やか親子21（第2次）」の達成に向けて（http://sukoyaka21.jp/pdf/H27manyual_yamazaki.pdf）．

② 乳幼児健診の意義[▷2]

○健康状況の把握
　乳幼児健診は一人一人の子どもの健康だけでなく，地域の全ての子どもの健康を知ることで，地域のさらなる健康を目指す対策につながります。

○支援者との出会いの場
　一方的な指導を受ける場ではなく，親子で参加して地域の支援者とつながりをもつことで，必要な支援を受けやすくなります。

○多職種が連携した保健指導による支援
　多職種が関わり，専門知識と技量を協力して提供し，情報共有をすることが重要です。多職種とは，保育士をはじめ，医師・歯科医師，保健師，助産師，看護師，栄養士，歯科衛生士さらに心理職や理学療法士，作業療法士，言語聴覚士，視能訓練士，地域の子育てボランティアなどです。

○一貫した行政サービスを提供するための標準化
　昨今の子育て世代の状況は多様です。どの都道府県と市区町村においても共通の標準的な健診事業が行われるように整備されることが必要です。

③ 健診の実際

○時　期
　法に定められた1歳6か月児健診と3歳児健診，就学時健康診断，そのほか市区町村により1〜2か月，3〜5か月，6〜8か月，9〜12か月，4〜6歳

に一般健診が行われています。

○項　目

　身体発育状況，四肢運動障害，精神発達状況，言語障害，視覚異常，発達障害に着目します。具体的には，小児科（血液疾患，アレルギー疾患，内分泌疾患，心疾患，消化器疾患，神経・精神疾患，腎・泌尿器疾患），整形外科，眼科，耳鼻咽喉科，歯科の疾病スクリーニングが行われます。保健指導として離乳食・偏食，睡眠・泣き，保護者のメンタルヘルス，しつけ，親からの育てにくさの訴えなども確認します。

○手　順

　「問診」「観察」「診察」「判定」を行い，保健指導を「異常なし」「要観察」「要紹介」「既医療」に区分して実施します。その後「カンファレンス」で情報共有を行い，「支援方法」を確認します。精密検査機関への紹介，保健機関での相談や家庭訪問などによる経過観察，事後教室などの支援，他機関と連携した支援などを実施し，定期的に状況を把握し，必要に応じて再検討します。個別の支援，フォローアップ経過を評価するとともに，その年度の健診事業を評価し，地域の子ども全体の健康・安全へとつなげていきます。つまり「個から個」に加え「個から社会へ」共有し，「集団と社会」として捉えられたものが「社会から個へ」還元されることが大切です。

❹ 保育所における健診の活用[3]

　保育所保育において，子どもの健康及び安全を確保することは，子どもの生命の保持と健やかな生活の基本です。保育所は子どもが集団で生活する場であり，保育所では一人一人の子どもの健康の保持と増進ならびに安全の確保とともに，保育所全体における健康と安全の確保に努めることが重要となります。

　子どもの健康状態の把握は，保育士等による日々の子どもの心身の状態の観察，嘱託医と嘱託歯科医による定期的な健康診断に加え，保護者からの子どもの状態に関する情報提供によって，総合的・定期的・継続的に行う必要があります。具体的には，入園時に健康調査票（成育歴，既往歴，治療状況，予防接種歴）を確認し，その内容を定期的に再確認すること，入園後の定期的な身体測定を行い，その結果を家庭へ伝えること，また地域の乳幼児健診受診を保護者に働きかけ，その結果も家庭から聞くようにします。保育所でも健康診断を実施し，その結果を保育に活用するとともに，保護者が子どもの状態を理解して日常生活に活用できるようにします。さらにその結果により市区町村や医療・療育などの関連機関との連携を図ることや，就学先に伝えるなどして，子どもの健康が継続して支援されるべきです。[4]

（長井静世）

▷3　保育所における健康状態の把握等については，「保育所保育指針解説」の「第3章　健康及び安全」の「1　子どもの健康支援」を参照のこと。
厚生労働省（2018）．保育所保育指針解説．

▷4　宮崎博子（2017）．保育園看護師からみた保育保健．小児内科，**49**(3)，pp. 345-350．

保育現場における衛生管理

保育所保育指針の「第3章　健康及び安全」のなかに「3　環境及び衛生管理並びに安全管理」という項目があります。子どもたちの日常生活の場である保育環境は衛生的に整えられる必要があり，そのためには以下の主に3つの観点での取り組みを実施せねばなりません。

1　施設内外の適切な環境維持

子どもの心身の健康と情緒の安定を図るために，室内の温度や湿度を調節し，換気を行い，さらに，部屋の明るさや，音や声の大きさなどにも配慮して，心地よく過ごすことができるよう環境を整えることが大切です。また，常に清潔な環境を保つことができるよう，日頃から清掃や消毒等を行うことが大切です。その際，消毒薬などは子どもの手の届かない場所で保管，管理し，誤飲の防止等，安全の徹底を図らなくてはなりません。また，紙切れ，ビニール，ネジ，ボタン，遊具の破損物などの危険物が落ちていないかの確認も重要です。

保育室をはじめとした保育所内の各室，調理室，トイレ，園庭，プールなど各設備の衛生管理はもちろんのこと，歯ブラシやコップ，寝具，床，棚，おむつ交換台，ドアノブ，手洗い用の蛇口などの各備品，特に低年齢児では直接口に触れることも多い玩具は，日々状態を確認し，衛生管理を行う必要があります。調理室や調乳室では，室内及び調理や調乳のための器具，食器を清潔に保つとともに，食品の品質等の管理，入室時の外衣や帽子の着用といった衛生管理が必要です。

園庭や砂場では，動物の糞尿の処理，樹木や雑草の管理，害虫などの駆除や消毒，小動物などの飼育施設の清潔を保つことなどが必要です。プールでは，設備の消毒や水質の管理，感染症の予防のほか，利用時については，重大事故が発生しやすい場面であることを踏まえた安全管理の徹底に努める必要があります。

2　子どもと全職員の清潔維持と衛生知識の向上

職員は，感染症及び衛生管理に関する知識と適切な対応方法を日頃から身につけておくことが必要です。嘔吐物や糞便等の処理にあたっては，使い捨てのマスクやエプロン，手袋等の使用や手洗いの徹底など，感染防止のための処理方法とその実施を徹底しなければなりません。また，状況に応じて，処理の際

▷1　⇨Ⅰ-3 参照。

▷2　⇨Ⅲ-1 参照。

に身につけていた衣服は着替えたほうがよいでしょう。調乳や冷凍母乳を取り扱う場合や，子どもの食事の介助を行う場合には，手洗いや備品の消毒を行う等，衛生管理を徹底することが重要です。全職員は自己の健康管理に留意し，特に感染症が疑われる場合には速やかに施設長に報告し，自らが感染源にならないよう，適切に対処することが求められます。食中毒の予防においては，日常的に，子どもが清潔を保つための生活習慣を身につけられるよう取り組むことが大切です。

　特に，手洗いについては，正しい手の洗い方を指導することが重要ですし，動物の飼育をしている場合は，その世話の後，必ず手洗い等を徹底させる必要があります[3]。調理体験の際には，服装，爪切り，手洗いなど，衛生面の指導を徹底しましょう。手洗いに消毒薬を常用することは，手荒れをまねき，**皮膚表面のバリア**[4]がこわれ，傷口に細菌が繁殖しやすくなり，かえってよくありません。速乾性エタノールなどの消毒薬の使用は，下痢風邪や流行性感染症の流行時の一時的な使用にとどめておくほうがよいでしょう。

③ 食中毒や感染症が発症した際の対応

　子どもの発熱や身体の発疹，嘔吐・下痢症状に十分注意し，感染症が明らかになった場合は，他へ伝染しないような対策をとることが重要です[5]。

　感染力の強い，麻疹・水痘を発症した子どもは別室への隔離が必要でしょう。飛沫感染のインフルエンザ・百日咳・風疹・流行性耳下腺炎（おたふくかぜ）は，マスクやカーテンで咳やくしゃみをさえぎることでも感染防止効果が期待できます。

　感染性胃腸炎の原因となるノロウイルスやロタウイルスは，非常に感染力が強く，手洗いだけでなく，手に触れるもの（タオル・ドアノブ・水道の蛇口など）にも塩素系消毒剤や消毒用エタノールなどでの十分な消毒が必要です。トイレ周りや，吐物の処理をした水道周辺，便や吐物で汚れたところは，特に念入りに消毒を行っておきましょう。調理や調乳，配膳に関わる人は，なるべく感染者の世話や汚物の処理をしないようにしましょう。

　食中毒が発生した場合に備えて，食中毒発生に関する対応マニュアルの作成と全職員への周知も重要です。食中毒が疑われる場合には，該当する症状が認められる子どもを別室に隔離するとともに，嘱託医や保健所などの関係機関と連携し，迅速に対応します。施設長は，子どもや保護者，全職員の健康状態を観察し，食中毒が疑われる場合には，医療機関への受診をすすめましょう。食中毒発生時は，保健所の指示に従い，食事の提供を中止し，施設内の消毒，職員や子どもの手洗いを徹底します。また，必要に応じて行事を控えるなど，感染拡大の防止に向けた対応が効果的です。

（永江彰子）

▷3　⇨Ⅲ-2参照。

▷4　**皮膚表面のバリア**
表皮や皮脂でおおわれていることで，病原菌などの侵入から内面が守られる，そういった生体の防御システム。乾燥・ひび割れ，傷ができると，そこから病原菌が内部に侵入し，化膿したりする。

▷5　新型コロナウイルスへの対応については，厚生労働省は「保育所等における新型コロナウイルスへの対応について」などの事務連絡や通知を通して，各自治体や保育施設に情報を提供している。詳しくは厚生労働省のウェブサイト内「保育所等における新型コロナウイルス対応関連情報（https://www.mhlw.go.jp/stf/newpage_09762.html）」を参照のこと。なお，新型コロナウイルスについては日々状況が変化しているため，最新の情報に留意する必要がある。

子どもの事故の特徴と現状

子どもと不慮の事故

▷1　厚生労働省（2018）．平成30年人口動態統計．

　2018年度の人口動態統計の年齢別死因順位を見ると，0～14歳の総数では「先天奇形等」に次いで「不慮の事故」が多く，1～14歳でも「悪性新生物」に次いで「不慮の事故」が多くなっています[1]。その数は年々減少傾向にありますが，事故死の多くは予防可能なものです。保育の場においては適切な予防策を講じる必要があります。

② 保育施設での事故の実態

　保育施設などにおける事故報告によると，医療機関への受診を要する事故が毎年約2％の確率で発生し，そのうち1％が重症度の高い障害で，そのほとんどが骨折です。また，保育施設における死亡事故は毎年15件前後発生しており，そのうち0～2歳児が約90％を占めています。

③ 子どもの発達・年齢別の事故の特徴

　子どもの事故は成長・発達の程度や年齢によって異なるため，事故の予防には発達段階とその時期に起こりやすい事故を把握しておくことが重要です。子どもの発達の目安と起こりやすい事故の一覧を表Ⅱ-1に示します。

○乳児期前半（0～5か月）

　移動手段が限られており，事故の主な原因は養育者の不注意によるものです。誤って子どもを床に落とすなどの転落事故や，柔らかい寝具でのうつ伏せ寝や吐乳による窒息，調温不足のミルクの哺乳や，熱すぎるお湯での沐浴・入浴による熱傷などが見られます。

○乳児期後半（6～11か月）

　生後5か月を過ぎると，子どもは何にでも手を伸ばし，口に入れるため，熱傷や誤飲事故が多くなります。寝返りが可能となる生後6か月以降は，ベッドやソファからの転落事故が増えます。お座りが可能となる生後7か月頃はまだ姿勢が不安定なため，転倒による打撲事故が見られます。ハイハイでの移動が可能となる生後8か月，つかまり立ち・つたい歩きが可能となる生後10か月には階段や浴槽などのより高い所からの転落や小物の誤飲事故が増えます。

表Ⅱ-1 子どもの発達と事故

	運動機能の発達	転落	切傷・打撲	熱傷	窒息	交通事故	玩具	溺水事故	はさむ事故	誤飲
誕生		親が子どもを落とす		熱いミルク 熱い風呂	枕, 柔らかい布団による窒息, 吐乳	自動車同乗中の事故		入浴時の事故		
3か月	体動・足をバタバタさせる	ベット・ソファーよりの転落							家のドア	
4か月										
5か月	見たものに手を出す, 口の中に物を入れる		床にある鋭いもの（床の上）	ポット, 食卓の湯, アイロン			小さな玩具の誤飲 鋭い角のある玩具 プラスチックの接合部分のささくれ			タバコ
6か月	寝返りを打つ					母親との自転車2人乗り				
7か月	すわる	歩行器による転落								
8か月	はう	階段からの転落		ストーブ, 炊飯器, タバコ		道でのヨチヨチ歩き, 歩行中の事故, 飛び出し		浴槽への転落事故		ボタンなどの小物
9か月	物をつかむ	バギーや椅子からの転落			ひも, よだれかけ				引き出し	
10か月	家具につかまり立ちをする	浴槽への転落	鋭い角の家具・建具 カミソリのいたずら							
11か月					ナッツ類					化粧品・薬品・洗剤
12か月	一人歩きをする	階段の昇り降りの転落								
13か月	スイッチ, ノブ, ダイヤルをいじる	椅子, 窓, バルコニーからの転落	テーブルや机の角, 引き出しの角など(家の中)		ビニール袋					
1歳半	走る, 登る									
2 歳	階段を昇り降りする	ブランコからの転落		マッチ, ライター, 湯沸かし器, 花火			スベリ台, ブランコ, 花火	プール, 川, 海の事故	乗り物のドア	
3 歳	高い所へ登れる		家外の石など			三輪車の事故				
3～5歳						自転車の事故				

出所：田中哲郎ほか（2005）．母子保健事業のための事故防止指導マニュアル．

○幼児期前半（1〜2歳）

ひとり歩きが可能となることで行動範囲がさらに広がりますが，危険回避能力や危険予測能力は未発達な段階のため，誤飲・熱傷・転倒・転落などのさまざまな事故が多発する時期です。

○幼児期後半（3〜5歳）

走る，高い所にのぼるといった活発な動きが可能になり，自転車にも乗れるようになる時期です。そのため，遊具からの転落や道路への飛び出し，自転車による交通事故などが増えます。ハサミなどによる切創も見られます。

④　子どもに多い事故の特徴

○誤飲（消化管異物）[2]

誤飲とは誤って飲みこんだ異物が，消化管（食道，胃，腸）に入ることを言います。厚生労働省の報告によると事故の約半数が生後6か月〜17か月に集中し，4歳以下が9割近くを占めます。誤飲の内訳は，タバコが最も多く，次いで医薬品・医薬部外品となっています。第3〜第5位は金属品，プラスチック製品，玩具が占め，これら5品目については特に注意を払う必要があります。また最近は，電池と洗剤類（パック型の液体洗剤やトイレ用スタンプ洗剤など）の誤飲事故が増えています。食道異物は異物除去以外に治療法がなく，誤飲した異物が24時間以上食道に停滞すると重篤な合併症を呈するおそれがあり，速やかな摘出が必要です。通常，胃より下に落ちた消化管異物は誤飲後数日で大便と共に排泄されるため便中への排泄を待ちます。ただし，鋭利な物や長さが5cm以上の物，複数個の磁石などは摘出したほうが安全です。ボタン電池，特にリチウム電池は数時間で腸に穴をあけるおそれがあるので，摘出します。

化学物質や薬品のうち，漂白剤や除草剤，トイレ洗剤，防虫剤・殺虫剤などの毒性の強い物については無理に吐かせようとせず，対処方法をかかりつけ医や中毒110番[4]に確認し，適切な処置を確認することが重要です。

○窒息（気道異物）[5]

乳児は口や鼻を覆うものを自力で取り除くことができないため，布団や吐乳などで窒息する可能性があります。柔らかい寝具を用いない，哺乳直後に寝かせないといった対策が必要です。小児の気道異物はピーナッツ，枝豆などの異物を気道（喉頭，気管，気管支）に誤って吸引（誤嚥）することによって生じる急性の気道狭窄です。3歳未満が90％を占め，そのうちの過半数が1歳台です。誤嚥される物質の約7割が豆類などの有機物で，含有する油・塩・蛋白が粘膜を刺激し，発見・治療の遅れが機能障害などの後遺症を来すおそれがあります。また，ナイロンやビニールといった無機物は時に喉頭異物となり，窒息の危険があります。突然声が出なくなった，首をおさえて苦しそうにしている，唇が紫色になった等の場合は誤飲・窒息を疑う必要があります。誤飲・窒息の予防

▷2　⇨「現場で役立つ救急時等の対応28」参照。

▷3　厚生労働省医薬・生活衛生局（2018）．家庭用品等に関わる健康被害病院モニター報告（平成29年度）．

▷4　中毒110番
大阪中毒110番：
072-727-2499（365日，24時間対応）（無料）
つくば中毒110番：
029-852-9999（365日，9時〜21時対応）（無料）

▷5　⇨「現場で役立つ救急時等の対応26」参照。

対策には「子どもの口に入る物（直径39 mm 以下）は子どもの手の届かない所（床から高さが1 m以上）に置く」ことの徹底が重要です。

❍溺　水

毎年200名前後の子どもたちが溺水により死亡しています。特に我が国では1歳前後の乳幼児の溺水事故が家庭の浴槽で多発しています。子どもだけでの入浴や付き添う保護者の洗髪，電話対応などのわずかなすきに事故が発生しており，トイレ，水槽，洗濯機などでの事故も見られます。乳幼児では少量の水や浅い水位でも鼻と口が覆われ溺水するため，浴槽・トイレなどに外鍵を設置する等の対策が重要です。

❍熱　傷 [6]

子どもの皮膚は大人に比べ薄いため，低温・短時間でより重症の熱傷を来します。熱傷の80％は家庭内で，うち半数は台所で起きています。行動範囲が広がる1〜3歳児に多く，高温の液体，次いでアイロン，ストーブなどの熱源への接触によるものが多いです。子どもの手の届かない高さに炊飯器やポットを設置する，台所やストーブの周囲に柵を設けるといった対策が重要です。

❍転倒・転落 [7]

子ども（特に乳児）は平衡感覚が未発達で，全身に対し頭が大きく重く，重心の位置が高いため，少しの段差でも容易に転倒し頭を強く打ちつけます。幼児では高い遊具やベランダからの転落事故が多くなります。階段に防止柵を設ける，踏み台になり得るものをベランダや窓際に置かないといった対策が重要です。

❍交通事故

幼児は視野が狭く，目前の物に夢中になるため，道路への飛び出し事故が容易に生じます。交通事故総合分析センターの統計によると，子どもの交通事故死は全体的に減少傾向にありますが，その多くが通学路や自宅周辺で発生しています。事故の予防には安全な歩き方を子どもに教えるといった安全教育が重要です。自転車・自動車事故のうち，6歳以下では自転車に同乗中の事故が多く，ヘルメットやチャイルドシート未装着による高い致死率を踏まえ，送迎時の保護者への安全教育も重要です。 [8]

⑤ 傷害予防の原則

WHO（世界保健機構）は「製品や環境のデザインで解決可能なものは，まずそれを実施する。その上で残った危険に関して教育や運用のルールの策定で対応していくことが原則である」としており，「特定教育・保育施設及び特定地域型保育事業の運営に関する基準」（平成26年内閣府令第39号）及び「教育・保育施設等における事故防止及び事故発生時の対応のためのガイドライン」が国内の運用のルールとして定められました。そのなかに安全教育の必要性についても触れられています。 [9]

（阪上由子）

▷6　⇨「現場で役立つ救急時等の対応21」参照。

▷7　⇨「現場で役立つ救急時等の対応4」参照。

▷8　交通事故総合分析センターのウェブサイト（http://www.itarda.or.jp/）参照。

▷9　⇨Ⅱ-4 参照。

事故による心身の被害と救急処置

① 我が国の緊急医療の現状

『消防白書』によると，救急要請（119番通報）から現場到着までの所要時間は5分以上10分未満が約60%を占めており，平均所要時間は8.7分となっています。[91]　5分以上の呼吸停止は脳などに重大な後遺症を残す危険性が高く，事故発生時にはあらかじめ策定した役割分担に基づき，心肺蘇生などの適切な救急・救命処置を行う必要があります。

② 特に重大事故が発生しやすい場面

子どもの心身に甚大な影響をもたらす重篤な事故への対応を念頭に作成された「教育・保育施設等における事故防止及び事故発生時の対応のためのガイドライン」（以下，ガイドライン）[92]では，特に重大事故が発生しやすい場面として「睡眠中の窒息，プール活動・水遊び中の溺水，食事中の誤嚥，玩具・小物等の誤嚥，食物アレルギー」の5つを想定しています。共通する対応（役割分担・心肺停止に対する蘇生）とそれぞれの場面に応じた対応について説明します。

③ 緊急時の役割分担

いずれの事故においても，発生を想定した対応体制の準備が必要です。各々の役割分担を確認し，少なくとも年数回の訓練を行っておくことが重要です。また保育所等がある地域の緊急医療体制を調べておき，提携先の医療機関の連絡先はすぐにわかる場所に貼っておくことも大切です。

④ 心肺蘇生（図Ⅱ-1及び図Ⅱ-2参照）

5分以続く心肺停止（心臓も呼吸も停止し意識がない状態）では，蘇生そのものが難しくなり，蘇生した場合も脳などに重大な後遺症を残す危険性が高いため，呼びかけに反応しない，呼吸がない，あえぐような呼吸をしている等の異常に気づいた際には現場で速やかに心肺蘇生を開始し，救急隊の到着まで継続する必要があります。誰もが知っておくべき蘇生技術に，BLS（Basic Life Support）やPALS（Pediatric Advanced Life Support）やバイスタンダーCPRがあります。[93]正確な心肺蘇生をすることが望ましいですが，人手や技術上の制限がある場合は胸骨圧迫だけでも，人工呼吸だけもかまわないとされています。

▷1　消防庁（編）（2020）．消防白書（令和元年版）．日経印刷.

▷2　⇒Ⅱ-4 参照。

▷3　BLS（Basic Life Support）とは，特殊な器具や医薬品を用いず行う心肺蘇生法のこと。PALS（Pediatric Advanced Life Support）とは，米国心臓協会（American Heart Association）が米国小児科学会（American Academy of Pediatrics）などと協力して提唱している小児二次救命処置法のこと。バイスタンダーCPRとは，呼吸停止や心停止に至った子どもに対し現場に居合わせた人が即座に行う心肺蘇生法のこと。本書「現場で役立つ救急時等の対応1」及び「現場で役立つ救急時等の対応3」も参照のこと。

胸骨圧迫法（幼児）

胸の厚みの1/3を目安として，十分に胸が沈み込む程度に胸の真ん中，胸骨の下半分をしっかり圧迫する。

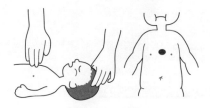

胸骨圧迫法（乳児）

指2本を使って胸を圧迫する。

人工呼吸法（乳児）

口と鼻をまとめて自分の口に含んで息を吹きかける。

図Ⅱ-1　心肺蘇生法（乳幼児）

出所：日本救急医学会　市民のための心肺蘇生（http://aed.jaam.jp/cpr_process.html）より一部改編。

図Ⅱ-2　AEDの使用・心肺蘇生法

出所：こどもの救急（ONLINE-QQ）（http://kodomo-qq.jp/）より改変。

⑤ 119番通報

　119番通報時は「救急です」と伝えてから，「場所（住所）」「事故状況」の順に話し，通報者の氏名と連絡先を最後に伝えます。ガイドラインの「119番通報のポイントと伝えるべきこと」等を参考に[4]，伝えるべき内容についても書式をあらかじめ作成し，電話口に貼っておくなどの対応が有用です。

⑥ AED（自動体外式除細動器）[5]の使用（図Ⅱ-2参照）

　AEDの使用に関して，年齢制限はありません。パッドに描いてある通りに電極を貼ります。電極パッドをつけている間も心肺蘇生は続けます。乳幼児に対しては小児用パッドを使用しますが，ない場合は成人用を用いても構いません。体が小さくてパッドが重なってしまう場合には，片方のパッドを胸に，もう片方を背中に貼ります。AEDが心電図の自動解析をし，電気ショックの要・不要を音声ガイダンスで伝えます。不要と判断との音声ガイダンスが流れ

▷4　内閣府（2016）．教育・保育施設等における事故防止及び事故発生時の対応のためのガイドライン　事故防止のための取組み（施設・事業者向け）．〈参考例5〉，p.35.

▷5　AED（自動体外式除細動器）
心臓がけいれんして，血液を流す機能を失った状態（心室細動）になった心臓に対して，電気ショックを与え，正常なリズムに戻すための医療機器。2004年から，医療従事者ではない一般市民でも使用可能となった。

図Ⅱ-3　気道異物による窒息への応急処置

出所：日本小児呼吸器学会資料を改変。

た場合には，すぐに胸骨圧迫を再開します。

7　その他の救急・救命処置

●異物による窒息への対応（図Ⅱ-3参照）

　生命に関わるような窒息は歩行を開始したばかりの幼児で起こりやすく，詰まる物としては丸いキャンデー類，ナッツ類，ブドウ，ミニトマト，餅，白玉団子，ちくわ，小さな玩具などです。窒息状態であっても，意識があり，気道が確保されている場合には無理に取り出そうとせず，直ちに医療機関を受診します。気道の閉塞により，無呼吸，あるいは意識消失がある場合にはただちに胸部突き上げ法，背部叩打法，あるいは腹部突き上げ法を行います。これらによって呼吸が回復しない場合は心肺蘇生を行います。

●溺水への対応

　溺水状態を発見したら，すぐに呼吸，循環の状態，意識レベルを評価し，心肺停止している場合は直ちに心肺蘇生法を開始します。溺れた直後は自発呼吸があり，意識状態がよくても，しばらくしてから呼吸障害が出現する場合があり，原則として医療機関を受診する必要があります。

●誤飲への対応

　いつ，どこで，何を，どの程度の量を飲んだのかをまず確認します。乾燥剤は基本的に無害なので，注意して経過を見ます。誤飲後に意識レベルの低下やけいれん発作を認める場合，コイン型リチウム電池や強酸性・強アルカリ製品（トイレ用洗剤，漂白剤など）や揮発性製品（灯油，ベンジン，有機溶剤など）の誤飲時は絶対に吐かそうとはせず，速やかに医療機関を受診します。受診時には誤飲した物の残りや，空の瓶，説明書などがあれば持参するようにします。

▶6　⇨「現場で役立つ救急時等の対応28」参照。

○アレルギー（アナフィラキシーショック）への対応[47]

　原因食物摂取後，通常２時間以内に出現する「即時型食物アレルギー」は，乳幼児期では鶏卵，牛乳，小麦，そば，魚類，ピーナッツなどが頻度の高い食物です。アナフィラキシーとは，食物だけでなく，薬物，ハチ毒などが原因で皮膚や呼吸器，消化器など全身性に症状が現れる即時型アレルギー反応の総称で，時には血圧低下や意識喪失などを引き起こします。このように生命に関わる危険な状態をアナフィラキシーショックと呼びます。特に口腔内・唇・舌などの違和感や唇・舌などの腫脹，咽頭の痛み，嗄声，咳嗽，嚥下困難，呼吸困難，喘鳴，口唇チアノーゼなどを伴う場合，さらに意識レベルの低下などを伴った場合は，アドレナリン自己注射（エピペン®）を速やかに行う必要があります。アドレナリン自己注射は，治療ガイドラインでは，ショック症状で自己注射ができない状況にある本人に代わって居合わせた関係者が注射することは人道上許されることになっています。このような対応が困難な場合，あるいは注射後に再び症状が出現した場合は医療機関への救急搬送が必要です。

○熱傷への対応[48]

　子どもの熱傷の約70％は高熱液体によります。熱傷は痛みも強く，重度の熱傷においては見た目や機能上の後遺症を残すおそれもあるため，速やかな処置が必要です。熱の皮膚深部への伝達を防ぐために，まずは流水や氷などで冷やします。着衣であれば，服の上から冷やします。最低20〜30分間，痛みが消失するまでを目安に冷却します。この際，市販の冷却シートなどは用いないように注意します。受傷直後は熱傷の重症後判定が難しいため，熱傷面積が少なく，軽症（Ⅰ度熱傷：赤くなってヒリヒリ感が強いが水疱形成は認めない）と判断される以外，特に広範囲の熱傷，中等症（Ⅱ度熱傷：水疱形成を認め，痛みを伴う）の場合や顔面から気道の熱傷に対しては専門的な治療が必要となるため，医療機関への救急搬送が必要です。

❽ 事故による精神への影響

　生命が脅かされるほどの重大な危機・事故の体験が心的外傷（トラウマ）となり，子どもの安全感・信頼感の喪失から不安や恐怖の感情が生じる，感情を適切に制御する自己調整機能の発達が阻害され，多動や注意集中困難，衝動性の亢進や反抗的・攻撃的な言動が見られる場合があります。安心できる環境や適切な心理的サポートがあれば，多くの子どもは自然に回復していきますが数か月〜数年後に事故の情景が悪夢やフラッシュバックという形で繰り返し脳裏によみがえる心的外傷後ストレス障害（Post Traumatic Stress Disorder；PTSD）を生じることがあります。

（阪上由子）

▷7　⇨ Ⅴ-2 参照。

▷8　⇨「現場で役立つ救急時等の対応21」参照。

子どもの事故防止対策と安全教育

「教育・保育施設等における事故防止及び事故発生時の対応のためのガイドライン」とは

　2015年4月に施行された子ども・子育て支援新制度において，「特定教育・保育施設及び特定地域型保育事業の運営に関する基準」（平成26年内閣府令第39号）が定められました。このなかで「特定教育・保育施設及び特定地域型保育事業者は，事故発生時の対応等が記載された事故発生防止のための指針を整備すること」とされています。これを受けて，保育所を含めた施設・事業者，および地方自治体がそれぞれの実情に応じた体制整備や教育・保育等を実施するにあたっての規範として「教育・保育施設等における事故防止及び事故発生時の対応のためのガイドライン」（以下，ガイドライン）が2016年3月に公表されました。このガイドラインは主に死亡や重篤な事故を念頭に，「事故防止のための取組み」（施設・事業者向け，地方自治体向け）と「事故発生時の対応」（施設・事業者，地方自治体共通）で構成されています。ここでは保育所での事故防止対策と安全教育について，ガイドラインに沿って説明します。

② 安全な保育環境を確保するために必要な配慮点等

○子どもの年齢
　子どもの事故は成長・発達の程度や年齢によって異なっており，事故を予防するためには発達段階とその時期に起こりやすい事故を把握しておくことが重要です。

○場所・活動内容
　子どもたちが過ごす場所や活動内容ごとに起こりやすい事故の想定が重要です。事故が頻発する場所，重大な事故が起こった場所を職員間で情報共有し，対策を講じる，年齢・発達段階別に作成したチェックリストを用いて園内の設備を定期的に確認し，問題のある箇所の改善を行う等の取り組みが有用です。
　重大な事故が起こりやすい活動内容として，睡眠中，プール活動・水遊び中，食事中がガイドラインでは取り上げられており，活動内容ごとに注意事項も記載されています。表Ⅱ-2に注意事項を示します。特にこれらの場面についてはガイドラインを参考に，保育所ごとに十分な対策を立てておくことが重要です。

表Ⅱ-2　活動における注意すべきポイント

活動内容	注意すべきポイント
睡　眠	・乳児の顔が見えるように仰向けに寝かせる ・掛け布団で顔を覆わないようにする ・子どもを一人にしない ・やわらかい布団を使用しない ・周りにヒモ，ヒモ状のものや玩具・スタイなど窒息や誤飲につながりうるものをおかない ・口の中に異物やミルク，食べたもの等の嘔吐物がないか確認する ・定期的に子どもの呼吸・体位，睡眠状態を点検する
プール活動 ・ 水遊び	・監視者は監視に専念する ・監視エリア全域をくまなく監視する ・動かない子どもや，不自然な動きをしている子どもを見つける ・規則的に目線を動かしながら監視する ・十分な監視体制の確保ができない場合については，プール活動の中止も選択肢とする ・時間的余裕をもって，プール活動を行う
食　事	〈食事介助〉 ・ゆっくり落ち着いて食べることができるよう，子どもの意思に合ったタイミングで食べさせる ・子どもの口にあった量で与え，飲み込んだことを確認する ・食事中に驚かせない ・汁物などの水分を適切に与える ・誤嚥・窒息のおそれのある食材・調理形態を避ける ・食事中に眠くなっていないか確認する ・正しく坐っているか注意する 〈食物アレルギーの人的エラーの防止〉 ・材料等の置き場，調理する場所がまぎらわしくないようにする ・食物アレルギーの子どもの食事を調理する担当者を明確にする ・材料を入れる容器，子どもの食器・トレイの色や形を明確に変える ・配膳カードを作成し，調理，配膳，食事提供までの間に2重，3重のチェック体制をとる
遊　び	・口に入れると窒息の可能性のある大きさ，形状の玩具や物は子どものいる部屋におかない ・玩具等は部品が外れない工夫をしたものを使用する ・子どもが誤嚥につながる物を身に着けている場合には保護者にも協力を求める ・窒息の危険性があった玩具や類似の形状のものについては，情報を共有し，使用しない ・国土交通省の遊具のガイドラインに合致した遊具を使用する ・遊具の点検を専門家に定期的に依頼する（国土交通省の公園施設点検技術者登録制度）

出所：内閣府（2016）．より　部改編。

③　安全教育

　ガイドラインでは，保育士等だけでなく子どもや保護者に対する安全教育にも取り組むことが望ましい，とされています。子どもが小さいうちは子どもの特性の理解と周囲の環境整備により大部分の事故は防止可能です。しかし，成長に伴い，子ども自身が安全や危険を認識し，対応する力を育む必要があります。そのために健康教育や交通安全指導などの機会を利用して，子どもたちに園内の危険な場所を教える，園内の遊具や園庭・プールでの遊び方を指導するなどの安全教育を行います。散歩や遠足等の戸外活動中に道路の歩き方，渡り方などを実地に指導することも必要です。また，**ヒヤリ・ハット事例**や事故が発生した時には，その予防策を子どもたちに指導することが重要となります。

　安全教育として園だより・保護者会などを活用し，保護者に事故防止策を伝えることも重要です。

（阪上由子）

▷　ヒヤリ・ハット事例
重大事故には至らないものの，直結してもおかしくない事例のこと。1件の重大事故の背景に，300件のヒヤリ・ハット事例が認められるとする経験則（ハインリッヒの法則）から，内容の把握・対応策の構築が重大事故の予防に重要である。

参考文献
　厚生労働省（2018）．保育所保育指針解説.
　内閣府（2016）．教育・保育施設等における事故防止及び事故発生時の対応のためのガイドライン.

危機管理

▷　災害対策基本法
1959年の伊勢湾台風をきっかけとして，1961年に制定された法律。防災に関する責務の明確化，行政組織の整備・推進，防災計画の整備等について規定されている。

背　景

　我が国の災害対策は「**災害対策基本法**」に基づく関係法令や国庫補助制度などにより推進され，1995年に発生した阪神・淡路大震災の翌年に災害医療体制が大幅に見直されました。その結果，高齢者の健康維持に配慮した緊急即応措置が講じられるようになりましたが，災害時の子どもの健康を守るシステムの基盤整備はいまだ十分とは言えません。危機管理が必要なものとして，以下のようなものがあります。

- 自然災害：大雨，洪水，大雪，台風，突風，地震や津波，火災などによる被害
- 犯罪被害：不審者侵入や誘拐など通園中を含め園児の安全を脅かす犯罪による被害

　このうち，自然災害については Ⅱ-6 にゆずり，ここでは犯罪被害のうち，主に不審者侵入を中心にその対策について説明します。近年保育所での事件は増加しており，「犯罪は起こらない」という前提でつくられてきた保育所においても，今後は「起こるかもしれない，自分の所も例外ではない」という視点での対応が必要です。なお，2017年改定の「保育所保育指針」では，対応体制や避難への備えについて，第3章「健康及び安全」の4として「災害への備え」という項目が新設されました。

事前の対策（危機管理）

○地域との連携，開かれた園づくり

　保育所の安全確保には地域との連携が重要です。不審者対策として施設の要塞化を推し進めるのではなく，開かれた施設づくりで，地域の人が出入りし，地域で子どもを育もうとする姿勢が大事です。日頃から警察，消防などと有効な関係を維持し，保護者や地域の関係機関等から不審者の情報が得られるようにしておくなど，子どもの安全を守る体制づくりに努めます。

○子どもへの安全教育

　地域の「子ども110番の家」の所在地や役割を子どもと一緒に確認したり，「いかのおすし」の原則（知らない人について**いか**ない，**の**らない，**お**おごえでさけぶ，**す**ぐににげる，**し**らせる）などの子どもにわかりやすい標語を用いて対応方

法も教える機会を設けます。

◯危機管理マニュアルの策定

　文部科学省や厚生労働省，各自治体，警察や防犯協会等のマニュアルや資料を参考に，園児や職員の数，地域の治安状況等の実情を踏まえて独自の「不審者侵入時の危機管理マニュアル」を策定し，園内の危機管理チームの組織化と役割分担の明確化を図ります。定期的に危機対応の研修を行い，またロールプレイを用いた危機管理演習を実施し，策定したマニュアルが実際に機能するかを確認します。

◯施設・整備の点検

　保育所や地域の実情に応じた警備員の配置や，防犯ベル，インターホン，火災報知器，防犯カメラなどの設置を行います。樹木の剪定で園内の見通しを良くし，園内外の死角となる場所を職員全員で洗い出します。

　鍵の設定と管理者を明確にし，責任をもって園内の施錠を行うようにします。来園者をチェックするための受付を設置し，入口付近に案内の看板を設置し，入口や受付に園舎の案内や順路を示します。

③　不審者が侵入した際の対応

　受付を無視する，用件を答えられない，子どものクラスや担任名が言えないなどの不審な言動を伴う来園者に対しては1.5メートル程離れたところから丁寧に退去を求めます。一旦退去勧告に応じた場合でも，再侵入を試みる，施設の周辺に居座る可能性があるので，しばらくの間，対応した職員はその場にとどまって様子を見ます。

　職員の退去勧告に応じない場合は不審者侵入時の職員の役割分担に従い，ほかの職員に協力を求めます。その際，不審者を不必要に刺激することを避けるため連絡内容を相手に察知されないようサインや暗号をあらかじめ決めておきます。退去には応じないが「危害を加える恐れなし」の場合には粘り強く説得し，相手を刺激しないように複数名で園外への退去を求めます。凶器を所持している，またはその恐れがあるなど「危害を加える恐れがある」と判断した場合には園全体で対処します。まず，不審者を子どもから離れた別室に案内します。その際，不審者に先を歩かせ，３メートルくらい離れて相手の手の動きに注意を払います。また，他の職員に連絡し，迅速に「110番」通報するとともに，園内放送等であらかじめ決めていた文例を用いて職員への周知を図ります。警察が到着するまでは，不審者が興奮しないよう丁寧に対応します。不審者の隔離ができず，暴力行為の抑止を要する場合には催涙スプレーや盾，ネット発射機やさすまたなどの防犯安全器具を使い，複数の職員で取り囲むなどして阻止します。その間に，全職員に周知し，役割分担に応じて子どもを安全に誘導するなどして，警察の到着までの間，子どもを守ります。　　　　　　　（阪上由子）

参考文献

　幼保施設危機管理研究会（編）（2007）．幼保施設等安全・安心ハンドブック．ぎょうせい．

　文部科学省（2012）．学校防災マニュアル（地震・津波災害）作成の手引き．

　秋山千枝子（編）（2018）．保健衛生・安全対策（保育士等キャリアアップ研修テキスト）．中央法規出版．

　文部科学省（2018）．学校の危機管理マニュアル作成の手引．

6　災害への備え

1 災害が子どもに及ぼす影響

　子どもは身体的にも精神的にも未発達であり，生活全般を保護者や保育士等の他者に依存しています。そのため，各種災害による生活環境の大きな変化は，健全な成長，発達及び精神面に大きな影響を及ぼす可能性があります。

　子どもたちの健全な成長，発達を保障するためにも事前の対策（危機管理）と発生時の対応について理解していることが求められます。ここでは，地震や風水害（大雨，洪水，大雪，台風，突風），火災の自然災害について説明します。

2 事前の対策（危機管理）

○指揮系統の整備

　危機管理に関しては，的確に指揮する者が必要であり，一般には理事長や園長（所長）が指揮権をもつことになります。

○危機管理マニュアルの策定

　災害発生時の体制整備として，各保育所・幼稚園で危機管理マニュアルを策定します。策定したマニュアルが実際に機能するかどうかについては訓練などをもとに検証し，定期的に見直して改善することが必要です。

○避難訓練の実施

　災害の種別にその発生を想定した訓練を実施し，職員の役割分担（避難誘導班，救護班，情報伝達班，消火班など）や避難経路，非常時持ち出し備品の確認などを行います。

○保護者への事前連絡

　事前に緊急時における保育所の対応及び避難先を周知し，年度初めに携帯電話の番号やメールアドレスなどの緊急連絡先を保護者から聴取しておきます。

○施設・整備の点検

　地震時等に転倒，移動，落下しやすい家具，電化製品，備品などの転倒防止策を点検し地震後等の出火に備え，消火器の所在と適切な使用方法を確認しておきます。火災発生時に火元となりやすいガス器具，コンセント，配線，配電の正しい使用方法の確認や正常に作動しているかの点検を行います。避難経路に障害物がないかも常に点検が必要です。

③ 災害発生時の対応

○園舎内で地震が起きた場合

　保育士等は子どもが安心する言葉をかけ，具体的に姿勢を低くして落下物から身を守るように指示し，机などの下に身を隠します。子どもが眠っている場合は毛布や布団を使って落下物から身を守ります。ピアノ，窓ガラス，ストーブ，その他の危険な物からできるだけ子どもを遠ざけます。保育士等は素早く戸や玄関口を開けて避難口を確保し，乳児等の介助を要する子どもはおぶったり，抱いたりして安全な場所に避難させます。

　揺れが収まった時点で，避難誘導班が子どもの安全を確認し，防災頭巾やヘルメットを着用させ，園庭に一時避難させます。消火班は速やかに火の元を閉め，ガスや配電盤の点検，安全確認を行います。もし施設内及び近隣において火災が発生した場合には可能な限り消火活動を行います。救護班は救急用品を確保し，負傷した子どもの救急処置を行います。情報伝達班は全園児と職員の安全確認と行政機関と連携して情報収集に努め，全職員への周知を図ります。

▷　津波危険地域においては迅速な避難を最優先とし，おんぶひもや避難車等，園児に応じた手段で退避場所に移動する。

○園外保育中の地震

　園舎内で発生した場合と基本的な対応は変わりませんが，子どもをできるだけ建造物から遠ざけること，携帯電話などで園に報告し，必要な場合は応援を要請します。園外保育にあたっては，下見を行い，目的地の危険箇所や非難場所などを把握しておくようにします。

○風水害（大雨，洪水，大雪，台風，突風など）の場合

　保育開始前にこれらの災害が発生した場合は収集した情報をもとに，園長（所長）が登園・休園を判断します。休園になった場合は，園長（所長）より緊急一斉メールなどで職員ならびに保護者に連絡します。

　保育中の災害発生については，強風や大雨に対しては保育室で子ども達が落ち着けるように配慮し，風で飛ばされそうな遊具やその他のものは撤去し，漏水等を発見した場合には速やかに報告します。風水害により施設に被害が出た場合はその状況を確認の上，翌日以降の保育が可能であるかを園長（所長）から保護者と職員に対し，緊急連絡網や一斉メール等で知らせます。

○火災の場合

　火災を発見した人は大きな声で周りの職員に知らせます。知らせを受けた職員は速やかに園長及び他の職員に火災の発生を知らせ，可能な限り初期消火に努めます。同時に消防署に通報し，子どもを避難誘導させます。この時，子どもの人数の把握とけが・火傷等の有無を確認し，責任者へ報告します。安全な場所まで避難した後で，保護者に連絡し，子どもの引き渡しを行います。

（阪上由子）

　幼保施設危機管理研究会（編）（2007）．幼保施設等安全・安心ハンドブック．ぎょうせい．

　秋山千枝子（編）（2018）．保健衛生・安全対策（保育士等キャリアアップ研修テキスト）．中央法規出版．

大災害時の対応

1　大災害時に知っておくと役に立つこと

○2種類以上の電気・あかり・水をもつ

　大災害時には，電気，水道やガスが使えません。現在の日本ではスマートフォンが重要な情報源や連絡手段となります。電気であれば，「電池」や「手動式発電機」が一時的な個人の電気確保には大変便利です。避難所では延長コードがあると，電気を分配することができます。スマートフォンを充電するためのコードと延長コードを非常用袋に入れておくと便利です。

　近年ではマッチやライターを置いている家庭も減りました。「あかり」ですらスマートフォンが代わりをしてくれます。非常時に火は「あかり」や「暖」や「食」をとるための手段の一つになります。今のライフスタイルに合わせたものでは，ガスコンロ，懐中電灯（電池含む）は「あかり」や「暖」をとる手段になり，緊急時に便利です。

　「水」を確保する。災害後の電気の復旧はずいぶん早くなりましたが，水道の復旧には時間を要することがあります。電気はなくても生きていけますが，水はないと生きていけません。現地に入った自衛隊が余震の時に一番にすることは，貯水槽に残っている「水」の確保です。なぜなら，一人一人がいつものように水洗トイレを使用しているとすぐに水がなくなるからです。水の確保をして，水道が復旧するまで節水と水の分配をします。特にトイレの清潔を保つためには，トイレの水の使い方には工夫が必要です。

○役立つもの

　紙と油性ペン，ビニールテープ（黄色），ビニールひもが案外役に立ちます。紙とペンは書き残すことができます。ビニールテープは丈夫なうえ，貼り付けることができます。ビニールひもは，場所を示すことやもの同士をつなぐこと，丈夫なのでがれきを引っ張る手掛かりにも使用できます。

2　災害時に知っておいてほしいこと

○大災害では情報を伝えることが難しい

　大災害では一番被害が大きい場所の情報はすぐにはわかりません。なぜなら，情報を発信できないほど被害にあっているからです。大地震の時に情報が抜けている場所は最も被害がひどいことが予想されます。

○大災害のその日は安全地帯に入ったら移動しない

最近では，大災害時には電車は止まり，大きな道路は**緊急車両**用にするためにすぐに通行止めになります。自分の安全を確保したら，災害の起こったその日は避難先から動かないことです。特に車での移動は行わないようにしましょう。家族のことはみんな元気であると信じて，人の流れが落ち着く次の日以降まで待ちましょう。避難所から別の避難所の間の移動であっても，個人ですることはとても危険です。なぜなら，多くの人が「家族に会うために移動する」という行動をとるからです。特に車での移動は，道路が混雑し車の流れが止まってしまいます。逆に全く動くことができなくなるので，車での移動は行わないようにしましょう。みんな考えることは同じです。大災害のその日は避難先に逃げて安全が確保されたら，動かないほうが安全と言えます。集団でいる場合３日しのげれば，必ず救助の手は差し伸べられます。大災害になった際の家族の落ち合う場所を，日頃から決めておき，人の流れが落ち着いてから家族と落ち合うようにしましょう。

○被災地の住民を守る者にも家族がいることを忘れてはいけない

保育所等においては，親に迎えに来てもらう方式をとっていることが多く，大災害時には親も子も不安になり一番に連絡をとろうとするので個々の対応が大変になることが予想されます。連絡は後でもできます。また，子どもを引き渡すことは，生きてさえいればいつでもできます。個々の親に子どもを引き渡すことに時間をとられて，親がすぐに迎えに来られない子どもの安全がおろそかになってはいけません。近年では働いている親が多く，発災直後に迎えに来れない親は少なくありません。すぐに迎えに来られた親には，むしろ全員の避難を手伝ってもらうくらいがよいと言えるでしょう。

まずは，子どもたちを安全な場所（多くの場合は被災場所の保育所か，指定されている避難所）に避難させましょう。救助しなければならない子どもがいる場合，避難できる子どもの避難を優先させ，より多くの子どもの安全を優先します。その後，救助しなければならない子どもがいる場合には数人の大人が残り，救助に向かいます。通常は救助しなければならない子どもがいる場合，周囲の地域の大人が手伝ってくれます。

避難が完了し，安全と時間が確保されたら，子どもを親に引き渡します。

もう一つ忘れてはならないことがあります。それは「子ども（住民）を守る者にも家族がいること」です。警察，消防，自衛隊，学校の先生，市役所の人など住民を守る仕事の人にも家族がいます。その人自身やその人の家族も被災していませんか？　家族よりも優先して身近な住民を守っている可能性があります。そのような方たちへの配慮を忘れないようにしましょう。ひょっとしたら両親ともが自衛官で，被災した子どもをいつまでも迎えに行けないという状態が起こるかもしれません。保育所の先生も同様です。　　　　（山本かずな）

▷1　緊急車両
消防車や救急車，パトカー，自衛隊の車など，緊急時に仕事をする車のこと。

▷2　集団でいれば，支援物資や避難の優先順位が上がる。

1　保育所での感染症の取り扱い

 保育所における保健活動

　低年齢児から5歳児まで幅広い年齢を保育する保育所では，以下のような理由から，感染症対策の難しさを抱えています。

- 乳幼児は，抵抗力が弱く，感染した場合に発症しやすい。
- 毎日，長時間にわたる集団生活のなかで，互いに濃厚に接触するため，飛沫感染や接触感染が起こりやすい。
- 乳児は，床を這う，何でも口に入れる，なめる，などの行動特徴をもつ。
- 乳幼児では，正しいマスクの着用や，うがい，手洗いの徹底が難しい。

　厚生労働省は，乳幼児期の特性を踏まえた保育所における感染症対策の基本を示すものとして「保育所における感染症対策ガイドライン[1]」を作成し，保育所がこれを活用し，子どもの健康及び安全に関する共通認識を深め，保育士等が嘱託医や医療機関，行政の協力を得て，保育所における感染症対策を推進することを求めています。

▷1　厚生労働省（2018）．保育所における感染症対策ガイドライン（2018年改訂版）．

 感染症と発生するための要因

　ウイルスや細菌などの病原体が宿主（人や動物など）の体内に侵入し，発育または増殖することを「感染」と言い，その結果，何らかの臨床症状が現れた状態を「感染症」と言います。また，病原体が体内に侵入してから症状が現れるまでには一定の期間があり，これを「潜伏期間」と言います。

　感染症が発生するためには，①病原体を排出する「感染源」，②病原体が宿主に伝播する「感染経路」，③宿主に「感受性」があること（予防するための免疫が弱く，感染した場合に発症すること）の3つの要因が必要となります。

　乳幼児期の感染症の場合は，これらに加えて，宿主である乳幼児の年齢等の要因が病態に大きな影響を与えます。このため保育所における感染症予防には，各感染症の潜伏期間や症状を知り，上記3つの要因（感染源，感染経路，感受性）への対策を考える必要があります。

3　感染源対策

　感染源としての感染者が，病原体をどこから，いつまで排出し，どのような感染経路で伝播するのかを知ることが必要です。病原体によっては，潜伏期間

中や症状がなくなった後も長期間体外に排出されるため，そういった状態の子どもや職員が登園すると，感染が拡がることになります。また，子どもでは症状が強く出る感染症でも，大人では無症状もしくは軽症にとどまり，気づかぬうちに職員自身が感染源となってしまう可能性もあります。症状の程度に限らず，全ての人が感染源となり得ることを踏まえ，互いに感染源や感染者とならないよう，感染症ごとの特徴を知り，保護者への周知に努めて，感染対策を行います。

保育所は児童福祉施設ですが，学校保健安全法で規定された感染症対策は，保育所における感染症対策を検討するうえで参考になります（表Ⅲ-1）。

 4 **感染経路への対策**

○飛沫感染

感染者が咳やくしゃみをした際，口から飛んだ飛沫を吸い込むことで感染するものです。飛沫をあびて吸い込まないことが感染対策の基本です。飛沫が飛び散る範囲は 1 ～ 2 m なので，感染者から 2 m 以上離れるか，感染者が適切にマスクを装着することで，集団発生はかなり減少できます。しかし，乳幼児の集団保育において，これらの徹底は難しく，「発病した子どもの隔離（すみやかに保健室など別室で保育）」や，「**咳エチケット**▷2」，「職員自身の体調管理」が大切です。代表的なものは下記の通りです。

- 細　　菌：A 群溶血性連鎖球菌（溶連菌），百日咳菌，肺炎球菌，など
- ウイルス：インフルエンザウイルス，RS ウイルス，アデノウイルス，風疹ウイルス，麻疹ウイルス，水痘・帯状疱疹ウイルス，コロナウイルス，など

○空気感染

感染者の咳，くしゃみに伴う飛沫が乾燥し，そのなかに含まれる病原体が空

表Ⅲ-1　学校感染症

	対象疾患	出席停止の期間の基準
第1種	エボラ出血熱 クリミア・コンゴ出血熱 痘そう 南米出血熱 ペスト マールブルグ病 ラッサ熱 急性灰白髄炎 ジフテリア 重症急性呼吸器症候群[*1] 中東呼吸器症候群[*2] 特定鳥インフルエンザ	治癒するまで
第2種[*4]	インフルエンザ[*3]	発症した後 5 日を経過し，かつ，解熱した後 2 日（幼児にあつては 3 日）を経過するまで。
	百日咳	特有の咳が消失するまで又は 5 日間の適正な抗菌性物質製剤による治療が終了するまで。
	麻疹	解熱した後 3 日を経過するまで。
	流行性耳下腺炎	耳下腺，顎下腺又は舌下腺の腫脹が発現した後 5 日を経過し，かつ，全身状態が良好になるまで。
	風疹	発疹が消失するまで。
	水痘	すべての発疹が痂皮化するまで。
	咽頭結膜熱	主要症状が消退した後 2 日を経過するまで。
	結核	病状により学校医その他の医師において感染のおそれがないと認めるまで。
	髄膜炎菌性髄膜炎	病状により学校医その他の医師において感染のおそれがないと認めるまで。
第3種	コレラ 細菌性赤痢 腸管出血性大腸菌感染症 腸チフス パラチフス 流行性角結膜炎 急性出血性結膜炎 その他の感染症	病状により学校医その他の医師において感染のおそれがないと認めるまで。

注：*1　SARS コロナウイルスであるものに限る。
　　*2　MERS コロナウイルスであるものに限る。
　　*3　特定鳥インフルエンザを除く。
　　*4　第2種の感染症（結核及び髄膜炎菌性髄膜炎を除く）の出席停止期間については，病状により学校医その他の医師において感染のおそれがないと認めたときは，この限りではない。

出所：学校保健安全法施行規則第18条及び第19条をもとに作成。

▷2　咳エチケット
飛沫感染を最小限に食いとめるためのもの。咳，くしゃみが出ている間はマスクを着用する。マスクがない時は，ハンカチ，ティッシュ，手などで口と鼻を覆う，など。
⇨Ⅲ-2参照。

中に拡散し，それを吸い込むことで感染するものです。飛沫感染が感染源から
2 m以内の範囲であるのに対して，空気感染では部屋全体，空調が共通の部屋
にも及びます。感染対策の基本は，「発病者の隔離」と，「部屋の換気」です。
空気感染する代表的な感染症には，麻疹，水痘，結核がありますが，ワクチン
接種が極めて有効な予防手段です。

❍接触感染

病原体が手に付着し，その手で，口，鼻，眼を触ることで感染します。代表
的なものは下記の通りです。

- 細　　菌：黄色ブドウ球菌，A 群溶血性連鎖球菌（溶連菌），など
- ウイルス：ノロウイルス，ロタウイルス，アデノウイルス，コロナウイル
　　　　　ス，エンテロウイルス，など

接触感染対策の基本は「手洗い」です。職員自身が「**正しい手洗い**[注13]」を行い，
年齢に応じて子どもへの指導や介助も行います。手洗いが難しい場合，アルコー
ル（70〜85 vol %）を用いた手指消毒を行いますが，ロタウイルスやノロウイ
ルスには効果が十分でないため注意しましょう。

❍経口感染

給食を提供する保育所において，食中毒の予防は非常に重要です。食材や調
理器，食器の衛生的な取り扱いや，調理法（十分な加熱調理など），使い捨て手
袋の着用や，手洗いの徹底が重要です。代表的なものは下記の通りです。

- 細　　菌：腸管出血性大腸菌，黄色ブドウ球菌，サルモネラ属菌，など
- ウイルス：ロタウイルス，ノロウイルス，アデノウイルス，など
- 寄 生 虫：蟯虫，回虫，アニサキス，など

❍血液媒介感染

血液が傷ついた皮膚や粘膜につくことで感染するものです。B 型肝炎ウイル
ス，C 型肝炎ウイルス，HIV 等があります。血液には病原体が含まれている可
能性があることを前提に，使い捨て手袋を着用して直接触れない，血液が付着
した器具等は洗浄後に適切な消毒をして使用する，適切に廃棄する，など取り
扱いに注意をします。

❍蚊媒介感染

病原体をもった蚊に刺されることで感染するもので，日本脳炎ウイルスに代
表されます。水たまり（蚊が産卵する）をつくらないよう環境を整備する，蚊が
発生しやすい場所（やぶ等）に入る時は，長袖長ズボンを着用して防護する，
などの対策が必要です。

❺ 感受性への対策（予防接種等）

子ども一人一人が確実に**予防接種**[注14]を受けておくことは，個人の感染予防だけ
でなく，保育所全体の感染予防にとって大切なことです。入所前に接種可能な

▷3　正しい手洗いの方法
「保育所における感染症対
策ガイドライン」には，30
秒以上，流水で洗うことや，
液体石けんを泡立てて洗う
こと，手洗いの順番（手の
ひら→手の甲→指先，つめ
の間→指全体や指の間→親
指→手首）が記されている。
⇨Ⅲ-2 参照。

▷4　予防接種
⇨Ⅲ-3 参照。

ワクチンを済ませておくよう保護者に指導するとともに，入所後も，接種状況を把握し，標準的な時期に各種ワクチンを接種するよう指導することが重要です。また，職員自身もワクチンの未接種や未罹患がないか確認し，必要なワクチンを受けて感染源とならないようにします。

6 具体的な感染症と主な対策[5]

保育所で比較的多い感染症に関する基礎知識を以下に記します。

◯インフルエンザ

・病　原　体：インフルエンザウイルス。

・潜伏期間：1〜4日。

・症　　　状：突然高熱が出現し，3〜4日続く。倦怠感，食欲不振，関節痛，筋肉痛等の全身症状や咽頭痛，鼻汁，咳などの気道症状を伴う。通常1週間程度で回復する。

・感染経路：飛沫感染が主だが，接触感染することもある。

・予防対策：流行期に入る前にワクチンを接種する。保育所内でインフルエンザの感染が発生した場合には，すみやかに感染者を隔離し，飛沫感染対策及び接触感染対策を行う。

◯ウイルス性胃腸炎

・病　原　体：ノロウイルス，ロタウイルス。

・潜伏期間：ノロウイルスは12〜48時間，ロタウイルスは1〜3日。

・症　　　状：嘔吐，下痢（ロタウイルスは白色便）が主で，脱水を来すこともある。

・感染経路：経口感染，飛沫感染，接触感染。

・予防対策：手洗いの励行，下痢嘔吐が見られた際の処理手順を職員間で共有し，迅速かつ適切に対応する。ロタウイルスでは，乳児に対する定期予防接種として経口生ワクチンを接種する。

◯咽頭結膜熱（プール熱）

・病　原　体：アデノウイルス。

・潜伏期間：2〜14日。

・症　　　状：高熱，扁桃腺炎，結膜炎。夏季に流行が見られる。

・感染経路：飛沫感染及び接触感染。

・予防対策：ワクチンや有効な治療法はない。飛沫感染及び接触感染への対策として，手洗いを励行し，ドアノブや遊具を消毒する，タオル等を共有しない，プールの塩素消毒を徹底する，などを行う。

（龍田直子）

◀5　新型コロナウイルス
　2019年にはじまった，新型コロナウイルスのパンデミック（世界的流行）は，子どもたちの生活にも大きな影響を与えた。学校は学校保健安全法により一斉休校となったが，保育所は，医療等に従事する保護者の就労保障や，子育てセーフティネットとしての役割を果たすことから一斉休園の要請対象にならなかった。子どもは大人に比べ軽症で感染者数も少ないとされているが，低年齢児や気管支喘息などの合併症をもつ場合，重症化のリスクがあり注意が必要（2020年6月）。

手洗い・うがい・マスク・咳エチケットの実際

手洗い

　ウイルスや細菌と病原体は主に手につき，手を媒介してドアノブ，手すり，食器，スイッチやボタン，電車バスなどの吊り革，その他の手で触れるありとあらゆるものに付着します。そしてまた手を媒介して他者にうつります。このようなことから風邪やインフルエンザ，胃腸炎などの感染症の発症を予防したり，流行を抑えたりするには手洗いが最も重要になります。実際にうがいやマスクなど他の方法と比べても感染症の予防に有効であることが知られています。

　しかし，手洗いのやり方によって効果に差が出るため（表Ⅲ-2），正しい方法[1]で手洗いをすることが大切です（図Ⅲ-1）。指先や手の平のしわ，爪と皮膚の間，指の間や付け根，手首は洗い残しやすいので注意しましょう。食事前，外出から戻った時，トイレ後，不特定多数の人が触れるものを触った後，調理前，配膳前，おむつ交換後，排泄物・吐物の処理後など節目節目で手洗いを行いましょう。手洗い後に使用するタオルが清潔でないと手洗いする意味がなくなるので注意しましょう。石けんを用いて流水で手洗いできない場合は，アルコールを含んだ手指消毒液を手洗いと同様の方法で手全体にすりこませることで代用することもできますが，この場合は指先から消毒するようにします。

うがい

　手洗いと異なり，うがいについては感染予防の明確な効果は示されているとは言えません。たとえばインフルエンザウイルスが喉の粘膜に付着してから，細胞に侵入するのは数分から20分以内とされています。かなりこまめにしっかりとうがいをしないと感染予防効果が期待できませんので現実的な予防法とは言えません。しかし，水うがいを適切に行うことで風邪の発症が減るという報告[2]もありますので，うがいの習慣は否定されるものではありません。うがいは喉の奥まで水を届けるため，ガラガラと声を出しながら，10〜15秒間行います。これを2〜3回繰り返します。うがいの前に手からの感染リスクを下げるために手洗いをしておくことも大切です。また，ヨード含有うがい液によるうがいではうがいをしない場合と効果に差がなかったとされています[3]。またヨードの過剰摂取は甲状腺機能低下原因となることもあるため，感染予防のためのうがいにはヨード含有うがい液は使用しないほうがよいでしょう。

▷1　森功次ほか（2006）．Norovirus の代替指標として Feline Calicivirus を用いた手洗いによるウイルス除去効果の検討．感染症学雑誌，**80**(5)，pp. 496-500.

▷2　Satomura, K. et al. (2005). Prevention of upper respiratory tract infections by gargling. *Am J Prev Med.* **29**(4), pp. 302-307.

▷3　1回15秒以上で1日最低3回のうがいを水で行う場合とヨード含有うがい液で行う場合について，うがいをしない場合と比較した（Satomura, et al., 2005）。うがいをしない場合に比べて水うがいでは風邪の発症が3割以上減ったが，ヨード含有うがい液のうがいでは差がなかった。ヨードにより喉の粘膜が傷んだり，常在細菌叢（いわゆる善玉菌の集合）が壊されたりすることでウイルスが喉から侵入しやすくなるためと考えられている。

表Ⅲ-2 手洗いの時間・回数による効果

手洗いの方法	残存ウイルス数（残存率*）
手洗いなし	約1,000,000個
流水で15秒手洗い	約10,000個（約1％）
ハンドソープで10秒または30秒もみ洗い後，流水で15秒すすぐ	数百個（約0.01％）
ハンドソープで60秒もみ洗い後，流水で15秒すすぐ	数十個（約0.001％）
ハンドソープで10秒もみ洗い後，流水で15秒すすぐ×2回繰り返す	数個（約0.0001％）

注：*手洗いなしと比較した場合
出所：森功次ほか（2006）．をもとに作成。

① 流水でよく手をぬらした後，石けんをつけ，手のひらをよくこすります。

② 手の甲をのばすようにこすります。

③ 指先・爪の間を念入りにこすります。

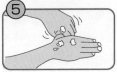

④ 指の間を洗います。

⑤ 親指と手のひらをねじり洗いします。

⑥ 手首も忘れずに洗います。

石けんで洗い終わったら，十分に水で流し，清潔なタオルやペーパータオルでよく拭き取って乾かします。

図Ⅲ-1 正しい手の洗い方

出所：厚生労働省（2014）．インフルエンザ対策 啓発ツール 手洗いポスター（https://www.mhlw.go.jp/bunya/kenkou/kekkaku-kansenshou01/dl/poster25b.pdf）．

❸ マスク

こちらも健康な方が使用することによる感染予防の明確な効果は示されていません。症状のある人が，咳・くしゃみによる飛沫の飛散を防ぐために咳エチケットとして不織布製マスクを使用することが推奨されていますが，新型コロナウイルス感染症では無症状者のマスク着用も状況によって推奨されています。不織布製マスクとガーゼマスクがありますが，ガーゼマスクは効果が不十分であり，無症状者のマスク着用の場合や咳エチケットの場合を除き推奨されません。

一般的な使用法は①鼻，口，顎を覆う（特に，鼻と口の両方を確実に覆うことを心がける），②可変式の鼻部分を鼻梁にフィットさせる，③ゴムバンド／ひもで頭にしっかり固定する，④マスクと顔の間に隙間がないようにフィットするよう調節します。使用後は使用済みのマスクの表面に触れないようにして廃棄し，手洗いを行います。不織布製マスクの使い回しは推奨されません。

❹ 咳エチケット

咳があるから感染症にかかっているとは限りませんが，感染症が原因であった場合には咳は周りにうつす原因になります。このため咳をしている時に感染症をうつさないためのエチケットのことを咳エチケットと言います。

具体的には咳・くしゃみをする場合はティッシュなどで口と鼻を押さえ，できる限り1〜2メートル以上離れますが，ティッシュ等がない場合は上着の内側や袖（二の腕部分）で口と鼻を押さえます。咳がある場合のマスク着用も咳エチケットです。また，症状が強い時は外出を控えることも重要です。

（松井克之）

▷4 アレルギー性鼻炎の原因物質を避けるためなどで健康でもマスクを使用する場合はある。

◁5 新型コロナウイルス感染症においては発症前から感染力があることが判明したため，他人への感染予防を目的としてWHOも「流行地では無症状者も公共交通機関利用時などではマスク着用」を推奨するようになった（2020年6月）。

参考文献
厚生労働省（2008）．新型インフルエンザ流行時の日常生活におけるマスク使用の考え方（https://www.mhlw.go.jp/shingi/2008/09/dl/s0922-7b.pdf）．

3　予防接種

① 予防接種とは

　病原体（ウイルスや細菌など）が体内に侵入すると，リンパ球などを中心とした免疫システムが働き，その病原体に対する抵抗力ができます。その抵抗力が長い期間続くと，多くの場合，再びその病気にかからないですむか，かかったとしても軽い症状ですむようになります。予防接種は，この仕組みを利用したものです。予防接種に用いる薬剤をワクチンと呼び，病原体を加工することで病原性を弱め，発症しない程度にしたものです。予防接種では，このワクチンを注射や内服などの方法によって体内にいれ，病気に対する抵抗力をつくります。

○予防接種の目的

　予防接種の目的は，感染症の予防や発病の防止，病状の軽減といった「個人防衛」にあります。かつて，戦後の混乱期に，病気の蔓延を防ぎ，疾患そのものが流行するリスクを低減する「社会防衛」が予防接種の目的の一つとされた時代がありました。「社会防衛」とは，言い換えれば，ワクチンを受ける時期に達していない乳児，妊婦，病気のためにワクチンを受けられない子どもたちを，社会全体で守るということです。今日では，予防接種の考え方は「個人防衛」を主眼においており，「社会防衛」はその余得です。だからこそ，予防接種は義務ではなく「接種勧奨」なのです。私たちは，予防接種の利益と不利益を比べ，利益が十分に大きいからこそ，子どもに予防接種を受けてほしいと願っています。

○定期接種と任意接種

　定期接種のワクチンとは，「予防接種法」という法律に記載されているワクチンです。それらの接種費用は，規定された期間であれば地方自治体が負担します。任意接種のワクチンとは，国によって承認されているものの，「予防接種法」で規定されていないワクチンです。制度上の違いであり，子どもの健康のためにはどちらのワクチンも重要です。

○予防接種のスケジュール

　乳児は生後3〜6か月を過ぎると，母体から胎盤を通して移行した免疫が低下し感染症にかかりやすくなります。感染症には，それぞれかかりやすい年齢や重症化しやすい年齢があります。また，予防接種には免疫を獲得しやすい時

▷1　ワクチンの種類
生ワクチンとは，生きた病原体（ウイルスや細菌）の毒性をできるだけ弱めて，自然感染と同じような状態を起こす製剤。一回の接種でも十分な免疫ができる場合もあるが，野生型（病原体本来の毒性をもっているもの）よりも免疫が弱い場合があり，5〜10年後に追加接種したほうがよいものもある。不活化ワクチンとは，病原体を不活化して毒性を完全になくし，免疫をつくるために必要な成分だけを精製した製剤。一回の接種では十分な免疫ができず，複数回の接種が必要。トキソイドとは，病原体が産生する毒素を無毒化し，免疫をつくれるようにした製剤。

▷2　予防接種のスケジュール
⇨ 巻末資料2 参照。

期もあります。こういったことを考慮したうえで，標準的な接種時期が決まっています。

❷ 予防接種の意義と注意点

ここでは，代表的な予防接種について，その意義と注意点を解説します。

○ロタウイルスワクチン［定期接種］

多くの子どもが感染する，ロタウイルス胃腸炎を予防するための経口ワクチンです。副反応を避けるために接種できる期間が短く，他の予防接種とのスケジュールが複雑なため，かかりつけ医と相談して計画的に接種します。ロタウイルスの主な感染経路はヒトとヒトとの間で起こる糞口感染であり，感染力が極めて高く，たとえ衛生状態が改善されている先進国でも感染予防は極めて難しいとされています。ロタウイルスワクチンを接種された人は，未接種の者と比較して，ロタウイルス下痢症を発症するリスクが明らかに低下します。ロタウイルスワクチンの導入後，未接種者でもロタウイルス胃腸炎による入院が減少したり，成人の便検体でもウイルス陽性割合が減少したことは，ワクチンの間接効果によるものと考えられています。これまでは任意接種でしたが，2020年10月から定期接種となりました。

○ BCG［定期接種］

結核を予防するためのワクチンです。スタンプ方式といって，1本の接種キットに9本の細い針が並んでおり，接種キットを肌に押し付けると細い針の先端部分で皮膚にごく小さな傷をつけ，そこからワクチンの成分が体内に入ることで接種ができます。乳児の結核感染症は多くないので，現在ではヒブ，肺炎球菌，DPT-IPV の接種を優先させることが一般的です。接種から2〜3週間後に，針の痕が小さなカサブタのようになることがありますが，数か月で自然に治癒します。接種から数日以内に接種痕が急激に腫れる場合は，コッホ現象といって結核に感染している可能性がありますので，接種した小児科で相談しましょう。

○ B型肝炎ワクチン［定期接種］

B型肝炎及び将来の肝臓がんを防ぐためのワクチンです。母親がB型肝炎キャリア（ウイルスを体内にもっているが，発症していない状況）である場合は，母子感染予防としてこのワクチンを接種します。

○ 4種混合ワクチン（DPT-IPV）［定期接種］

ジフテリア，破傷風，百日咳，ポリオを防ぐためのワクチンです。生後早い時期から，小児用肺炎球菌ワクチン，ヒブワクチンなどと同時接種されることが一般的です。免疫を高めるために配合されたアジュバント（免疫賦活剤）のために，接種後に「しこり」を触れることがありますが，自然に消失するために心配は不要です。

❍小児用肺炎球菌ワクチン［定期接種］

　肺炎球菌による感染症を防ぐためのワクチンです。2歳以下の子どもは肺炎球菌に対する免疫が極めて低く，重症化の危険性が高い疾患です。肺炎球菌は，細菌性髄膜炎，細菌性肺炎など，死亡率が高く治癒したとしても後遺症を残しやすい重症感染症の原因菌です。日本では，2010年に欧米に10年遅れて発売され，2013年に定期接種化されました。

　小児用肺炎球菌ワクチンは，接種翌日に，一時的な発熱が見られることが報告されています。ワクチン接種に伴う免疫反応の結果と考えられています。自然に回復しますが，必要に応じて解熱薬を使用しても構いません。

❍Hib（ヒブ）ワクチン［定期接種］

　ヘモフィルス・インフルエンザ菌b型（Hib）による感染症を予防するためのワクチンです。Hibは細菌性髄膜炎や喉頭蓋炎など，肺炎球菌感染症と同様に極めて重症になり得る病気の原因となります。日本では，世界に20年遅れて2008年に発売され，2013年度から定期接種に組み込まれました。4種混合ワクチン，小児用肺炎球菌ワクチンなどと同時接種されることが一般的です。このワクチンが普及して以降，細菌性髄膜炎の発症率は低下していて，ワクチンの成果であると考えられています。

❍麻疹風疹（MR）ワクチン［定期接種］

　麻疹とは，大変感染力の強い麻疹ウイルスによる疾患で，合併症を起こしやすく死亡率が高い感染症です。日本はワクチン接種の普及で2015年3月に「麻疹排除国」として認定されましたが，海外で感染したヒトがウイルスを国内に持ち込むことによる局所的な流行が繰り返されています。

　風疹は俗に「三日はしか」とも言われ，麻疹に似た皮疹がみられますが，症状は全体的に軽いことが多いです。しかし，妊娠初期の女性が感染すると，先天性難聴，白内障，心疾患，精神運動発達遅滞などの先天性風疹症候群の子どもが生まれることがあります。風疹を予防する目的は，この先天性風疹症候群を防ぐことです。

❍おたふくかぜワクチン［任意接種］

　ムンプスウイルスによるおたふくかぜを防ぐためのワクチンです。おたふく風邪は片方または左右の耳下腺が腫れる病気で，数日の経過で自然に治癒します。しかし，約1,000人に一人の割合で，ムンプスウイルスによる聴力障害を発症します。残念ながらこの難聴は治療できず，ワクチン接種が唯一の予防法です。

❍水痘ワクチン［定期接種］

　水痘帯状疱疹ウイルスによる水痘（水ぼうそう）を防ぐためのワクチンです。大変感染力が強く，白血病患者や，治療のために免疫抑制薬を内服して免疫抑制状態にある患者が罹患すると，播種性水痘と呼ばれる劇症型の水痘を発症す

ることが知られており，命に関わる感染症です。1回の接種で重症水痘をほぼ100%予防でき，2回の接種により軽症の水痘も含めてその発症を予防できると考えられています。

○日本脳炎ワクチン［定期接種］

　蚊によって媒介され，日本脳炎ウイルスによって発症する感染症で，ヒトに重篤な急性脳炎を起こします。脳炎を発症した時点で，すでにウイルスが脳に到達し脳細胞を破壊しているため，治療が困難な病気です。日本脳炎は予防が最も大切な疾患で，蚊の対策と予防接種が中心となります。日本脳炎のワクチン接種後に重い病気になった事例を契機に，2005年度から2009年度まで，日本脳炎ワクチンの積極的勧奨が差し控えられました。その後，新たに安全なワクチンが開発され，現在では元どおりに接種できるようになっています。

○ヒトパピローマウイルス（HPV）ワクチン［定期接種］

　子宮頸がんは，我が国において女性特有のがんのなかでは乳がんに次いで2番目に多く見られます。年間約1万人が発症し，毎年約2,800人が亡くなる重大な疾患です。その発症に重要な鍵を握るのがHPVで，現在では子宮頸がんの発症は全てHPV持続感染から始まると考えられています。HPVには100種類以上の型があり，そのなかで子宮頸がんに関連する高リスク型としてHPV16型，18型が知られています。これらは，我が国における子宮頸がんの60〜70%の原因となり，これまで使用されてきた2価ワクチン，4価ワクチンで予防できると考えられます。近年，HPV16型，18型に加えて，合計9種類の型をターゲットとした9価ワクチンが開発され，子宮頸がんの原因となるほとんどの型を網羅するため，普及すれば子宮頸がんの99%あるいはそれ以上が予防できると期待されています。すでにWHO（世界保健機関）により安全性と有効性が認められ，米国など一部の国で認可されています。我が国でも2020年7月に承認されました。

　HPVワクチンは，2013年から定期接種化されましたが，接種後の有害事象として報告された慢性疼痛などの症状について，接種との因果関係を詳しく調査するために，同年6月，約半年をめどに接種の積極的勧奨が一時中止されました。その後，国内外の専門機関から調査研究が発表され，接種者と非接種者で慢性疼痛の発症率に差がなかったことや，すでに同ワクチンを先行して導入している欧米諸国で子宮頸がんの前がん病変発生率が半減している一方，日本国内での子宮頸がんによる死亡率は増加傾向であることが明らかにされました。名古屋市が実施した「子宮頸がん予防接種調査」では，市内在住の中学3年生から大学3年生相当年齢の女性を対象とし，ワクチン接種と慢性疼痛などの有害事象の因果関係について大規模に調査された結果，ワクチン接種者と一般集団の有害事象の発生に有意な差は見られませんでした。

（澤井俊宏）

乳児の生活

 乳児期の特徴

　乳児期は，視覚，聴覚などの感覚や，座る，はう，歩くなどの運動機能が著しく発達するとともに，特定の大人との応答的な関わりを通じて，情緒的なきずな（愛着）が形成される重要な時期です。栄養面では乳汁栄養から幼児食へと離乳が進み，摂食機能も吸うことから食物を噛みつぶして飲み込むことへと発達していきます。また，生後6か月頃からは，母親から得た免疫（移行抗体）が次第に減少するため，感染症にかかりやすいのも特徴です。

　○愛　着

　生後間もなくから，子どもは養育者（主に母親）の姿や動きを視覚的に捉え，声を聴覚的に捉えることによって，養育者がどこにいるか認知し，泣く，微笑む，声を出すといった行動で養育者を自分へと近づけさせます。さらに，はう，歩くようになると養育者を求めて近づきます。このような子どもの行動に養育者が気づき，保護的な養育や情緒的な交流を繰り返すことによって，安定した「愛着関係」が形成されます。愛着の形成は，自分と他人への信頼感を育み，人格形成の基盤である「自己肯定感」と「基本的信頼感」につながります。

　○0〜6か月頃

　生まれて間もなくの子どもの発信は，空腹や眠たいなどの生理的欲求が中心です。それを養育者がくみとり丁寧に応えることは，子どもの生理的欲求だけでなく，心理的欲求をも満たすことになります。

　生後3〜4か月頃になると，昼間の目覚めている時間も増え，周りをさかんに見渡し，声や音のするほうに顔を向けるようになります。養育者を見つけて自分から微笑み，「あーあー」と声を出します。それに対して養育者が情緒的に応答することで，愛着が形成され，基本的信頼感が育まれます。

　生後6か月頃になると，仰向けで盛んに足を上げ，おもちゃなどをとろうと片手を反対側まで伸ばした拍子に，寝返るようになります。動きやすい服装，安心して伸び伸びと動ける環境が必要です。また，身近な人とそうでない人を区別し，人見知りをするようになります。

　○7〜12か月頃

　座る，立つといった姿勢の垂直化や，ハイハイ，伝い歩きなどの移動運動の獲得により，探索への意欲がいっそう高まります。また，座位の安定に伴い，

両手が自由に使えるようになると，持つ，打ち合わせる，など手の使い方も進みます。小さなものをつまんで口に入れる，高いところによじ登る，などの事故が起こりやすいため注意が必要です。9か月頃になると，身近な大人に自分の意思や欲求を指さしや身振りで伝えようとするなど，言語コミュニケーションの芽生えが見られるようになります。また，次第に「まんまん」「ぱっぱっ」などと言うようになります。大人のことをよく見ていて，しぐさを真似するようになるため，「マンマね」「ママよ」など意味づけて言葉をかけると，情緒交流が深まるだけでなく，言語発達の基盤にもなります。離乳は，子どものペースや食事への向かい方を尊重し，安全で落ち着いた環境のもと，大人との和やかで楽しいやり取りを通して「食べたい気持ち」を広げることが大切です。

❷ 乳児保育に求められる視点

乳児期は，身体的・社会的・精神的発達の基盤が培われていく時期です。そのため，保育においては，次のような3つの視点が求められます。

- 身体的発達に関する視点：「健やかに伸び伸びと育つ」
- 社会的発達に関する視点：「身近な人と気持ちが通じ合う」
- 精神的発達に関する視点：「身近なものと関わり感性が育つ」

❸ 乳児の保育における保健的対応

乳児は抵抗力が弱く，心身の機能の未熟さに伴う疾病の発生が多い，呼吸困難や脱水を起こしやすい，といった特徴があり，一人一人の成長・発達・健康状態について，常に細かく観察し，疾病や異常があれば早く発見して速やかに適切な対応をします。観察にあたっては，機嫌，顔色，皮膚の状態，体温，泣き声，全身症状などさまざまな視点から，複数の職員の目で行うことも大切です。保育士によるきめ細かい観察により，異常が発見された場合は，看護師や嘱託医による対応が必要になることがあります。

保育の環境には，最大限の注意を払う必要があります。生活や遊びの場が清潔で衛生面に十分留意した環境になるように，衣類，布団，おむつ等身の回りのものが清潔であることはもちろん，その素材などにも十分配慮し，心地よく過ごせるようにします。また，食品やミルクの取扱いなどには細心の注意を払い，食中毒の発生を防ぎます。保育士等は，手洗いやうがいを励行し，服装や身支度などにも配慮し，自らの健康と清潔を常に心がけることが求められています。

乳幼児突然死症候群（SIDS）に対しても，うつ伏せ寝を避け，睡眠時に子どもの様子を把握するなど，十分な配慮が必要です。

（龍田直子）

▷1 乳児保育の3つの視点は，2018年施行の新しい保育所保育指針において新たに設けられたもので，それぞれに「ねらい」「内容」「内容の取扱い」が示されている。

▷2 乳幼児突然死症候群
⇨Ⅳ-9 参照。

2 1，2歳児の生活

 1 歳児の特徴

　歩行の始まり，道具の使用，言葉の発達と，乳児から幼児へと大きく成長する時期です。行動範囲や活動が拡がり，身の回りのさまざまなことや身近な人のしていることに興味・関心を向け，自我も芽生えます。

　大人が見守り，安全かつ，のびのびと過ごせるよう環境や活動を保障することが大切です。

 1 歳児の生活と保育

○運動機能と活動

　歩く，走る，段差を上がるなどができるようになり，高い所，水たまり，トンネルなどを好みます。行動範囲が広がることで，探索や活動意欲が増し，散歩の途中で興味のあるものを見つけてしゃがみこんで観察する，といった姿も目立ちます。

　安全で活動しやすい環境と時間的なゆとりのもと，走る，登る，跳ぶ，くぐるなど体全体を自由に動かし，楽しく遊ぶ経験を保障することが大切です。

○道具の使用

　大人のしていることに関心をもち，玩具よりも大人の使っている生活用品を使いたがります。手指の使い方も進み，スプーンやフォークで食べる，鉛筆を持って書こうとする，スコップで砂をすくうなど，道具を使うようになります。

　子どもの思いやペースを尊重し，支えてあげながら「できた！　もう1回！」と達成感や意欲を育みます。

○言語発達・人との関わり

　大人の話す言葉を理解できるようになり，「ワンワン」「あっち」など，言葉で伝える姿がさかんになります。

　大人は子どもの発信を受け止め，「ワンワンいたね」「あっち行きたいのね」などわかりやすい言葉を添えて，共感的に関わることが大切です。自分の思いが言葉で伝わることにより，人との関わりや言語コミュニケーションへの意欲も高まります。また，信頼する大人をよりどころに，生活や遊びが広がると，周りの子どもがしていることにも興味を向け，自ら関わりをもとうとします。

　関わる大人は，子ども同士が一緒にいて心地よいと感じ，やりとりすること

に楽しさや喜びを感じるよう, 仲立ちをしながら遊びの展開を支えます。興味をもつものを巡って主張がぶつかると, まだ言語表現が未熟であるため, 叩く・嚙む・押す, などの表現になってしまうことも少なくありません。行動だけに注目して制止や注意するのではなく, 「○○したいのね」と子どもの思いをくみとり言語化し, 双方が一緒に楽しめるよう方向づけることが大切です。

③　2歳児の発達の特徴

1歳台に芽生えた力を生活や遊び, 仲間関係のなかで豊かに充実させ, 自我を拡大させていく時期です。「大きい−小さい」というように, 比較判断する力がつき, 二語文で自分の要求を話したり, 大人の問いに答えるようになります。「大きくなりたい」気持ちが強く, 自分でできたことがうれしい時期です。

④　2歳児の生活と保育

❍運動機能と活動

走る, 跳ぶなど, 自分の体を自在に動かし, リズム遊びなどを楽しめるようになります。指先の細かな動きも増え, 砂, 粘土, 紙などの素材をちぎる, ねじる, 丸めるなどして「作品」をつくって遊ぶようにもなります。

❍身辺自立と手伝い

靴を履く, 服を着るなど「自分でやりたい」気持ちが強く, 大人が手を貸すと, 怒って初めからやり直す姿を多く認めます。自力でしたいがうまくいかないことも多いので, 気持ちも揺れますが, 見守られ励まされるなかで粘り強く頑張ろうとします。そうしてできた喜びは, 身辺自立へとつながっていきます。

また, 大人と同じようにしたい気持ちも強い時期です。大人がよきモデルとなり, やり方を教えたり, 「ありがとう, 助かったわ」と認めてあげることで, 子どもの喜びは深まり, お手伝いへの意欲も高まります。

❍遊び, 友達

イメージする力が育ち, 実物がなくても何かに見立てて遊んだり, 大人のしていることを遊びのなかで再現するようになります（**つもり・見立て遊び**）。友達と一緒を喜びますが, まだイメージを共有するのは難しく, 一緒にいてもそれぞれが自分のつもり・見立て遊びをしていることが多い時期です。

また, 物を貸す, 借りることの理解は難しいため, 取り合って泣かす, 泣く場面も多く発生します。大人が, 「貸して」「いいよ」「ありがとう」と言葉を添えて仲介することで, コミュニケーションの力が育まれていきます。

（龍田直子）

▷　**つもり・見立て遊び**
実物でないものを, 何かに見立てて遊んだり, 何かになったつもりでイメージして遊ぶこと。たとえば, 積み木を食べ物や電車に見立てて遊ぶ, お母さんになったつもりで人形のお世話をする, など。「見立て」「つもり」遊びが発展し, 場や役割を設定し, 友達とイメージを共有し, やり取りを楽しむようになったのが「ごっこ遊び」。

（**参考文献**）
白石正久（1994）. 発達の扉. かもがわ出版.
厚生労働省（2018）. 保育所保育指針解説.

3, 4, 5歳児の生活

 3歳児の生活と保育

　3歳児は，運動機能や話し言葉の基礎ができあがり，食事や排泄も自立できるようになります。自分のことを自分ででき，大人のしていることを「自分がする」と進んで手伝い「自分の役割」を果たすことで，手応えと自信を積み重ねていきます。保育のなかでも，エサや水やり，下膳など簡単なお手伝いに励んだり，身近な大人のしていることを遊びのなかで再現し，つもり遊びや簡単なごっこ遊びを繰り広げます。友達と分け合う，順番を守って遊ぶなどもできるようになりますが，実際にはまだ平行遊びも多く，友達と一緒にいること自体が楽しい時期です。

　認識面においては「できる／できない」を意識して気持ちが揺れることが増えます。また，恥ずかしい気持ちも出てきます。「できない，難しい」と苦手意識から消極的な態度や，「どうしよう」という心の揺れが「くせ」として目立つこともあります。こういった子どもの姿を表面的に捉え，できることやしっかりすることを求めるだけの対応にならないようにします。子どもの気持ちをくんで寄り添うこと，その子のよさやもっている力を見出し，肯定的に伝えていくことが「苦手だけど頑張る」「恥ずかしいけど頑張る」姿につながっていきます。

　言語面では，形容詞を中心に言葉が豊かになります。「きれいね」「おいしいね」と感じる体験，それを親しい相手と共感できる体験が言葉の世界を拡げていきます。

4歳児の生活と保育

　4歳半頃に発達の大きな転換を迎えます。それまで「できない」と感じると消極的になりやすかった姿から，自分で自分を励まし「〜ができる自分になりたい」「苦手だけど頑張ろう」という姿に成長します。

　運動面では，自分の身体や活動をコントロールできることが増えていきます。体全体を使った動きでは，ケンケン（片足で立ちながら前進する）のように，2つの動きを同時に行えるようになります。また，手を使った活動では，片手で道具を操作し，他方の手で素材を保持する，というように左右の手を別々に使って操作できるようになり（はさみで紙を切り抜く，器に汁をよそうなど），遊び

や活動が拡がります。

　言語面では，「なぜ」「どうして」と言葉を使って考えたり，「えーと」「それで」と言葉をつないで，楽しかったことやうれしかったことなどを伝える姿が見られます。この時期は，伝えたい気持ちに言葉の力が追いつかず，大人から見てもどかしく感じる場面もありますが，子どもなりの表現を急かすことなく受け止めることで，コミュニケーションに対する肯定的な気持ちが育まれます。また，色々な経験を通してイメージが豊かに広がっていきます。それを友達との間で共有し，「ごっこ遊び」が展開していきます。思わず伝えたくなるような喜び，伝えずにはいられない悔しさなど，さまざまな感情を伴う生活体験と，それを分かち合う友達との関係，伝えたいことをしっかり受け止めてもらえる大人との関係を積み上げていくことが大切です。そのようななかで，集団における自分の居場所や存在感を確かなものとしていきます。

❸　5歳児の生活と保育

　幼児期の仕上げと学童期の土台づくりとなる時期です。心身が安定し，さまざまな経験を通して，主体性や自立性，社会性，感性，思考力，表現力などの充実が期待されます。

　この時期は，心のなかで考える力（内面的な思考）が充実します。思いつきで行動や表現が発展する4歳児の姿とは異なり，行動や表現する前に考え，「こうしたい，こうありたい」との意識をもつようになります。そのことは，自由画での描き方の変化に代表されます。イメージ通りにいかず葛藤を抱えることもありますが，5歳児になると，気持ちや行動を調整し，友達をモデルに，あるいは大人に教えてもらいながら，最後まで頑張ろうとします。

　認識面では，「大-小」「長-短」「上手-下手」といった二分的な捉え方から「中くらい」を認識できるようになるため，視点が広がり，思考も深まります。また，「昨日-今日-明日」「去年-今年-来年」といった概念が理解できるようになることで，見通しをもって過ごすことや，去年と今年の自分を比べて手ごたえを感じるようにもなります。心のなかで，筋道を立てて考え，表現する力は，書き言葉という学力形成の基礎につながっていきます。

　保育では，子どもの主体性を尊重しつつ，大きな目標に向けて子ども一人一人が何をすべきか，自分で考えることができるように，集団を方向づけていくことが求められます。そのためには，子どもが自他の個性の違いを肯定的に捉え，自分の力で活動を変化していけるように手がかりを与えていくことが大切です。

（龍田直子）

（参考文献）
　白石正久（1994）．発達の扉．かもがわ出版．
　厚生労働省（2018）．保育所保育指針解説．

4 身体の清潔と衣服

▶　⇨Ⅲ-2参照。

1 手洗い，うがい

　「手洗い」と「うがい」は，感染症予防の基本です。感染症の原因となる病原体（細菌やウイルスなど）は，目や鼻，口などの粘膜から体内に侵入します。病原体のついた手で粘膜にふれることによって感染しないために，しっかりと「手洗い」を行います。また，喉の粘膜に付着した病原体が体内に侵入しないために「うがい」を行って，病原体を洗い流します。個人差はありますが，2歳頃にはうがいもできるようになります。まずは，外出先から帰ったら「手洗い」「うがい」をする習慣をつけましょう。

2 入浴，スキンケア

　新生児は，ベビーバスを使った沐浴を行います。授乳直前や授乳後1時間以内を避け，毎日一定した時間に沐浴することで生活リズムを整えます。湯温（夏は38〜39℃，冬は40℃）を設定し，諸準備を整えて効率よく10分ほどで済ませるようにします。急に湯がかからないように注意して，あらかじめ体の前面に沐浴布（ガーゼや薄手のタオルなど）をあて，足先から少しずつ湯につけていきます。

　生後1か月を過ぎると，大人と同じ浴槽に入浴できます。子どもは体重に比べて体表面積が大きく，大人よりもあたたまりやすいため，熱すぎる湯温や長湯を避けます。

　子どもの皮膚は大人に比べて薄く，特に乾燥や外的刺激から肌を守る最も外にある層（表皮）が薄いのが特徴です。そのため，保湿力に弱く，少しの刺激でも傷つきやすいと言われています。さらに大人に比べて新陳代謝がさかんなため，皮脂，汗，乾燥，摩擦などによる湿疹を発症しやすい特徴があります。入浴時は，大人の手に石けんをとり，よく泡立て，なでるようにして汚れを落とします。その後，やわらかいタオルで軽くおさえるように水分を拭き取り，皮膚の潤いが残っている間に，保湿によるスキンケアを行います。保湿剤には，軟膏，クリーム，ローションの3種類があります。軟膏は，保湿の持続効果は長いのですが，べたつく使用感です。一方，ローションはさらっとしていますが，保湿の持続は短いと言われています。発汗の多い季節や皮膚の部位にはローションを使用し，乾燥の強い冬や皮膚の部位には軟膏やクリームの使用が適

しています。

③ あせも（汗疹）

　汗は，皮膚にある汗腺から分泌されます。汗腺の総数は一生を通じて同じであるため，体表面積の小さい乳幼児は，大人に比べて汗腺の密度が高いことになります。体温調節機能が未熟で，熱容量が小さいため，高温高湿の環境下では，体温を一定に保つために，全身にたくさん汗をかきます。

　あせもは，何らかの理由で，汗の出口がふさがれて炎症が起こったものです。一般的に，汗腺の多い部位（額や首のまわり，胸，背中など）にできやすいのですが，汗腺が密な子どもは，全身のいたるところに発症します。

　あせも対策で大切なことは，「汗をかいたままにしない」ということです。通気性のよい素材やデザインの肌着や衣服を着用し，汗をかいたらこまめに着替えることや，シャワーや入浴で汗を流して清潔に保つことが基本です。汗をそのままにして，いたずらに外用薬を使用するべきではありません。薬は，まず皮膚全体のスキンケアを行い，それによっても赤みやかゆみ等が改善しない場合に使用します。また，室温低下に注意しながら，クーラーや扇風機などを上手に活用することは，熱中症予防とあわせて有用です。

④ 衣服について

　子どもの衣服は，適度なゆとりがある，吸湿性や通気性がよい，着脱しやすいことが基本です。

　子どもは，体重に比べて体表面積が大きく，特に新生児では皮下脂肪が少ないため，体の熱が失われやすいと言われています。また，体温調節機能も未熟であるため，室温や衣服を調節して保温することが大切です。季節や子どもの運動機能の発達に合わせて，衣服を選ぶ必要があります。

　新生児は，肌着の上に季節に応じた素材のベビー服を重ねますが，足の形や動きを妨げないような，裾幅の広いものが適しています。

　3か月頃になり，目覚めている時間が増え，さかんに足を動かし上げるようになると裾が分かれたカバーオールが便利です。足先が出て，寝返りやハイハイなど姿勢を変えやすいように「薄着で身軽であること」が大切です。また，玩具に手を伸ばし，握って口に入れる，足先をもってなめるなど，乳児の運動発達や，目と手の協調運動のためには，ミトンや靴下は使用せず，手指や足先をしっかり使えるようにします。

（龍田直子）

子どもの歯

 ## 歯の生え方

　乳歯はだいたい生後6～9か月頃，下の前歯から生え始めます。早い子は生後4か月頃から，遅いと1歳3か月頃からとかなりばらつきがあり，上の前歯から生えることもあります。20本の乳歯が生えそろうのは3～4歳頃になります。個人差が大きいので，時期や生える順番はあまり気にしなくても大丈夫ですが，1歳3か月を過ぎても1本も生えていない時は一度小児歯科で相談しましょう。永久歯は6歳頃から生えかわり始め，10～12歳頃に28本の永久歯がそろいます。

 ## むし歯（う歯）

○むし歯の原因と予防

　むし歯の原因となるのは口のなかにいる細菌（**むし歯菌**）です。歯の表面に歯垢をつくって住みつき，食べ物のなかの糖を利用して酸をつくりだすことで歯を溶かしてしまいます。もともと赤ちゃんの口のなかにこの菌はいませんから，周りの大人から唾液を通じて感染してしまったと考えられます。一度感染してしまうともう完全に取り除くことはできません。

　予防としては，まずはむし歯菌に感染させないことです。親がかみ砕いて離乳食を与えることは避け，できるだけ唾液のつくものを一緒に使うことはやめたほうがよいでしょう。周囲の大人も歯みがきや虫歯治療をして口のなかを清潔に保ちましょう。次に大切なのは，むし歯菌が活動するのに必要な糖と，菌がつくりだした酸が口のなかに残る時間を短くすることです。食事やおやつは時間を決めて，だらだら食べをしないこと，お茶やお水と一緒に食べること，食べたらすぐに歯みがきをすることが大事です。フッ素は歯の表面を強くしてむし歯になりにくくします。定期的にかかりつけ歯科でフッ素を塗ってもらい，同時に初期のむし歯を早く発見してもらうために歯の健診を受けられるとなおよいでしょう。自宅でフッ素入りの歯みがき粉を使うこともできます。キシリトールはむし歯菌の活動を弱めてくれます。大きい子どもならキシリトール入りのガムやタブレットを利用するとよいでしょう。

○治　療

　乳歯はどうせ生え変わると保護者も甘くみていることがあります。しかし重

▷　むし歯菌
ミュータンス連鎖球菌をはじめとする歯垢のなかの細菌。

度のむし歯は土台となる歯ぐきの骨まで溶かすことがありますし，よく噛めないため偏食や少食になることもあります。そしてそのような悪い環境で生えてくる永久歯はすぐまたむし歯になってしまいます。乳歯でもむし歯が見つかったら必ず歯科を受診しましょう。

3 歯の状態と虐待

　重度のむし歯があり，治療をしている様子がない場合，子どもの虐待（ネグレクト）を疑うきっかけになることがあります。規則正しい食事や歯みがきなどを根気よく続けることはとても手のかかることですが，これらが全くできていないとむし歯はひどく進行します。少しのむし歯は，歯の質によってはきちんとケアしていてもあり得ますが，治療されていないことは問題です。子どもに必要な世話をせず適切な医療を受けさせないことも虐待の一つであることを認識し，養育環境を注意して見守る必要があります。

4 歯ならびについて

　乳歯はでこぼこに生えてくることもありますが上下のあごがずれるほどでなければ次第にきれいに並んでくることも多いです。しかし上の前歯よりも下の前歯が前にでていたり（反対咬合），下の歯が見えないほど上の歯がかぶさっていたり，あごが小さくてすき間がなくてでこぼこになる場合など，乳歯期から治療をしたり，食べ方や舌の使い方のくせを治すとよいケースがあります。乳歯が生えそろう頃に改善していなければ小児歯科で定期的に経過を見てもらいましょう。また，0歳児の指しゃぶりは問題ありませんが，2歳を超えても長時間指しゃぶりをしたりおしゃぶりを使用することは前歯に常に前方へ力が加わり歯ならびを悪くすることがあります。できれば2歳を超えたらやめることができるよう指導しましょう。

5 歯のけが

　歯を強く打つと，抜けおちた，欠けた，ぐらつく，痛む，位置がずれた，めり込んだなどのトラブルが起こることがあります。強く打った場合は特に症状がなくても歯の周囲や組織が影響を受けていることがあるため必ず歯科を受診しましょう。乳歯のけがは，その後に生えてくる永久歯に影響が出ないようにすることが最も大切です。永久歯が生えるまで定期的な観察が必要となる場合があります。

　もし大きく歯が折れたり抜け落ちた場合は，冷たい牛乳に浸すことで乾燥を防いで組織を守り，もう一度折れた歯を元の位置に戻せる場合があります。牛乳に浸した歯を持ってできるだけ早く歯科を受診しましょう。

（三村由卯）

参考文献
　小児歯科学会（編）(2019)．乳幼児の口と歯の健診ガイド（第3版）．医歯薬出版.

排泄の世話

 おむつの種類

○布おむつ

通気性がよく肌触りのよいもの，丈夫な素材が適しています。正方形や長方形のおむつは，細長くたたみ，股にあて，おむつカバーでとめます。股関節脱臼の予防のためには，股を広げ，曲げた自然な足の形が保て，自由に足が動かせるようにします。洗濯を重ねるうちに布地が固くなり皮膚の表面が擦れて炎症を起こしやすくなることや，おむつカバーを着けることで蒸れやすくなるので，おむつかぶれに留意する必要があります。

○紙おむつ

通気性，吸収力，肌触り，着け心地などが工夫されています。布おむつほど蒸れないと言われていますが，それでも長時間交換しないままでいると，おむつかぶれにつながります。後始末が簡単で，夜間や外出先などでは便利ですが，ごみが増えるという課題はあります。おむつに付着した便はそのまま捨てるのではなく，トイレに流してから処分することで環境への配慮につながります。

② おむつかぶれ

「かぶれ」とは，原因となる物質に接触したために皮膚が炎症を起こした状態を指し，医学的には「接触皮膚炎」と言います。おむつかぶれの原因には，便尿の成分付着やおむつ表面との摩擦があります。軟便や下痢便が続くと，おむつかぶれを起こしやすいので，肌触りのよい布おむつか紙おむつを使用し，適宜おしりを洗います。この時，皮膚のしわやくびれも含めて丁寧に汚れを取り除くことが大切です。清潔にした後，保湿剤やステロイドなどの抗炎症薬を外用します。おむつとの接触面だけでなく，皮膚のしわの間にも発赤がある場合は，**真菌**性の皮膚炎が考えられます。この場合は，抗真菌薬を外用します。

③ 感染性胃腸炎への対応

下痢や嘔吐がある場合，ノロウイルスなどの感染性胃腸炎が疑われます。便や吐物にはウイルスが含まれているため，それらを直接扱う大人自身に感染する危険性があります。また，付着などによって，周囲の環境を汚染することも考えられます。感染拡大は，ウイルスの付着した手指から感染する場合や，便

▷　**真　菌**
真菌（カンジダというカビ）による皮膚炎では，皮膚のしわのなかにも湿疹が及び，湿疹周囲は皮がむけたような状態になる。この場合，ステロイド薬を塗ると悪化する。清潔にしてもなかなか治らない場合は，受診する必要がある。

や吐物が乾燥して舞い上がり，それを吸い込むことで起こります。感染拡大を予防するためには，処理に必要な物品は事前にそろえ，汚染を拡げないよう，所定の場所で，手順にしたがい，正確かつ手早く処理を行います。この時，使い捨て手袋を着用して処理を行います。便は，使い捨てのタオルやお尻拭きで拭き取り，交換したオムツや汚染した衣類等は床におかず，直接ビニール袋にいれて処分します。この時，ビニール袋には，次亜塩素酸ナトリウムを入れて消毒します。一連の処置が終わった後は，手袋を外して，十分に手洗いを行います。また，便で汚染された床などの周辺環境は，次亜塩素酸ナトリウムで拭いて消毒する必要があります。

④ トイレットトレーニング

おむつが外れる時期には個人差がありますが，概ね1歳後半～3歳頃です。おむつが外れるにあたり，子どもには，次のような準備が整う必要があります。

- 膀胱の容量や働きが発育し，尿を貯めることができる
- 排尿間隔が2時間以上あいている
- 尿意を感じて，周囲の大人に伝えることができる
- パンツやズボンを自分でおろすことがきる
- トイレに関心をもつ　など

大人は，子どもの過ごす環境を整え，上記の準備が整った時期を見て，次のように進めていくとよいでしょう。

- 生活リズムを整え，起床後にトイレに行く，トイレをすませてから食事，というように，子どもが見通しをもって過ごせるようにする。
- 排泄後の子どものしぐさや言葉（おむつを触る，「チー」と言う，など）に気づき，「チーでたね」などと声をかけ，排泄したことを子どもと共有し，おむつを交換する。
- 安心してトイレに気持ちや行動を向けることができるように，トイレ環境を整える。
- 排泄前に尿意をしぐさや言葉で知らせるようになったら，おむつからパンツに切り替え，嫌がらなければ便座に座らせ，排尿したらしっかりほめる。

大人が先回りして頻繁に声をかけることは，遊びを中断したり，集中を妨げることになるため，控えましょう。トイレットトレーニングは，うまくいったり，いかなかったりという過程を経て進みます。その間で揺れる子どもの心を大人が見守り，失敗しても決して怒らず励ますこと，成功した時にはしっかりほめることが大切です。

（龍田直子）

7 健康状態の観察

① 健康状態を観察する意義

　保育所は，乳幼児が初めて出会う家庭以外の生活の場であり，子どもの心身の成長に大きな役割を担います。子どもの健康状態や発育状態を把握することは，適切な関わりや配慮を行うために欠かすことができません。

　保育所では，個人と集団，随時と定期的の両方で健康状態を観察し，子どもの健康と安全を守り育むことが目標となります。一人一人の健康状態を把握することによって，保育所全体の子どもの疾病の発生状況も把握することができ，早期の疾病予防にも役立ちます。乳幼児は痛みや不快感を言葉で伝えるのが難しいため，保育者は「いつもと様子が異なる」ことに気づけるよう，普段から子どもの健康状態を把握しておくことが大切です。また定期的，継続的に観察することによって，身長や体重の伸びが少ない，けがを繰り返すなどから，慢性疾患や障害，不適切な養育等の早期発見につながることもあります。

　子どもの健康状態を把握するためには，医師による定期健康診断，園での毎日の観察と定期的な身体計測，保護者からの情報提供を合わせて総合的に行う必要があります。

② 日々の健康状態の観察方法とポイント[1]

　子どもの健康状態の観察では，顔色は血色よく，表情は活き活きしているか，機嫌がよいか，元気そうに活動できているかは重要です。熱や風邪症状があったとしても，これらが保たれていれば大きな心配はないでしょう。皮膚からは，水いぼやとびひなどの感染症，湿疹や蕁麻疹がわかります。手足や額は転倒などで傷が生じやすい部位です。子どもの姿勢は，痛いところを反映することがあります。たとえば，片方の腕を急に動かさないのは**肘内障**[2]，耳を触るのは中耳炎，しゃがみこむのは腹痛の可能性などを考えます。

○検　温

　体温を測ることを検温，普段の体温を平熱と言います。子どもの平熱は成人より高く，36.5～37℃ と言われていますが，個人差があるため普段から測っておくことが大切です。体温には日内変動があり，朝は低く夕方は0.5～1℃高くなります。感染症法では37.5℃以上が発熱，38℃以上が高熱と定められています。子どもの場合，平熱より1℃以上高いと発熱と考えましょう。インフル

▷1　「子どもの心身の健康状態とその把握」については，「子どもの保健」の授業で詳しく学ぶことになる。本書と対になるテキスト『新版　よくわかる子どもの保健』の「Ⅵ　心身の健康状態とその把握」でも詳述しているのでそちらを参照されたい。

▷2　肘内障
子どもが上方に向かって，手を強く引っ張られた時などに，肘の靱帯から肘の外側の骨がはずれかかることによって起きる。痛がって，腕を下げたままで動かさなくなる。
⇨「現場で役立つ救急時等の対応4」参照。

エンザや風邪などの感染症の時は高熱になることが多いのですが，重症の感染症やショック状態の時はむしろ35℃台の低体温になることがあります。

　検温に用いるのはわき式体温計と耳式体温計がありますが，子どもにはわき式が使われることが多いようです。食事や外出，入浴直後は高くなることが多く，検温は避けます。測る前にはわきの汗を拭き取ります。予測式の体温計は20〜30秒後に電子音が鳴るので，それまでは体温計を取り出さずじっと動かずに待ちましょう（図Ⅳ-1）。

○呼吸状態

　呼吸は胸や腹部の動きで確認します。乳児は腹式呼吸で，3〜7歳頃までは胸と腹部の両方を使って呼吸します。子どもの呼吸回数は成人の2倍くらい多く，乳児で1分間あたり30〜40回，幼児で20〜30回と言われています。子どもが泣いているのか眠っているのかでも異なりますが，呼吸が苦しくなると息は浅く，速くなります。肩で呼吸をしたり，ぐったりした表情，息を吐いた時にうめくような声の場合は，息ができなくなる緊急事態と考えます。喘息発作やクループ症候群などで起こり得ます。

　喉に異物や食べ物を詰めた場合は，急に咳き込んで無口になる，喉を押さえてしゃがむ，動きを止めるなどが特徴的と言われています。子どもの上半身をたて，保育者が後方から抱え込んで上腹部を強く圧迫する（腹部突き上げ法）と，異物が出てくることがあります。いずれも呼吸困難が続くと意識は低下し，低酸素状態に陥るため，救急車を要請します。

○嘔吐や下痢

　突然嘔吐したり，便が白っぽく酸っぱい臭いの時は，ロタウィルスやノロウィルスなどの感染性胃腸炎を考えます。頻回の下痢の場合は脱水症状が急速に進むことがあるため，少量ずつ頻回の水分摂取を行います。施設内感染を防ぐために手洗いや塩素系消毒を行いますが，生活の場での完全な防止は困難です。赤褐色の血便で腹痛を伴う場合は，腸管出血性大腸菌による食中毒や腸重積を考え，病院受診を勧めます。

③　身長体重の停滞や虐待を疑う時

　子どもの身体計測をしていると，身長や体重の停滞を見つけることがありま

1. わきの中心にあてる

わきの温度は中心ほど高く，周辺は低くなっています。
高　中　低

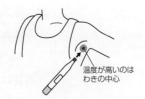

温度が高いのはわきの中心

2. 体温計を下から少し押し上げるようにして、わきをしっかりしめる。

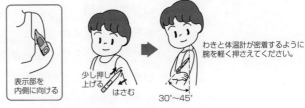

表示部を内側に向ける
少し押し上げる
はさむ
30°〜45°

わきと体温計が密着するように腕を軽く押さえてください。

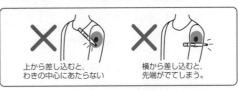

上から差し込むと，わきの中心にあたらない
横から差し込むと，先端がでてしまう。

図Ⅳ-1　正しい検温の仕方

出所：オムロンヘルスケア株式会社のウェブサイト（https://www.healthcare.omron.co.jp/product/mc/howto/）より。

▷3　⇨「現場で役立つ救急時等の対応14」参照。

▷4　⇨Ⅱ-3参照。

▷5　⇨「現場で役立つ救急時等の対応16」及び「現場で役立つ救急時等の対応18」参照。

す。まずは保護者と共有しながら，保健所の健康診査，保健指導などの保健活動と連携します。病院受診にて成長ホルモン分泌不全や何らかの身体疾患がわかることがあります。また虐待の疑いのある子どもの早期発見とその対応は，子どもの生命の危険，心身の障害の発生防止につながります。ネグレクトを疑う場合は，市町村の家庭相談室に「要支援」として連絡することも可能です。

❹ 保育のなかでの確認すること

◯登園した時

毎朝の登園時には，顔色や表情，機嫌や活気を確認します。いつもと異なる体の熱感や外から見える皮膚の症状に気がつけば，保護者からの聞き取りをしておきます。その日の保護者の緊急連絡先を確認しておくことも重要です。

３歳未満児のクラスでは，体温，食事内容，睡眠時間，排泄の様子などを連絡ノート（図Ⅳ-2）などに記載し，家庭と保育所とで共有しておくとよいでしょう。形式は園によってさまざまですが，最近はスマートフォンやパソコンからアプリを用いて，記入したり内容を確認できる園もあります。

◯与薬について

子どもに薬を与える場合は，医師の診断及び指示による薬に限定されています。できるだけ１日２回で処方してもらうのが原則ですが，３回必要な場合は，日中の薬だけ預かる園が多いようです。その際は，処方した医師名，薬の名前や効能，使用方法を具体的に記載した「与薬依頼票」を保護者に記載してもらいます。与薬する時は，複数の保育士や看護師で確認して投与します。

◯排泄する時

自分で意識してトイレで排尿できるのは３歳頃から，排便は４歳頃と言われています。尿の回数は数十分おきにいく子から，保育中にはほとんどいかない子まで差が大きいです。排尿後15秒以内に膀胱は空になると言われています。便の性状や色，臭いは胃腸症状を反映します。

◯食事の時

子どもにとって食事は生涯の健康に関与し，順調な発育に欠かせないものです。清潔を保ち，咀嚼，嚥下機能の発達に応じて，食品の種類や量，大きさ，固さを増していきます。乳児は抱いて授乳を行い，げっぷで排気させて吐乳を防ぎます。食欲は子どもの健康状態を反映しやすく，発熱時や胃腸炎，口内炎のある時は食べられなくなる子が多いです。窒息を防ぐため，食事時は着席して立ち歩かない，食べ物を口に詰め込みすぎないようにします。

食物アレルギーの有病率は，保育所在園児の５％と言われています。除去食の提供については，入所時からかかりつけ医や家庭と密に連携をとることが必要です。給食では除去食のファイルを個別に作成し，調理士，担任，管理職らで複数のチェックをし，食器やトレイの色を変えるなど細心の注意を払ってい

▶6　⇨Ⅴ-2 参照。

月　日　曜日　天気

家庭から						
体温	: ℃			入浴	有・無	
排便	夜	軟・普・固	回	機嫌	夜	良・普・悪
	朝	軟・普・固	回		朝	良・普・悪
睡眠	就寝 : 〜 起床 :					
食事	夜 :			朝 :		
お迎え予定　時　分頃(　　)						
連絡欄						

保育園(所)から　記入者				
体温	: ℃		沐浴	有・無
排便	軟・普・固	回	機嫌	良・普・悪
睡眠				
食事・おやつ				
連絡欄				

図Ⅳ-2　連絡ノートの例

る園が多いようです。

❍午睡の時

オムツ交換やパジャマへの着替えの時には，登園時には見られなかった皮膚の状態も確認します。背中やお腹，太ももの内側や陰部などに複数のけがが見られる場合は，虐待を疑う必要があります。

子どもたちが寝ている間，**乳幼児突然死症候群**[7]（SIDS）を防ぐ目的で睡眠チェック表を記載している園が増えています。0歳児は5分おき，1・2歳児は10分おきに呼吸状態と体の向きを確認し，うつ伏せ寝を防ぐものです。地方自治体によっては義務づけているところもあります。保育施設において一定頻度で乳児の突然死があり，預けられた1週間以内にその多くが死亡しているという実態があります。

しかしながら乳幼児の突然死は，モニターや保育者による定時モニタリングで予見したり予防することはできないと言われています[8]。睡眠チェックでは突然死は防げないとしても，子どもの状態を見守ると同時に保育者の立場を守るという意義はあります。今後はさらなる原因や病態の解明が待たれるところです。

❍降園する時

保護者がお迎えに来られた時は，連絡ノートを確認してもらったり，口頭で一日の様子を伝えます。家庭でも引き続き確認してほしいことや特別な出来事があった時など，担当者が時間差勤務になる場合は申し送りが必要です。保護者と保育者が子どもを中心に，お互いの一日を労えるとよいでしょう。

（澤井ちひろ）

▶7　**乳幼児突然死症候群**
⇨Ⅳ-9参照。

▶8　日本SIDS・乳幼児突然死予防学会（2017）．保育施設での乳幼児突然死予防モニター導入に対する補助金制度に関しての意見．Task Force On Sudden Infant Death Syndrome (2016). SIDS and Other Sleep-Related Infant Deaths: Updated 2016 Recommendations for a Safe Infant Sleeping Environment. *PEDIATRICS*, **138**(5).

参考文献

厚生労働省（2018）．保育所保育指針解説．

8 突然死

1 定　義

　突然死の定義は曖昧で，症状出現直後に死亡した場合に限定している場合もあれば，24時間後の死亡まで含める場合もあります。一般的な定義として，死亡児が死亡直前に問題ないとされていたか，軽微な疾患に罹患していたに過ぎず，また重篤な疾病に罹患していても症状が安定していた場合を「小児突然死」と総称し，次の3グループに分けます。[1]

（1）　心停止や循環不全により，これまで健康とされていた子どもが，数時間以内に死亡した場合

（2）　徴候が見られた子どもが予期せず数時間以内に死亡した場合

（3）　重篤な疾患の子どもが症状の安定している時期に突然死亡した場合（気管支喘息やてんかんを基礎疾患としてもっていた子どもが該当します）

2 頻　度

　小児突然死は地域や年により発生率が異なり，子どもの突然死の正確な発生率を算出することは困難です。解剖検査がされていない場合，死亡診断書に記載されている病名は必ずしも医学的に正確とは限りません。

　各国で報告されている小児突然死の発生率は，年間10万人あたり0.5～13.8と大きなばらつきがあります。米国では予期せぬ小児突然死（Sudden Unexplained Death in Childhood；SUDC）の発生率は出生10万人あたり1.5とされ，同年齢の小児死亡の2～5％にあたります。

3 原因疾患

　乳児突然死症候群[2]（Sudden Infant Death Syndrome；SIDS）は病名の周知や防止策の啓蒙によって近年著しく減少していますが，依然として「予期せぬ乳児突然死」（Sudden Unexpected Infant Death；SUID）のなかで最も多い原因疾患です。近年，診断法の進歩によって小児突然死の原因として**有機酸・脂肪酸代謝異常症**[3]が明らかにされてきました。以前は診断されず「乳児突然死症候群」や「予期せぬ乳児突然死」と報告されてきた例も多いと考えられます。

　1歳以降に突然死を来す疾患としては，悪性腫瘍，先天奇形，感染症があげられます。感染症では，心筋炎，髄膜炎，喉頭蓋炎，肺炎，細気管支炎，敗血

▷1　ロジャー・W・バイアード，溝口史剛（監訳）（2015）．小児および若年成人における突然死．明石書店，pp. 711-764.

▷2　乳児突然死症候群（SIDS）
一般に SIDS は「乳幼児突然死症候群」と「乳幼児」とされるが，ここでは国際的な比較のうえで混乱を避けるために「乳児」としている。なお，次のⅣ-9 では項目名として一般になじみのある「乳幼児突然死症候群」としている。
⇨Ⅳ-9 参照。

▷3　有機酸・脂肪酸代謝異常症
タンデムマスなどの診断法の進歩により新たに診断された代謝異常症。カルニチンパルミトイルトランスフェラーゼ-2欠損症（CPT-2），極長鎖アシル CoA 脱水素酵素欠損症（VLCAD），中鎖アシル CoA 脱水素酵素欠損症（MCAD），グルタル酸血症Ⅱ型（GA2），全身性カルニチン欠乏症などを指す。

▷4　AED（自動体外式除細動器）
⇨Ⅱ-3参照。

▷5　日本小児科学会（2019）．第122回 日本小児科学会学術集会　総合シンポジウム．日本小児科学会雑誌，**33**(2)，pp. 155-173.

表Ⅳ-1　解剖検査時に所見を認めがたい突然死の原因となる心疾患
1. 伝導障害 　　ブルガダ（Burugada）症候群 　　QT延長症候群 　　特発性心房細動 　　カテコラミン誘発性多型性心室性頻拍 　　完全房室ブロック 　　WPW（Wolff-Parkinson-White）症候群 2. 冠動脈攣縮 3. 心臓震盪

出所：ロジャー・W・バイアード（2015）．より。

表Ⅳ-2　解剖検査時に所見を認めがたい突然死の原因となる非心原性疾患・病態
1. 内因性病態 　　てんかん 　　気管支喘息 　　糖尿病性ケトアシドーシス 　　アナフィラキシー 2. 外因性病態 　　溺水 　　薬物中毒 　　感電（低電圧性） 　　窒息

出所：ロジャー・W・バイアード（2015）．より。

症，腹膜炎などがあります。心血管系疾患では，肥大型心筋症，右心低形成，大動脈弁狭窄症，僧帽弁逸脱症，ファロー四徴症，アイゼンメンジャー症候群，肺高血圧症，不整脈（伝導障害）などがあげられます。

　突然死の原因となる疾患のうち解剖検査時に所見を認めがたい疾患を，心疾患と非心原性疾患とに分けて表Ⅳ-1，表Ⅳ-2に示します。非心原性疾患のなかで，てんかんと気管支喘息は子どもに頻度の高い疾患ですので，保育の場でも配慮が必要です。

　子どもの事故死のなかで頻度の高いものは，交通事故，溺水，熱傷，転落，虐待があり，日本では遊具による事故が社会的に問題となっています。遊具の潜在的な危険性を認識し子どもの安全を確保するための体制が望まれます。

❹　学校心臓検診と突然死

　日本において子どもの心臓に起因する突然死対策の歴史は比較的古く，1950年代には小学校，中学校，高校入学時に心臓検診が開始されました。その後，学校心電図検診体制が整備され，上記のような突然死の原因となる心血管系疾患や心停止ハイリスク児童が抽出されました。それまで子どもの心臓性突然死の半数近くが原因不明とされてきましたが，心臓検診に基づく心停止発症前の臨床診断によって，突然死の病因診断率が向上しました。これによって患児の管理も進み，心停止例が蘇生され多くの子どもの生命が守られました。

　2004年からは医師，救命救急士だけでなく一般市民も **AED（自動体外式除細動器）** の使用が認められ，「院外心停止」は「予防以外に対策がない」病態から「発症時に治療可能」な病態になってきました。日本ではAEDが急速に普及しました。AEDを設置するだけでなく，心停止時に速やかに活用できる体制づくりが学校内でも進められています。

❺　欧米で用いられている突然死の分類

○予期せぬ乳児突然死（Sudden Unexpected Infant Death；SUID）

　「予期せぬ乳児突然死」は日本では馴染みが薄い用語ですが，欧米では乳児

▷6　前掲書（▷1）．

突然死症候群（SIDS）を含め予期しなかった乳児（生後7〜365日）の突然死を指します。[6]

　予期せぬ乳児突然死（SUID）という用語を用いることによって，全ての乳児死亡を研究や分析の対象として把握できるようになり，乳児突然死の再発予防策を講じるうえでも有用です。英国のガイドラインでは，SIDS のほか，解剖検査によっても原因が判明しない予期されなかった死亡例，致死的でない急性疾患罹患中に死亡した例，健康であった乳児に発生し急性疾患により24時間以内に死亡した例，種々の事故・中毒・外傷に拠る全ての死亡例を指しています。

❍予期せぬ小児突然死（Sudden Unexplained Death in Childhood；SUDC）

「予期せぬ小児突然死」という用語も，我が国では未だ一般的ではありません。1歳以上の子どもの予期せぬ突然死を包括する用語として用いられ，欧米では盛んに調査研究が行われています。[7]

❍てんかんにおける突然死（Sudden Unexpected Death in Epilepsy；SUDEP）

▷7　Dale C. Hesdrffer, et al.（2015）. Sudden unexplained death in childhood: A comparison of cases with and without a febrile seizure history. *Epilepsia*, **56**, pp. 1294-1300.

　てんかんは小児期と老齢期に多く発症します。てんかん患者は健常人に比較して10倍以上の突然死が見られ，「てんかんにおける突然死；SUDEP」と呼ばれます。[8] 最近日本でも，SUDEP の重要性が認識され始めました。SUDEP は，てんかん発作の目撃者の有無を問いません。単回の熱性けいれんやてんかん重積に伴うもの，外傷や溺死など明らかな原因による死亡は除外されます。毒物の関与や解剖学的原因が明らかでないものを SUDEP と定義します。

▷8　Orrin Devinsky, et al.（2016）. Sudden unexpected death in epilepsy: Epidemiology, mechanisms, and prevention. *Lancet Neurol*, **15**, pp. 1075-1088.

　どの年齢でも起こり，子どもではドラベ症候群（乳児重症ミオクロニーてんかん）のように死亡率が非常に高い疾患もあります。SUDEP は睡眠中やうつ伏せ状態に起こることがほとんどで，乳児突然死症候群（SIDS）と共通した機序が考えらます（表Ⅳ-3）。

6　小児突然死と熱性けいれん

　熱性けいれんと小児突然死との関係が注目されています。米国では予期せぬ小児突然死（SUDC）例の3分の1に熱性けいれんの既往があり，さらに2〜5歳の SUDC 例に限ると，熱性けいれんの既往のある子どもが大半を占めます。[9] 欧州のコホート研究では，熱性けいれん，特に複雑型熱性けいれんの既往[10]のある子どもの死亡率が，熱性けいれんの既往のない子どもに比べ高いことが報告されています。

▷9　前掲論文（▷7）．

▷10　Morgens Vestergaard, et al.（2008）. Death in children with febrile seizures: A population-based cohort study. *Lancet*, **372**, pp. 457-463.

　熱性けいれん児の長期的死亡率は高くありませんが，熱性けいれん発症後の数年間の死亡率が約2倍になります。また熱性けいれんの既往のある SUDC 例では，側頭葉てんかんと同様の顕微鏡所見が見られ，SUDC にてんかんの発生機序が関連している可能性があります。

　日本では，医療関係者の間でも熱性けいれんは「心配のない予後の良い疾

表Ⅳ-3　SIDS, SUDC, SUDEP の共通点と相違点

	SIDS	SUDC	SUDEP
	乳（幼）児突然死症候群	予期せぬ小児突然死	てんかんにおける突然死
睡眠時の突然死	++	++	++
うつ伏せ	+〜++	++	++
未熟児または低出生体重児	+	+/−	不明
男児優位	+（61%）	+（63%）	+（59%）
突然死直前の罹患，発熱	+	+	−
受動喫煙	+	不明	不明
大脳海馬の顕微鏡的異常（病理的変化）	+	+	+
通常の剖検における所見	死因を確定できない	死因を確定できない	死因を確定できない
診断方法	除外診断	除外診断	除外診断
理論的（想定される）発生機序	心臓，呼吸，覚醒の異常	不明	心臓，呼吸，覚醒の異常
脳内セロトニン神経系の関与	++	(+)	++
てんかんの既往	−	−	++
熱性けいれん（febrile seizure）の既往	不明	+	+/−
死亡時年齢	1歳未満	1〜5歳	全ての年齢

出所：Orrin Devinsky, et al. (2016). を改変。

患」とされてきました。しかし上記のように，稀に死に至る場合もあることを認識する必要があります。医療関係者は安易に熱性けいれんの診断を下さない[11]ように心がける必要があります。家族歴・発達歴・現病歴・身体的所見・症状から，脳炎・脳症・髄膜炎・てんかん等の鑑別診断に努め，熱性けいれんとして典型的でない例，複雑型熱性けいれん例については，専門医に相談し必要に応じて専門施設で脳波を含めた精査を受けることが望ましいでしょう。日本の熱性けいれんの発生率（6〜9%）が欧米の2〜3倍であることを考慮すると，子どもの安全のためにも，保育の場で熱性けいれんの既往がある子どもに対しては，特に睡眠時の監視に注意を払うことが望まれます。そのためには，家族との情報交換，かかりつけ医と専門医との連携による正確な診断と適切な指導が大切です。[12]

7 突然死における共通した機序

突然死には共通した機序があるとされています。意識障害による防御反応の低下，自律神経（交感神経・副交感神経）系の機能異常，呼吸困難を伴わない無呼吸（低酸素血症や高炭酸ガス血症に対する覚醒反応の欠如）等が関わっていると考えられています（表Ⅳ-3）

（竹内義博）

▷11　国際抗てんかん連盟（ILAE）は，てんかん分類で従来使用されてきた「良性」という表現を，長期的な発作及び発達予後という観点から撤廃した（2017年）。

▷12　予期せぬ小児突然死（SUDC）や SIDS の一部が「適切な検査を受けず診断されなかったてんかん」であるとも考えられる。

参考文献
ロジャー・W・バイアード，溝口史剛（監訳）(2015). 小児および若年成人における突然死. 明石書店.

9 乳幼児突然死症候群

1 定義と歴史

　乳幼児突然死症候群（Sudden Infant Death Syndrome；SIDS）とは「それまでの健康状態および既往歴からその死亡が予測できず，しかも死亡状況調査および解剖検査によってもその原因が同定されない，原則として1歳未満の児に死亡をもたらした症候群」と定義されています。日本では「乳児突然死症候群」[1]よりも「乳幼児突然死症候群」という用語が用いられています。

　歴史的には SIDS を含む「予期せぬ乳児突然死」は，添い寝している養育者の「覆いかぶさり死」として聖書に事例が記載されています。乳児の突然死が覆いかぶさり死であるという考えは中世以降もヨーロッパで続き，17世紀には英国の死亡に関する法律にも記載され，19世紀に発行された国際的医学誌ランセットでも「覆いかぶさり死」の考え方を確認できます。[2]1969年の国際会議で正確な医学的定義が提唱され，その後年齢も1歳未満に限定されました。

2 診　断

　欧米では1歳未満の児を SIDS と診断しますが，日本では1歳を超える例でも年齢以外の定義を満たす場合は SIDS と診断していました。2006年版の「SIDS 診断の手引き」で，年齢の定義を原則として1歳未満と改訂されました。[3]基礎疾患が存在する場合の突然死について，染色体異常，奇形症候群，脳性麻痺など突然に死亡する可能性が高い場合には SIDS と診断しないことになっています。

　典型的な SIDS では，成長発達が正常，かつ同胞や同じ環境で養育されている乳幼児に突然死がなく，生後21日以上9か月未満の児が多数を占めます。定義が除外診断ですので，乳幼児に突然の死をもたらす疾患及び窒息や虐待などの外因死との鑑別診断が必要です（表Ⅳ-4）。解剖検査（法医解剖または病理解剖）がされない場合は死因の分類が不可能で，死亡診断書（死体検案書）の分類上は「12.　不詳」となります（図Ⅳ-3）。また虐待などによる意図的な窒息死では，SIDS との鑑別が困難な場合があります。

3 疫　学

　好発年齢は生後2～6か月，好発季節は冬期で，男児に多く見られます。日

▷1　厚生労働省（2012）.乳幼児突然死症候群（SIDS）診断ガイドライン（第2版）.

▷2　ロジャー・W・バイアード，溝口史剛（監訳）（2015）. 小児および若年成人における突然死. 明石書店，pp. 711-764.

▷3　日本 SIDS 学会診断基準検討委員会（2006）.乳幼児突然死症候群（SIDS）診断の手引き（改訂第2版）.

表IV-4　SIDS との鑑別が必要な疾患・病態

1. 全身性疾患：感染症（敗血症など），DIC（播種性血管内凝固），先天性代謝異常症（有機酸・脂肪酸代謝異常症など），脱水症
2. 中枢神経系：重篤な奇形，髄膜炎，脳炎，動静脈奇形，神経筋疾患，外傷
3. 心疾患系：重篤な奇形，心筋炎，冠動脈病変（川崎病など），心内膜線維弾性症，心筋症，横紋筋腫，不整脈（QT 延長症候群など）
4. 呼吸器系：肺炎，高度の細気管支炎（RS ウイルスなど），肺高血圧症，気管支喘息，頸部腫瘤（上気道閉塞）
5. 消化器系：巨細胞性肝炎，腸炎（脱水や電解質異常），消化管穿孔，腹膜炎
6. 造血器系：白血病，血球貪食症候群
7. 外　因：外傷，事故，窒息，溺水，うつ熱，凍死，虐待，中毒

出所：日本 SIDS 学会診断基準検討委員会（2006）．より改変。

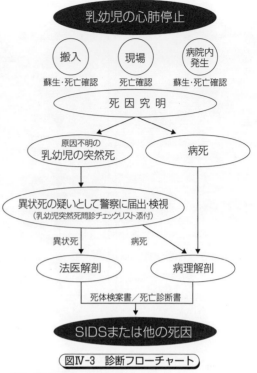

図IV-3　診断フローチャート

出所：厚生労働省（2012）．より。

本の人口動態統計[4]によると，発生率は2000年で出生1,000に対し0.266，2010年では0.131，2015年では0.095で，「先天奇形，変形及び染色体異常」，「周産期に特異的な呼吸障害等」に次いで，乳児の死因順位別死亡率の第３位となっていました。2016年では，109名の乳児（男児54名，女児55名）がSIDSで死亡し，幼児（２〜５歳）の報告はありませんでした。

　2018年人口動態統計では，61名の乳幼児（男児32名，女児29名）がSIDSで死亡し，発生率は出生1,000に対し0.062に低下し[5]，「不慮の事故」に次いで乳児の死因順位別死亡率の第４位となっています。また人種間の違いも報告され，先進国では日本が最も低く，ニュージーランドで最も高いとされています。

▷4　愛育研究所（2020）．日本子ども資料年鑑2020．KTC中央出版，pp.118-120.

▷5　同上書（▷4）.

④ 病因・病態

　病因・病態については未だ解明されていません。一見健康に見える乳児が睡眠中に突然死亡する例が典型的で，睡眠機能や自律神経（交感神経系・副交感神経系）機能異常，脳幹神経系の異常が報告されています。睡眠中に生じた無呼吸からの覚醒が遅く呼吸停止に至る可能性や，直接心停止に至る可能性などが考えられます。

　病態生理上，仮死（低酸素症）が重要な役割を演じているという考え方によれば，SIDSの死に至る経過は次のように説明されます（図IV-4）。

　まず寝具などで口鼻部が塞がれたり，喉頭反射による無呼吸や胃食道逆流による閉塞性無呼吸などの「生命を脅かす出来事」が起こり，乳児が低酸素症や脳血流低下に陥ります。健康な児であれば覚醒して顔を挙げたり横に向けたり比較的容易に回避できる状況であっても，SIDS児では個体側の何らかの理由でその状況から回避できず，低酸素症が更に進行し昏睡に陥り，防御反射も消

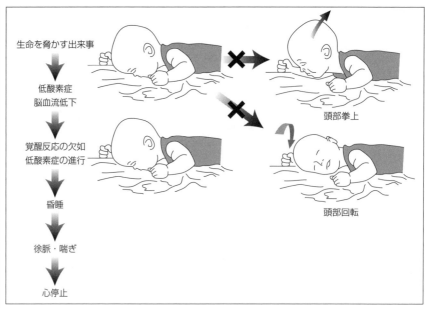

図Ⅳ-4　SIDS における死に至る経過

出所：Kinney, H. C. et al.（2009）．より。

▷6　Kinney, H. C. et al.
（2009）．The Sudden Infant
Death Syndrome. *N Engl
J Med*, **361**（8）, pp. 795-805.

失して心停止となるとされています[6]。

5 危険因子

○妊娠や出生に関わる危険因子

出生体重2,500 g 未満，在胎週数36週未満が SIDS の危険因子とされています。また妊娠中の母体の喫煙や出生後の乳児の受動喫煙も SIDS の発生率を高めます。

母体の喫煙，乳児の受動喫煙や母体のアルコール摂取は，発達脳におけるホメオスターシス（恒常性）の維持に大切な神経系に悪影響を与えます[7]。

○睡眠体位と睡眠環境

「うつ伏せ寝」では「仰向け寝」に比べ SIDS の発生率が 3～5 倍に増加します。「横向け寝」も同様に危険なことがわかりました。柔らかい寝具の使用も SIDS の危険性を高めます。

1990年代に「うつ伏せ寝」をはじめ SIDS の危険因子に対するキャンペーンが米国を中心に展開された結果，SIDS の発生率は50％以上低下しました。

○養育環境

家庭で両親が傍にいるよりも，保育所で両親以外の養育者といる時のほうが SIDS は起こりやすいとされています。過剰な暖房や衣服の着せ過ぎも SIDS のリスクを高めます。なかでも，添い寝は SIDS の危険因子の一つで，乳児が 1 人で寝た場合に比べ，養育者が添い寝した場合のほうが SIDS の発生率が 5 倍に増加します。

▷7　ホメオスターシス
（恒常性）の維持に大切な
神経系とは，脳幹に局在す
る少数の細胞体から中枢神
経系全体に繊維を送るセロ
トニン神経系，ノルアドレ
ナリン神経系を指す。

○栄養方法

　母乳栄養児では SIDS の発生率が低いことが報告されましたが，社会的・経済的状況や喫煙についての調整がされていないとの批判もあり，母乳が直接 SIDS のリスクを軽減するかについては議論がなされています。しかし人工乳栄養児に比べ母乳栄養児は覚醒状態が良好で感染率が低く，母乳栄養が乳児に対して保護的役割を果たしている可能性が高いと考えられます。

▷8　前掲書（▷2）.

6　予　防

　現段階でわかっていることから判断すると，予防としては，以下のようなことが考えられます。

1. 1歳になるまでは仰向けに寝かせましょう。
2. できるだけ母乳で育てましょう。
3. たばこをやめましょう。喫煙は SIDS の大きな危険因子です。母親の喫煙は胎児の体重増加を妨げ，発達脳に重要な神経系に悪影響を与えます。乳児の受動喫煙を防ぐためにも身近な人に協力を求めましょう。
4. 硬いマットレスなどの上に寝かせましょう。柔らかい布団やマットレスは窒息の危険性を高めます。
5. 生後6か月，できれば1歳までは親と同じ部屋に寝かせましょう。同じベッドに添い寝するのではなく，近くのベビーベッドに寝かせましょう。
6. 少なくとも妊娠中と出産後には，お酒を控えましょう。
7. 室内温度を高くしないように。乳児の服は大人より1枚少なくして，頭や顔を毛布などで覆わないようにしましょう。

7　保育所での対応

▷9　⇨Ⅳ-7 参照。

　保育環境における SIDS 対策としては，以下のようなことが考えられます。

1. 預かり初期に SIDS 発症が多いので，特に注意しましょう。
2. 仰向け寝を徹底し，寝返りなどで仰向けからうつ伏せになるという体位変化にも注意しましょう。
3. 午睡時には呼吸確認を行いましょう。
4. 乳幼児の体調を把握し，「いつもと違う」と感じた場合には特に注意を払いましょう。
5. 保育者，保護者双方が，預かり初期の SIDS のリスクを理解して，ならし保育を導入しましょう。

（竹内義博）

慢性疾患の子どものかかえる問題

① 慢性疾患をかかえる子ども

○慢性疾患とは

　慢性疾患とは難治性の経過をたどり，その治療や管理に長い期間を必要とする病気の総称です。一定の基準を満たす場合は，厚生労働省の定めた「**小児慢性特定疾病医療費の支給**」制度の対象になり，子どもの健全な育成を目的に，患者家庭の所得に応じた医療費が補助されます。主なものは，白血病やがんなどの悪性新生物，ネフローゼ症候群や腎不全などの慢性腎疾患，先天性心疾患や不整脈などの慢性心疾患，成長ホルモンや甲状腺ホルモン分泌不全などの内分泌疾患，糖尿病となっており，毎年10万件以上が登録されています。

○子どもの病気理解のプロセス

　子どもの病気理解は，**認知能力**の発達とともに変化します。乳児期は自分が病気だと理解できませんが，痛みや倦怠感などの症状によって，哺乳力低下，動かなくなる，弱々しい啼泣が生じることがあります。

　幼児期は自己中心性と言って，出来事を全て自分と結びつけて考えがちです。たまたま同時に起こったことから病気になったと捉えたり，自分が悪いことをしたからか，などと考えることがあります。病院受診そのものに拒否感があったり，処置や治療に過剰な不安や恐怖をもつことがあるため，特にわかりやすく安心させる対応が必要です。近年は，医療の進歩に伴う治療成績の向上と子ども自身の知る権利の尊重が重視され，保護者の承諾が得られた場合には，医療者側から子ども本人に病名や病状の告知が行われるようになりました。

　学童期になると，「バイキンが体に入ったから病気になった」など大まかな病気の理解ができるようになります。学年が上がると心臓や血液など身体の器官の働きや，病気はその機能不全によるものだと理解し始めます。体調に気をつけたり，内服や注射などの治療に取り組めるようになる子も増えてきます。周囲の人たちは子どもの自発的な行動を褒め，治療を通して自信をもたせていくことが大切です。

　思春期になると，病気の仕組みや治療の必要性がわかってきます。しかし治療の影響で容姿が変わることや友人にどう思われるだろうか，学校に戻れるだろうかなど将来への不安も含めて，悩みは多岐にわたります。病気であることや治療が必要なことを認めようとしないこともあります。年齢が高くなるほど，

▷1　小児慢性特定疾病医療費の支給
児童福祉法第6条の2，第19条の2に基づく事業で，都道府県が実施主体となり，18歳未満の児童（引き続き治療が必要であると認められる場合は，20歳未満）が対象となる。医療費助成の対象となる「小児慢性特定疾病」は，診断基準があり，かつ慢性に経過する疾患であること，生命を長期にわたって脅かす疾患であること，症状や治療が長期にわたって生活の質を低下させる疾患であること，長期にわたって高額な医療費の負担が続く疾患であることの4要件を全て満たすものが選定される。
制度の見直しは継続的に行われており，2020年4月時点の対象疾患は，16疾患群（762疾病），基準を満たした成長ホルモン治療となっている。

▷2　小児慢性特定疾病情報センターウェブサイト．小児慢性特定疾病医療登録件数の推移（https://www.shouman.jp/research/totalization）.

▷3　認知能力
物事を理解し評価する能力。思考，記憶，学習とも関連する。

▷4　小笠原昭彦（1998）．患者心理のメカニズム．藤田主一・園田雄次郎（編）医療と看護のための心理学．福村出版．

子ども自身が主体的に治療に関われるよう支援をする必要があります。本人が自分の症状や治療内容を知り、治療に関わる希望を周囲へ伝えていけることが求められます。

○慢性疾患に伴う心理的影響

慢性疾患をかかえる子どもは、病気による身体の症状に加え、注射や服薬などに伴う苦痛、入院や行動制限など生活の変化にさらされます。子どもは病気になると、不安、怒り、**抑うつ**[15]などさまざまな感情を抱きます。できていたことができなくなってしまうこと、親から離れて見知らぬ人と関わること、死への恐怖などが強い不安として現れます。

大人であれば、不安や嫌な感情を人に話したり、他のことで紛らわせたりして、それを軽減したり解消することができます。これを心理的防衛機制と言いますが、発達途上にある子どもではうまく働かせることができません。それでも何とか対処しようとして、さまざまな反応を見せます。病気になったこと自体の「否認」、恐怖と共に他の感情をも押し込めてしまう「抑圧」、周囲への「いらだち」、治療の「拒否」などがあげられます。より幼い状態に戻って甘える「**退行**」[16]もよく見られます。子どもは、心と体の相互作用が強く、心理的なストレスがさらに痛みや身体症状を引き起こすこともあります。反対に病気を適切にコントロールすることで心理的なストレスが軽減できることもあります。病気を受け入れるには時間がかかり、しかも一直線に進むわけではなく、行きつ戻りつしながら、螺旋階段を登るように進みます。子どもを守り安心感を与えるためには、保護者を支えることも有用です。病気の治療を通して、子どもたちは成長します。病気の経験を通して自信をつけ、意欲的に過ごしたり、他者への思いやりが育つことも多くあります。

2 各疾患の課題

○慢性腎疾患

ネフローゼ症候群、慢性糸球体腎炎、先天性腎尿路奇形などがあげられます。長期にわたる服薬や尿検査を行いますが、症状が悪化した場合は透析や腎移植を必要とすることがあります。保護者は腎機能の低下や**免疫抑制剤**[17]の副作用を心配されることがあります。

○慢性心疾患

不整脈や先天性心疾患があげられます。先天性心疾患は多くの場合、出生直後や乳児期に発見されます。心臓の病気ということで幼少時より家族の不安が強く、また泣くことが心臓の負荷になる場合があり、年齢があがっても過保護に管理されやすいと言われています。運動に関して制約を受けることもあります。心理的なストレスが動悸や胸の苦しさとして現れることもあり、もともとの疾患との関連を含めて配慮を要します。

▷5　抑うつ
絶望、焦り、悲しみなどの感情。考えがまとまらない、罪の意識を伴うこともある。うつ状態。

▷6　退行
自分がより守られていた発達段階に戻ろうとする心理的な働き。赤ちゃん返りとも言う。

▷7　免疫抑制剤
腎臓病、膠原病、リウマチ性疾患、アレルギー性疾患など免疫異常が関与する疾患の治療や臓器移植では拒絶予防に用いられる。多岐にわたる薬剤があるが、ステロイドはその代表である。

◯慢性呼吸器疾患

アレルギーが関与する気管支喘息が代表的です。予防薬として吸入ステロイド薬が普及する2000年より前は，喘息発作のコントロールは困難でした。喘息発作は呼吸苦を伴うため，死への恐怖が増したり，発作が起きないか不安に感じることが多くありましたが，近年，治療予後は画期的に改善しています。

◯悪性新生物

白血病，骨肉腫などの固形腫瘍，脳腫瘍などがあげられ，がんと呼ばれるものです。不治の病とのイメージは強いですが，現在は７，８割の子どもたちが治癒する時代になりました。しかし，化学療法や放射線治療などの急性期治療は，多臓器にわたって苦痛を伴う重篤なものが多いです。脱毛などの容姿の変化や体力の低下も子どもにとって辛いできごとです。それらに耐え治療が終了してからも，成人期以降も合併症が残ることがあります。また治療の甲斐なく死期を迎える子どももいます。

◯糖尿病

主に１型糖尿病と２型糖尿病に分けられます。１型糖尿病は，膵臓から分泌されるインスリンという血糖を下げるホルモンが出にくくなる病気です。家庭や保育所など生活の場でのインスリン自己注射が必要になり，低血糖症状にも注意が必要です。治療が進まない場合の合併症は深刻であり，成人期まで見越して，最初から子どもが主体的に治療に取り組めるよう支援を要します。

❸　慢性疾患の子どもを支える環境

◯家族にもたらされる問題

慢性疾患は，その病気の詳細が知られていないことも多く，家族が不安を募らせることもしばしばです。医療者側から詳しい説明を受けても，それを受け入れられるかは別であり，健康な子どもへの希望や期待が否定されたように感じ，親子関係に影響を及ぼすことがあります。病前から，子どもの気質や発達特性による育てにくさ，夫婦関係や養育力など家庭基盤の弱さがあった場合は，子どもの病気をきっかけにそれらが露わになることがあります。また熱心に子どものケアを続けるなかで，親にも疲労が蓄積していきます。**レスパイトケア**[8]など社会資源の活用は大切です。

他のきょうだいにも生活の変化が現れます。親と関わる機会が減り，幼いながら我慢をすることが増えます。頑張りすぎたり，注目されたい思いで問題行動を起こすこともあります。安心できる環境を整え，短くてもポイントを押さえて関われるような工夫が必要です。きょうだいが，自分も大事にされていると感じると，家族の関係を肯定的に捉えられるようです。

◯慢性疾患の子どもと保育所

「**障害者差別解消法**」[9]の施行により，保育所や学校など公的機関において，

▶8　レスパイトケア
在宅でケアしている家族のため，一時的にケアを代替し，リフレッシュを図る家族支援サービス。施設への短期入所や自宅へのヘルパー派遣などがある。

▶9　障害者差別解消法
正式名称「障害を理由とする差別の解消の推進に関する法律」。2013年公布，2016年４月より施行。

合理的配慮[10]が求められるようになりました。保育所側の疾患の理解や個別的な対応と配慮，保護者との連携がより重要になってきます。

　保育所における小児慢性疾患をもつ子どもの受け入れ対応の実態調査[11]では，約３割の保育所で慢性疾患の子どもの保育を行っていることが報告されています。保育所の取り組みで最も多かったのが，「保育士の加配をした」「当該児担当の保育士をつけた」ことで，いずれも半数前後に行われていました。「設備を変えた」のは３割，「看護師の加配をした」のは２割弱でした。受け入れるにあたって困難であったことは，「病状やその対応への理解」「緊急時の対応」が半数前後であげられ，「看護師の加配」が難しかったこと，「病院が遠い」ため困ることがそれぞれ３割あげられていました。

　子どもを受け入れてよかったことは，「保育士自身が，新たな経験や知識の獲得ができ成長できたこと」「他の子どもたちが，その子を思いやり，社会性の促進が多く見られたこと」「その子が意欲的に生活し，成長が見られたこと」があげられていました。一方で，「その子の体調の変化や発作に対して，保育士が不安や緊張を抱えていたこと」「行事や設定保育などの活動への参加をどうしたらよいか」という意見が多く見られました。また「保護者からの要望が多く，対応が困難であった」との回答もありました。ほぼ全数の保育所において，看護職の常勤を求める声があげられました。引き続き，慢性疾患をもつ子どもの保育に関して，保護者のニーズや保育所側の受け入れに伴う困難や成果について，広く共有していくことが望まれます。

◯慢性疾患の子どもの教育

　これまでは病弱・身体虚弱学級や特別支援学校に在籍することが多かったのですが，医療の進歩に伴い，通常学級での在籍が増えてきています。生活に過度な制限がないか，友人関係はどうか，病状にあわせた教育が可能かなど，家庭，病院，学校での情報交換を行いながら，教育的支援が必要になります。

◯慢性疾患の子どもと家族を支える「親の会」

　疾患ごとの親の会が各地につくられています。役割は大きく分けて２つあります。一つめは相互交流です。家庭やきょうだいの悩み事，進級進学，病状や治療，障害者年金や診断書，手帳の申請など，日常生活，教育，医療，福祉に関する情報交換をすることができます。同じ病気の子をもつ親同士がつながることで孤独感を和らげ，互いに励まし合う交流が生まれます。

　二つめは社会活動です。親が交流のなかで自信をつけていくと社会の矛盾や不合理を感じるようになり，病気のことを周囲に知ってほしい，よりよく過ごせるよう社会の仕組みを変えたいという活動に発展していきます。

（澤井ちひろ）

▷10　合理的配慮
障害のある人にとっての社会のバリアを取り除くために，その状況に応じて個別に実施される措置。障害の特性や具体的状況等に応じて異なり，多様かつ個別性が高いものである。障害のある人の要望を尊重し話し合い，対応する機関や事業者の負担が重すぎない範囲で，実施可能な代替案も含めて，柔軟に考えることが推奨されている。

▷11　白神敬介（2017）. 新潟県内の保育所における小児慢性疾患患児への受け入れ対応の実際. 小児保健研究，**76**(5)，pp. 470-477.

（参考文献）
　中根晃・牛島定信・村瀬嘉代子（2008）. 詳解　子どもと思春期の精神医学. 金剛出版.
　朝倉次男（2008）. 子どもを理解する──「こころ」「からだ」「行動」へのアプローチ. へるす出版.
　奥山眞紀子（2007）. 病気を抱えた子どもと家族の心のケア. 日本小児医事出版社.
　武田鉄郎ほか（2006）. 慢性疾患，心身症，情緒及び行動の障害を伴う不登校の経験のある子どもの教育支援に関するガイドブック. 国立特殊教育総合研究所（http://www.nise.go.jp/kenshuka/josa/kankobutsu/pub_b/b-200.html）.

アレルギー疾患の子どもへの対応

現在，アレルギー疾患をもつ子どもは増加しており，また，アレルギーの考え方や治療は急速に進歩しているため，保育の場でも対応に苦慮することが少なくありません。このため生活上特別な配慮や管理が必要な場合に「保育所におけるアレルギー疾患生活管理指導表」を用いて，保護者，医師，保育所職員らが共通理解のもとに取り組みを進めるようになってきています。

1　食物アレルギー

○即時型食物アレルギーの症状

食物アレルギーの症状は多岐にわたり，皮膚・粘膜，消化器，呼吸器，さらに全身性に認められることがありますが，最も多い症状は皮膚・粘膜症状です。複数の臓器に症状が出現する状態をアナフィラキシーと呼び，アナフィラキシーに血圧低下，意識障害などのショック症状を伴う場合をアナフィラキシーショックと呼び，生命を脅かす可能性がある非常に危険な状態です。

治療薬として以下のものがあります。

【抗ヒスタミン薬】

アナフィラキシーを含むアレルギー症状はヒスタミンなどの物質によって引き起こされます。抗ヒスタミン薬はこのヒスタミンの作用を抑える効果があります。しかし，その効果は皮膚症状など限定的です。

【ステロイド薬】

アナフィラキシー症状は時に**二相性反応**を示すことがあります。ステロイド薬は急性期の症状を抑える効果はなく，この二相性反応を抑える効果を期待して通常は投与されます。

【アドレナリン自己注射製剤「エピペン®」（図Ⅴ-1）】

アナフィラキシーの全ての症状を和らげます。作用として，心臓の動きを強くして血圧を上げる，血管を収縮して血圧を上げる，皮膚の赤みや喉の腫れを軽減する，気管支を広げて呼吸困難を軽減するなどがあります。

これらの効果は，5分以内に認められ即効性がありますが，効果の持続時間は20分ほどです。エピペン®に関しては，体重15 kg 以上から使用が可能です。表Ⅴ-1のような緊急性の高い症状が一つでも見られたらエピペン®を使用します。

▷1　生活管理指導表の様式については 巻末資料3 参照。

▷2　二相性反応
一度おさまった症状が数時間後に再び出現すること。

図V-1　エピペン®

出所：厚生労働省（2019）．より。

表V-1　緊急性の高い症状

消化器の症状	・繰り返し吐き続ける	・持続する強い（がまんできない）おなかの痛み	
呼吸器の症状	・のどや胸が締め付けられる ・持続する強い咳込み	・声がかすれる ・ゼーゼーする呼吸	・犬が吠えるような咳 ・息がしにくい
全身の症状	・唇や爪が青白い ・意識がもうろうとしている	・脈を触れにくい・不規則 ・ぐったりしている	・尿や便を漏らす

出所：厚生労働省（2019）．より。

○食事療法

食事療法の基本は，正しい診断に基づいた必要最小限の除去です。食物アレルギーが他のアレルギーと大きく異なる点は，本来は栄養素として取り入れるはずの食物の摂取を回避することが必要となることです。症状の発現や，耐性の獲得（治ること）には，消化・吸収という成長に関わる因子が関与するため，定期的に食品除去の継続の必要性について評価する必要があります。食品によっては（特に卵）加熱調理によりアレルゲン性の低下が可能であり，また除去が必要な食品に関しては，代替食を用意するなどして，栄養面の充足とQOLの向上を図ります。

○保育所での対応

保育所における給食は，子どもの成長・発達段階，安全への配慮，必要な栄養素の確保とともに，**食育**▷3の観点も重要です。しかし，食物アレルギーを有する子どもへの食対応については，安全への配慮を重視し，できるだけ単純化し，「完全除去」か「解除」の両極で対応を開始することが推奨されます。対応として，献立表対応，弁当対応，除去食，代替食があげられます。

食物，食材を扱う活動の際には，牛乳パックや小麦粉粘土でも，接触することによりアレルギー症状を来す場合があり，注意が必要です。

食物アレルギー症状が見られた場合には，症状の緊急性に応じた対応が求められます。アナフィラキシーのような緊急性の高い症状が見られた場合，「エピペン®」の使用や119番通報による救急車の要請など，速やかな対応を行い，緊急性の高い症状が見られない場合には，子どもの症状の程度に合わせて対応を決定することが必要です。保護者との間で，緊急時の対応について協議しておくことが重要となります。

食物依存性運動誘発アナフィラキシー▷4に対しては，運動前4時間以内は原因食物の摂取を避け，食べた場合は以後4時間の運動を避ける必要があります。症状が誘発される運動の強さには個人差がありますので，保護者と相談して決める必要があります。運動をする予定があれば，原因食物を4時間以内に摂取

▷3　**食　育**
食に関する正しい知識と望ましい食習慣を身につけること。

▷4　**食物依存性運動誘発アナフィラキシー**
発症のタイミングとしては，食事摂取から運動開始までは2時間以内，運動開始から症状発症までは1時間以内が多い。ガイドラインでは，確実に症状を起こさない間隔ということで，4時間とされている。

しないようにし，逆に原因食物を食べる場合には食べてから４時間は運動しなければ問題ありません。

② 気管支喘息

気管支喘息の治療は，急性発作に対する治療と，背景にある慢性炎症に対する長期管理治療に分けられます。

急性発作に対する治療は，**気管支拡張薬**であるβ2刺激薬の吸入が主体となりますが，重症発作に対しては全身的なステロイドの投与が必要となります。

一般的に，増悪（発作）を認めた時は，直前の行動を中断して休ませ，衣服を緩めて呼吸運動に対する圧迫がないようにし，水分を適宜とらせる，などの対応を行います。気管支拡張薬の吸入や内服薬の与薬を依頼されている場合は，指示に従い，吸入，内服を行います。これらの対応で改善しない場合は，医療機関を受診します。

長期管理に関しては，特に慢性炎症に対する治療が重要で，長期にわたって継続しなければなりません。喘息の重症度は，発作の強さと頻度から判定され，重症度から，薬の種類や分量，使い方などの治療方針を決定します。およそ３か月を基準に，症状がコントロールされていれば，治療をステップダウン（薬の量や種類を減らす）し，コントロールが不十分であれば，治療をステップアップします。長期管理薬としては，吸入ステロイド，及びロイコトリエン受容体拮抗薬が中心となります。

環境対策としては，ほこり，ダニアレルギーの患児に対しては，マスクの着用や防ダニシーツ等寝具への対応を，動物アレルギーの患児に対しては，飼育活動への対応が必要となります。また，運動誘発喘息に対しては，運動，外遊びなどで，一定の運動量を超えることを急にした時に発生しやすいため，準備運動の徹底，運動強度の設定や，発作時の対応の確認を行います。

保護者との連携により，気管支喘息の治療状況を把握し，運動等の保育所生活について，事前に相談しておく必要があります。

③ アトピー性皮膚炎

薬物療法，スキンケア，悪化要因の対策の３つが基本となります。

ステロイド軟膏は，炎症を抑えかゆみを軽減するのに最も効果的な外用薬であり，アトピー性皮膚炎の薬物治療の中心となります。ステロイド軟膏には多くの種類があり，効力の強さにより５段階に分類され，炎症の強さと塗る部位，年齢によって使い分けています。タクロリムス軟膏は，ステロイド軟膏と同じく炎症とかゆみを抑える外用薬ですが，ステロイドの副作用を生じることがなく，皮膚が薄くてステロイド軟膏の副作用が現れやすい部位（顔や首など）に塗るのに適しています。

▷5　気管支拡張薬
気管支を広げる作用をもつ薬。

　アトピー性皮膚炎の人の皮膚は，正常に見える部位でも乾燥しやすくバリア機能が弱くなっているため，これを改善するためにスキンケアとして，保湿剤を塗ります。入浴で皮膚を清潔にした後，余分に落ち過ぎた皮脂を補い乾燥を防ぐために保湿剤をきちんと塗ることは，治療の柱の１つであるスキンケアの中心であり，全てのアトピー性皮膚炎にとって必要です。

　悪化要因として，汗や汚れ，ダニ，ハウスダスト，ペット，紫外線，プールの塩素，生活リズムの乱れ，風邪など多岐にわたります。

　アトピー性皮膚炎の子どもの皮膚は，刺激にとても敏感で，長時間強い紫外線を浴びることやプール水に含まれる塩素の刺激により，かゆみが助長されることがあります。皮膚の状態が悪く過敏性が高い場合には，皮膚への負担を少なくする配慮が必要です。

　紫外線の強い時期に行うプールや，長時間の屋外活動では，衣服や日よけ帽子等で皮膚の露出を避けたり，日焼け止めクリームを使用する，休憩時間等の待機場所をテントのなかにするなど，配慮をします。

　プールに関しては，紫外線と共にプール水の消毒に用いる塩素も悪化原因として重要です。プール後には，皮膚に付着した塩素をシャワーでよく落とすように指導します。

　アトピー性皮膚炎の子どもの多くは汗による刺激でかゆみが悪化します。最近の研究では，汗の成分に対するアレルギー反応が関与していることも示されています。こまめに汗をふく，運動後には，服を必ず着替えるよう指導するなどの汗対策を行います。シャワー浴を実施できると効果的です。

④ アレルギー性鼻炎

　アレルギー性鼻炎の原因となるアレルゲンには，ハウスダストやダニ，動物の毛に加え，季節性に症状を起こすスギ，カモガヤ，ブタクサなどの花粉があります。屋外活動ができないということは稀ですが，原因花粉の飛散時期の屋外活動により症状が悪化することがあることに留意しておく必要があります。

⑤ アレルギー性結膜炎

　原因となるアレルゲンは，アレルギー性鼻炎とほぼ同じです。

　季節性アレルギー性結膜炎（花粉症）の場合，花粉が飛んでいる時期で特に風の強い晴れた日には花粉の飛散量が増えますので注意が必要です。通年性アレルギー性結膜炎等の場合，屋外での活動後に，土ほこりの影響で症状の悪化が見られることもあるため，必要に応じて，顔を拭くことなどが望まれます。また，プールの水質管理のための消毒に用いる塩素は，角結膜炎がある場合には悪化要因となるため，症状の程度に応じて配慮が必要となります。

（中島　亮）

参考文献

厚生労働省（2019）．保育所におけるアレルギー対応ガイドライン（2019年改訂版）．

日本学校保健会（2008）．学校のアレルギーに対する取り組みガイドライン．

知的能力障害のある子どもとその対応

 障害の種類

　障害は大きく分けて，①知的能力障害，②身体障害，③精神障害に分かれます。発達障害は広い意味では精神障害のなかに含まれています。学校や地域で生活していく時に，何らかの不都合があること，困っていることを障害と捉えます。それぞれを合わせもつこともあります。

 知的能力障害について

　以前は「精神遅滞」と言われていました。知的な能力が同じ年齢の平均より低く，それに伴って社会適応に困難が生じている状態です。知的能力には，記憶する，理解する，問題を解決する，予想や計画を立てる，考えるなどの学習に必要な能力をはじめ，判断する能力，ルールやその場の状態に合わせて行動する適応能力が含まれています。

　知的能力障害の診断は，発達検査などで測定される「知的能力」と，社会生活を営むために必要な行動をとる力「適応能力」をもとに行われます。適応能力とは，日常生活でその人に期待される要求に対し，いかに効率よく適切に対処し自立しているかを表す機能のことを意味し，具体的には社会生活を営むために重要な食事の準備・対人関係・お金の管理などを意味しています。知的能力障害の発生頻度は約1〜3％と言われています。

　○障害の気づき

　赤ちゃんの頃から症状が出ることは少ないですが，乳幼児期では運動発達の遅れや周囲への反応の乏しさ，体重増加不良などで気づかれることがあります。幼児期には，言葉の遅れや言葉の理解の乏しさなどが多く見られます。**乳幼児健康診査**でスクリーニングされることが多く，1歳6か月健診で独歩ができないなど運動の遅れや言葉がでないなどの言葉の遅れ，3歳児健診では2語文が出ない，言葉の理解が悪いなどが発見のきっかけとなります。程度が軽い場合は学童期，あるいはそれ以降まで気づかれないこともありますが，努力しても思ったような成果がでなくて，ストレスがたまり，体の不調を来すことで初めて診断に至ることもあります。

　○原因について

　知的能力障害の原因はさまざまであり，約60％は原因が明らかではないとさ

▷1　乳幼児健康診査
⇨Ⅰ-4 参照。

れています。原因が生じた時期によって分類すると，出生前は染色体・遺伝子の異常，脳皮質形成異常，胎内感染症などの母体環境因子のほか，先天代謝異常，神経筋疾患，内分泌疾患に知的能力障害が合併する例が多いです。周産期の原因としては，**新生児仮死**，分娩外傷があり，出生後の原因として外傷，脳炎・脳症などの後遺症があります。

③ 知的能力障害のある子どもの特性に沿った対応

○集中力や注意力を持続することの困難

注意力が散漫で，今行っている作業に集中できないことがあります。また，落ち着きがなく，人の言うことを集中して聞くのが難しいこともあります。

対応としては，用件を伝える前に名前を呼ぶ，または全体に対して話すということをまず伝え，注意を向けるようにすること，そして，可能な範囲で個別または小グループにして伝えることも大切です。

○物事の記憶が困難

知的能力障害の子どもは，記憶していられる量が比較的少ないと言われています。そのため一度に複数のことを伝えても，一部しか覚えていられなかったり，長期間覚えているのが難しかったりします。

対応としては，伝えるべき内容を絞って，ゆっくりと丁寧に，また繰り返し伝えることが望まれます。最後に，伝えたことを聞き直すなどして，理解したかどうか確認するのもよいでしょう。紙に書いて貼っておくなどの方法も後で自ら確認できてよいでしょう。

○抽象的な概念や経験していないものの理解が困難

知的能力障害の子どもは，自分の身の回りにある具体物を基本として外界を認識する傾向があります。そのため，時間や数といった概念的・抽象的な物事の理解や，目の前にないものを頭のなかで考えることが難しい場合があります。

対応としては，言葉だけでなく，実物や写真，絵カードなどの活用による視覚的情報を用いて伝えると理解しやすくなります。内容によっては，実演するなど具体的な動作を見せることも有効です。また，具体的で平易な表現で伝え，一つ一つ手順をわかりやすく伝えていくとよいでしょう。スモールステップで難しくない課題に取り組み，成功に導くために適切な環境を周囲の大人が整えることが大切です。そのうえで，成功体験を積んでもらい，たくさん褒められて，自己肯定感の高い子どもを育てることが望まれます。

④ 福祉の利用

知的能力障害の程度に応じて療育手帳が交付されており，その等級に応じて支援の受けられる具体的な内容が決められています。

（西倉紀子）

▷2　新生児仮死
さまざまな原因により出生時から続く呼吸，循環不全の状態を言う。その結果，脳への酸素供給が不足し，低酸素となるために起こる状態を「低酸素性虚血性脳症」と言う。

4 身体障害のある子どもとその対応

1 身体障害について

○身体障害の分類

　身体障害は身体障害者福祉法により①肢体不自由，②視覚障害，③聴覚・平衡機能の障害，④音声・言語・そしゃく▽1機能の障害，⑤心臓・腎臓・呼吸器の機能の障害，⑥膀胱・直腸の機能の障害，⑦小腸の機能の障害，⑧肝臓の機能の障害，⑨ヒト免疫不全ウイルス▽2による免疫の機能の障害に分けられています。

　障害に応じた療育などの援助を受けるため，運動領域を支援する理学療法士，作業領域を支援する作業療法士，言葉によるコミュニケーション及び摂食・嚥下に対して支援する言語療法士，精神発達を支援する心理療法士などの専門職が配置された地域の施設に紹介され，生活の援助や発達の促進を図ることが必要です。また，障害の程度に応じて身体障害者手帳が交付されており，その等級に応じて支援の受けられる具体的な内容が決められています。

○身体障害児の保育

　障害のある子ども一人一人の発達や障害そして個性と能力に合わせた「**合理的配慮**▽3」を保育所で行うとともに，障害者差別解消法についての理解を進め，「障害者の配慮」という名のもとに健常児と同じ経験を受ける機会を喪失してしまうことのないように注意が必要です。子どもの発達を促進するだけではなく，将来的には地域のなかで過ごすこととなる子どもにとっても，受け入れていくことになる地域にとってもお互いを知るよい機会となります。

　子どもの主治医との連携をしっかり図り，危険のない保育のために注意が必要です。肢体不自由児の場合には，移動に支障を来さないように，スロープの設置，廊下の幅の整備，エレベーターの設置などの環境整備を進めることも必要です。

○家族支援

　家族構成や支援体制にもよりますが，まだ若いことが多い保護者が子どもの障害を受け入れることは容易ではありません。

　心理的な経過は①ショック（障害発生直後の混乱），②否認（ショックを何とか和らげようとして，何かの間違いではないかと障害の事実を認めようとしない防衛反応），③悲しみ・怒り（悲しみと怒りが続くうちに，抑うつ的な気分が生じる），④適応（穏やかに障害児をもったことのあきらめと受容が始まる），⑤再起（障害児を

▷1　そしゃく
口のなかで食べ物をよくかみ砕き，味わうこと。

▷2　ヒト免疫不全ウイルス
人の免疫細胞に感染してこれを破壊し，最終的に後天性免疫不全症候群（AIDS）を発症させるウイルス。

▷3　合理的配慮
⇨Ⅴ-1参照。

積極的に家庭のなかに引き受け，親としての責任を果たそうとし始める）という過程をたどります[4]。これらの過程を行ったり来たりしながら，「障害があっても大切な我が子」と思えるようになり，徐々に共に社会で暮らす覚悟をもつようになり受け入れが進みます。

家族の気持ちに寄り添い，子どもを含めた家族全体のよりよい生活について共に支えていくことが重要です。

2 個々の身体障害について

◯肢体不自由──主に脳性麻痺について

脳性麻痺とは，受胎から生後4週以内の新生児までの間に，脳に起こったさまざまな障害による，非進行性の運動及び姿勢の異常です。麻痺の部位や，緊張の状態によって対応は違いますが，麻痺が存在することが明らかになった子どもは，可能であれば，乳児期前半から専門施設にてリハビリテーションを開始し，自宅においての対応のアドバイスも受けたほうがよいでしょう。

リハビリテーションには多数の方法があり，子どもに最適な方法が選択されます。座位が安定しない，独立歩行が困難と判断された子どもに対しては，積極的に座位保持装置や車いすなどの移動補助具を適応していく必要があります。

◯視覚障害

視覚障害とは，回復困難な眼の障害があるために視機能が低下し，日常生活が不自由になったものを指します。保育としては一般幼児と大きな違いはありませんが，触覚・嗅覚・味覚など，全身を使って感じることや，体を動かすことなどが重視され，点字学習などに結びつけていくことが必要です。

また，片方の眼に高度の遠視や乱視あるいは斜視がある場合，健眼では物を見て視力は発達しますが，患眼では明瞭な像として見えないため視力の発達が阻害され，あるべき視力が獲得できなくなる可能性があります。そのため，適切な時期に適切な治療を受けて視力の発達を促します。

見えにくいために物の位置関係を把握することが苦手です。必要なものは決められた場所に置くようにすると物を探しやすくなります。通路に物を置かないようにすることでぶつかる危険を防ぎ安全に過ごすことができるといった環境調整も大切です。盲特別支援学校では幼稚部教育相談機能があり，保育所に通いながら，目の障害から来る困難さの軽減を目指し，園の生活で不足する部分について専門的にアドバイスをしてもらうこともできます。

◯聴覚障害

聴覚障害とは，障害部位により**伝音性難聴**[5]と**感音性難聴**[6]に分けられますが，混合のものもあります。全く聞こえないか，会話音を聴取することができないものを聾，会話音を完全には聴取することが困難なものを難聴としています。発達を促すために，早期発見・早期療育が大切で，手話などの訓練が必要であ

[4]　Drotar, D. et al. (1975). The adaptation of parents to the birth of an infant with a congenital malformation: A hypothetical model. *Pediatrics*, **56**(5), pp. 710-717.

[5]　伝音性難聴
外耳と鼓膜及び中耳，つまり音を伝える器官の障害による難聴。

[6]　感音性難聴
内耳かまたは聴覚神経に障害がある難聴。

り，補聴器の作成・人工内耳埋込み術もなされるようになってきています。

○音声・言語・そしゃく機能の障害

言語障害とは，言語理解と言語表出の障害であり，言語療法士が中心となって専門的な言語訓練がなされます。そしゃく機能の障害は脳性麻痺などの器質的，機能的な疾患のため起こるもので，自力でそしゃく可能になるよう訓練が施されますが，そしゃく困難と判断された場合，経管栄養（後述）の導入がなされます。

○その他の障害

長期にわたる入院及び療養生活が必要である場合が多く，子どもの健康への配慮と教育的配慮が必要です。特に心臓病と腎臓病に関しては運動面及び日常生活全般にわたる管理指導表が主治医にて作成され，教育現場に指示されます。

❸　重症心身障害児（者）

重度の肢体不自由と重度の知的能力障害とが重複した状態を重症心身障害と言い，その状態にある子どもを重症心身障害児と言います。さらに成人した重症心身障害児を含めて重症心身障害児（者）と呼ぶことに定められています。これは，医学的診断名ではありません。児童福祉での行政上の措置を行うための定義（呼び方）です。

▶7　新生児仮死
⇨Ⅴ-3 参照。

原因については，出生前（染色体・遺伝子異常，脳皮質形成異常，胎内感染症等），周産期（**新生児仮死**[47]），周生期以降（脳炎・脳症や髄膜炎や脳外傷の後遺症）があります。医学・医療の進歩と充実により，数は減少するよりもむしろ増加していると言われています。その理由として，**超低出生体重児**[48]や重症仮死児などで，かつては救えなかった命が救命できるようになったことが大きな要因と考えられています。幼児期の溺水や交通事故の後遺症に起因するものも多くなっています。

▶8　超低出生体重児
出生体重が1,000ｇ未満の児。
出生体重が2,500ｇ未満の児を低出生体重児と言う。

○重症心身障害児の保育

発達レベルは一人一人違い，運動能力，理解能力，表現能力ともに発達初期の段階であり，発達のアンバランスがあると言われています。そのため，個々の発達に合わせた保育が必要になります。

遊びに発達を促す課題を取り入れていくことも大切です。年齢ではない個々の発達段階に配慮し，子どもらしい遊びを提供できるよう心がけましょう。個々の反応を引き出せるような関わり，自発性を促し反応を待てるような関わりを行っていきましょう。ゆるやかに成長・発達する子どもにとって，感覚を養う遊びの提供は子どもの成長・発達にもつながっていきます。

❹　医療的ケア

日常的に医療的な対応を必要としながら在宅で生活する重度神経疾患児（者），

障害児（者）が増加しています。これに伴い，教育や地域療育・生活の場における医療的対応のニーズが著しく増加しています。経管栄養・吸引などの日常生活に必要な医療的な生活援助行為を治療行為としての医療行為とは区別して「医療的ケア」と呼びます。医療的ケアが日常的に必要な子どものことを「医療的ケア児」とも呼びます。

　医療的ケアは，かつては医師，看護師，保護者しかできませんでしたが，介護保険法の改正で，2012年４月から一定の研修を受けて認定されたヘルパーや保育士も５つの特定行為に限って実施可能となりました。2016年６月に施行された児童福祉法の改正で，医療的ケア児についての法律上の定義が初めてなされるとともに，医療的ケア児の支援に関する保健，医療，障害福祉，保育，教育などの連携の一層の推進をはかる努力義務が各自治体に課せられました。同時に，医療的ケア児の保育ニーズは高く，保育所や幼稚園，認定こども園におけるも受け入れについてもなお一層の努力が求められています。

　なお，５つの特定行為とは，①口腔内の喀痰吸引，②鼻腔内の喀痰吸引，③気管カニューレ内の喀痰吸引，④胃ろう又は腸ろうによる経管栄養，⑤経鼻経管栄養とされています。

◯喀痰吸引（痰の吸引）

　筋力の低下などにより，痰の排出が自力では難しい方に対して吸引器による痰の吸引を行います。口腔内・鼻腔内・気管カニューレ内があります。

◯経管栄養（胃ろう・腸ろう・胃管からの経管栄養）

　摂食・嚥下の機能に障害があり，口から食事をとることができない，または十分な量をとれない場合に行います。鼻から胃や腸までチューブを使う経鼻胃管や腹部に形成した瘻孔を使う胃ろうや腸ろうがあり，そこから流動食や栄養剤などを注入します。

⑤　医療保育専門士とは

　保育士の資格を有したうえで，医療保育の現場での保育経験を経て，所定の研修を修了後試験に合格した方に認められるものです。医療保育とは医療に密接したフィールドにおける保育を総称したもので，病院・診療所，病児保育室，障害児施設が想定されています。病気や障害のある子どもの権利を保障する仕事で，医療を要する場でもその子らしい生活を送ることができるように，その子らしい成長・発達を遂げることができるように保育を通じて子どもとその家族を支援することが役割とされています。

（西倉紀子）

5 発達障害のある子どもとその対応

1 理解と支援を必要としている子どもたち

　あなたの周りに気になる子はいませんか。落ち着きがなく，じっとしていられない，すぐに手が出てしまう，何度言っても伝わらない感じ。子どもたちは大きくなるにつれて，運動能力や考える力，言葉や表情を理解する力，注意を向ける力，相手を思いやる力，我慢する力などを身につけていきます。このような発達に遅れやアンバランスがある子には，「いつも周りを困らせる子」ではなく，「理解と支援を必要としている子」として考えていきましょう。[▷1]

2 発達障害の定義とその特徴

　発達障害者支援法[▷2]第2条では，「『発達障害』とは自閉症，アスペルガー症候群その他の広汎性発達障害，学習障害，注意欠陥多動性障害その他これに類する脳機能の障害であってその症状が通常低年齢で発現するものとして政令で定めるもの」と定義されています。[▷3]図Ⅴ-2のように，一人の子が複数の発達障害を併せもつこともあります。

　杉山は発達障害の特徴として，①健常児との連続性の中に存在し，加齢，発達，教育的介入により臨床像が著しく変化すること，②視点の異なりから診断が相違してしまうこと，③理解不足による介入の誤りが生じやすいこと，④二次的な情緒・行動障害の問題が生まれやすいことの4つを示しています。[▷4]

3 自閉症スペクトラム障害（Autism Spectrum Disorder；ASD）

　自閉症スペクトラム障害は，自閉症と共通の特性をもつ連続体（スペクトラム）という意味をもち，広汎性発達障害とほぼ同じ概念です。子どもの約1％に見られ，認知や感情を司る機能がアンバランスであることより，脳の前頭葉や扁桃体などに原因があると考えられています。2013年の米国精神医学会では，自閉性障害やアスペルガー障害などの下位分類を削除し，スペクトラム概念としてまとめられました。[▷5]

　幼少時から，人との関係づくりや場にふさわしい行動が難しい，言葉の理解やコミュニケーションが苦手，いつも通りを好んで予定外のことに弱い，刺激への執着，感覚の過敏さなどの特性をもちます。運動が苦手だったり，排泄自立が進まない子もいます。物事を全体として捉えにくく細部にこだわる，聞く

▷1　「障害者差別解消法」の施行（2016年4月）により，保育所や学校など公的機関において，合理的配慮が求められるようになった。発達障害をもつ子どもが集団生活を支障なく送るために，保育所側の障害の理解や個別的な対応と配慮，保護者との連携がより重要になると考えられる。

▷2　発達障害者支援法　発達障害のある者の援助等について定めた法律で，2005年4月に施行された。発達障害者の自立，社会参加のため，早期からの発達支援，教育や就労支援，発達障害者支援センターの設置などの推進が国や自治体の責務と明記されている。

▷3　医学上の診断基準については，下記書籍を参照。米国精神医学会，高橋三郎・大野裕（監訳）（2014）．DSM-5　精神疾患の診断・統計マニュアル．医学書院．

▷4　杉山登志郎（2007）．発達障害の子どもたち．講談社．

▷5　DSM-Ⅳ-TR からDSM-5への改変にあたり，disorder の和訳が，「障害」から「症」に変更されたのが特筆すべき変更点であるが，現状は「障害」を用いられることも多い。前掲書（▷3）参照。

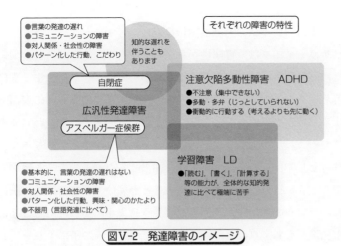

それぞれの障害の特性

●言葉の発達の遅れ
●コミュニケーションの障害
●対人関係・社会性の障害
●パターン化した行動，こだわり

知的な遅れを
伴うことも
あります

自閉症

注意欠陥多動性障害　ADHD
●不注意（集中できない）
●多動・多弁（じっとしていられない）
●衝動的に行動する（考えるよりも先に動く）

広汎性発達障害

アスペルガー症候群

●基本的に，言葉の発達の遅れはない
●コミュニケーションの障害
●対人関係・社会性の障害
●パターン化した行動，興味・関心のかたより
●不器用（言語発達に比べて）

学習障害　LD
●「読む」，「書く」，「計算する」
　等の能力が，全体的な知的発
　達に比べて極端に苦手

図V-2　発達障害のイメージ

出所：厚生労働省（2008）．発達障害の理解のために（パンフレット）．

よりも見るほうがわかりやすいという視覚優位の特性をもつ子が多いです。子どもたちへの対応は，自閉性の強い**カナータイプ**[6]，自閉性が目立ちにくい**アスペルガータイプ**[7]に分けて考えるとよいでしょう。

○カナータイプの特徴と関わり方

　カナータイプは自閉性が強く，知的障害を伴うことが多い自閉症の中核群です。幼児期は特にコミュニケーションが難しく，身振りや指さしをしない，会話が成り立たずにオウム返しをする，人への関心が少なく，視線が合いにくいなどが見られます。手をひらひらさせて体を揺する，同じパターンの遊びを繰り返す，特定のやり方やモノに執着するなどのこだわりも見られます。

　関わり方としては，安心して過ごせるように，わかりやすく伝えるのが原則です。落ち着ける環境を保障して，言葉かけはゆっくりと肯定的に伝えます。見通しがもちにくく不安になりやすいため，活動の流れや区切りを明確にします。目で見てわかるように，絵や写真を用いてスケジュールをつくることは一般的になってきましたが，押しつけにならないように注意し，子ども自身が選択できる工夫も必要です。子どもの興味を大切に，楽しく取り組めるような課題を考えます。慣れてきたら，他にも遊びの幅を広げていきましょう。

　こだわりは特性の一つであり，無理にやめさせることはできません。混沌とした世界から自分を守る手段と考えられています。けれど危険なことや社会的に許されないことは，幼児期から対処が必要です。好ましいことや別のことに置き換えていきます。苦手な音や感覚に対しては，できる限り避ける方法とそれが難しい場合は徐々に慣らしていく方法の二つがあります。

　かんしゃくやパニックには理由があります。自分の思いと異なったり，嫌な刺激に耐えられない時などに起こるようです。まず行動を観察して原因をさぐり，環境を整えて伝え方の工夫を試みます。パニックそのものには冷静に対応し，それが要求をかなえる手段にならないようにします。叱らないけれど譲らない姿勢が大切です。

▷6　カナータイプ
1943年に米国の精神科医レオ・カナーが「早期乳幼児自閉症」の論文を発表した。他人との感情的接触の欠如，自分で決めた事柄を同じに保とうとする激しい欲求，反復的なこだわり，言葉の異常などの特徴が，生まれつきもしくは生後30か月までに出現すると報告した。

▷7　アスペルガータイプ
1944年にオーストリアの小児科医ハンス・アスペルガーが論文発表した。他人への不適切な近づき方，特定の事物への限定した興味，一本調子でやりとりにならない会話，能力的には平均かそれ以上だが一部に学習困難があり，社会的常識に欠ける。両親は3歳以降か就学まで特徴に気づかなかったと述べた。アスペルガー症候群と呼ばれることが多い。

○アスペルガータイプの特徴と関わり方

アスペルガータイプは，自閉性が目立ちにくく，知的な能力と言葉には遅れがないため，集団生活になって初めて気づかれることもあります。人に合わせるのが難しい，自分のルールで行動する，言葉はよく話すものの表面上の理解にとどまる，特定の事柄への強い関心などが目立ちます。風変わりで理屈っぽく見えるため，わがままやしつけの問題と誤解されることがあります。

関わり方としては，できるだけ事前に知らせるなど予測できる環境を整えるとよいでしょう。社会的な常識は，良いことと悪いことを具体的に伝えます。ほめられる経験や成功体験が子どもを成長させます。興味のあることには大人顔負けの知識をもち，真面目で探求心も旺盛です。その子のよさを周りの人に認められる機会をもちたいものです。

❹　注意欠陥多動性障害 (Attention Deficit Hyperactivity Disorder；ADHD)

不注意や多動，衝動性が，就学前から明らかに目立つ障害です。子どもの約3～7％に見られ，男児に多いと報告されています。行動を順序立てて行うことや状況を判断する脳機能が十分でないことから，脳内でドパミンやノルアドレナリンといった神経伝達物質の働きが不足していると考えられています。

ADHDの子どもたちは，興奮を抑えにくく常に刺激を求めます。好きなことにはとことん熱中し，元気いっぱいです。けれど注意散漫で，後先を考えずに行動してしまい，周囲からは叱られることも多いため，すぐにあきらめてしまったり，自分に劣等感をもちやすいと言われています。

気が散りやすいため，刺激の少ない環境を整えます。課題を小分けにすると集中力が途切れにくく，ほめられるとやる気が出ます。くどくど叱っても効果はなく，指示を出す時は「短くわかりやすく」を心がけます。子どもが自分自身で行動をコントロールできるようになることが目標です。

❺　学習障害 (Learning Disability；LD)

知的な遅れはないけれども，「読む」「書く」「計算する」の特定の分野でつまずく障害のことです。「聞く」「話す」「推論する」の困難さを加えることもあります。目や耳から入る情報をまとめたり，判断する脳機能の障害と考えられ，自閉症スペクトラム障害やADHDと合併することが多いようです。

耳で聞くとわかるけれど書いてあると読みづらい，形の似た文字の区別がつきにくい，板書を書き写しにくい，繰り上がり繰り下がりや計算の意味が理解しづらいなどの症状が見られます。全く読めない，書けないのではなく，スピードが遅かったり，間違いの多いことが特徴です。約4％の子どもに見られますが，明らかになるのは教科学習の始まる就学後です。幼児期には指示が通りにくい，お絵かきが拙い，数の大小がわからない，折り紙の苦手さなどが，LD

のサインではないかと言われています。

　LD の子どもは努力が足りないと見られ，自信を失いがちです。不登校になった子どもで，読み書きの困難さをもつものは，抑うつを示すとの報告があります。[8] 周囲の大人が早く気づいて，やみくもに練習させるのではなく，その子に合わせた教え方の工夫や教材の配慮が必要です。

6　支援をつなげる

　発達障害のある子の支援は，関係者がつながることが大切です。研修会に参加したり，発達相談や巡回相談を利用することができます。保護者の許可を得て，病院や療育機関とも連絡を取り合い，情報を共有します。保育所・幼稚園と小学校は連携して，子どもへの適切な教育を保障する必要があります。

○つながるための支援プログラム

　子どもや保護者への支援プログラムとして「ソーシャルスキルトレーニング」と「ペアレントトレーニング」の2つを紹介します。

　ソーシャルスキルトレーニングは，子どもが人と関わるなかで，自分に自信をつけていくプログラムです。[9] ゲームや運動を通して，集団に上手に参加するスキルを身につけます。ペアレントトレーニングは，子どもの養育で多くの悩みと困難さを抱えている保護者対象のプログラムです。[10] 発達障害の知識を得て，子どもへの適切な関わりを学び，実践します。このような**心理教育**[11]の枠組みを利用したグループワークの試みは，保護者の孤立感や無力感の軽減，支え合いを促し，養育環境への有用性が評価されています。

○医療機関との関わり

　発達障害の診断は，小児科や児童精神科で子どもとの面接や小さい頃の様子の確認，集団生活や家庭での情報をもとに行われます。ここでは身体の病気を見逃さないことが大切です。てんかんや神経の病気，貧血，甲状腺ホルモンの異常などで，不注意や多動を示すことがあるからです。また，発達障害のある子は睡眠リズムの乱れやチック，夜尿などを伴いやすく，それらについても相談できます。

　薬物療法は，子どもが困った経験を重ねることを防ぐ手立ての一つで，障害を治すものではありません。ADHD では，神経伝達物質のバランスを整える薬（コンサータ®，ストラテラ®，インチュニブ®）が使われます。自閉症スペクトラム障害の興奮しやすさや過敏さに対しては，少量の抗精神病薬（リスパダール®，エビリファイ®）が用いられることもあります。

　診断名は，認知や行動の特性を説明するものですが，診断されないと支援を受けられないわけではありません。一人一人の特性を理解し，その子にあわせた支援を行うことでよりよい生活が送れるようになります。

（澤井ちひろ）

▷8　林隆（2015）．取り巻く問題点（併存症・二次障害）．脳と発達，**47**(3)，pp. 203-206.

▷9　本田秀夫・日戸由刈（監修）（2016）．自閉症スペクトラムの子のソーシャルスキルを育てる本　幼児・小学生編．講談社.

▷10　岩坂英巳（編著）（2012）．困っている子をほめて育てる　ペアレント・トレーニングガイドブック　活用のポイントと実践例．じほう.

▷11　**心理教育**
継続的な問題を抱えた人たちに対する，教育的側面を含んだプログラムの総称。

参考文献
　ローナ・ウィング，久保紘章・佐々木正美・清水康夫（監訳）（1998）．自閉症スペクトル──親と専門家のためのガイドブック．東京書籍.
　田中康雄（監修）（2004）．わかってほしい！気になる子　自閉症・ADHD などと向き合う保育．学習研究社.
　榊原洋一（2007）．脳科学と発達障害．中央法規出版.
　内山登紀夫（監修）諏訪利明・阿倍陽子（編）（2009）．こんなとき，どうする？発達障害のある子への支援　幼稚園・保育園．ミネルヴァ書房.

職員間の連携と組織的取り組み

 保育における健康及び安全の確保

　「保育所保育指針」の「第3章　健康及び安全」には，「保育所保育において，子どもの健康及び安全の確保は，子どもの生命の保持と健やかな生活の基本であり，一人一人の子どもの健康の保持及び増進並びに安全の確保とともに，保育所全体における健康及び安全の確保に努めることが重要」とあります。この「第3章　健康及び安全」のなかの「1　子どもの健康支援」という部分に保健活動の重要性が示されるとともに，職員間の連携や組織的取り組みの有用性についても述べられています。「保育所保育指針解説」も参考になります。

2　保育所の現状と職員間連携の必要性

　社会の大きな変化が家庭や地域社会の姿を変化させ，これらにより保育所に求められる役割が増し，保育形態は多様化しています。つまり，乳児保育や長時間にわたる保育だけでなく，障害児保育，病児・病後児保育等さまざまな形態があり，障害の内容や程度もより重度へと変化してきています。保育の対象となる子どもたちが，一昔前の「保育に欠ける」子どもから「保育を必要とする」子どもへと変化し，対象が拡大している保育所において，子どもたちの健康を保持し増進するためには，職員間並びに保護者との連携がまず大変重要です。関連する専門職について，保育所における常勤・正規の看護師配置率は2000年度の報告における12.8％から2016年度は16.0％と増加しており，保育所における看護職業務の必要性と定着を反映していると考えます。

　また，嘱託医と歯科嘱託医に関しては，「児童福祉施設の設備及び運営に関する基準」の保育所職員配置基準において保育所に置くことが義務づけられています。次項[Ⅵ-2]に示す「表Ⅵ-1　主な保健活動」のなかで，※印が嘱託医の介入が望ましい保健活動です。保育士等は健康診断に際し，一人一人の子どもの成長及び発達の状態と健康状態とともに，保護者の疑問や不安などを嘱託医に伝え，適切な助言を受けます。特に受診や治療が必要な場合には，嘱託医と連携しながら，保護者に丁寧に説明することが求められます。

3　保健活動に関わる組織的取り組み

　次項[Ⅵ-2]の「表Ⅵ-1　主な保健活動」のなかで＊印が組織的な取り組みを

▷1　2015年度から実施されている「子ども・子育て支援新制度」の施行にあたり児童福祉法が改正され，その対象を「保育に欠ける子ども」から「保育を必要とする子ども」に変更された。子ども・子育て支援新制度については，[Ⅵ-4]参照。

▷2　全国社会福祉協議会・全国保育協議会（2017）．全国保育協議会会員の実態調査報告書2016．

要する保健活動となります。それぞれの状況に活用できるマニュアルを作成するなどして基本的な対応の手順や内容等を明確にし，職員全員がこれらを共有して適切に実践できるようにしておくことが必要です。

○虐待が疑われる場合や気になるケースを発見した時の対応[43]

保育所では，保護者が何らかの困難を抱え，そのために養育を特に支援する必要があると思われる場合に，速やかに市町村等の関係機関と連携を図ることが必要です。特に，保護者による児童虐待のケースについては，まずは児童相談所及び市町村へ通告することが重要です。その後，支援の方針や具体的な支援の内容などを協議し，関係機関と連携することが必要になります。

○感染症への対応[44]

「保育所における感染症対策ガイドライン」[45]にも感染症発生時の組織的対応方法が述べられています。子どもの感染症への罹患が確定された際には，嘱託医などの指示に従うとともに，必要に応じて市町村，保健所等に連絡し，予防や感染拡大防止等について，その指示に従うとあります。

○アレルギー疾患への対応[46]

「保育所におけるアレルギー対応ガイドライン」[47]が2011年に作成され，保育所におけるアレルギー対応として組織的に取り組むことの重要性が示されました。子どもの生命を守る観点から，**エピペン®**[48]は全職員が取り扱えるようにする必要があります。また，管理者は地域医療機関や嘱託医，所在地域内の消防機関，市町村との連携を深め，対応の充実を図ることが重要です。

○個別的な配慮を必要とする子どもへの対応[49]

個別的な配慮を必要とする子どもとしては，慢性疾患を有する子ども，発達支援が必要な子ども，及び，医療的ケアを必要とする子ども等があげられています。慢性疾患を有する子どもの場合，病状が急変するかもしれないことを念頭に置き，その子どもに合わせた保育を計画する必要があります。発達支援が求められる子どもに対しては，保護者及び発達支援を行う医療機関や児童発達支援センター等と密接に連携することで，子どもにとって有意義な保育環境となることでしょう。医療的ケアを日常的に必要とする子どもは，医療技術の進歩等を背景として現在ますます増加の傾向にあります。保育所の体制等を十分検討したうえで医療的ケアを必要とする子どもを受け入れる場合には，主治医や嘱託医，看護師等と十分に協議するとともに，救急対応が可能である協力医療機関とも密接な連携を図る必要があります。医療的ケアは，その子どもの特性に応じて，内容や頻度が大きく異なることから，受け入れる保育所において，必要となる体制を整備するとともに，保護者の十分な理解を得るようにすることも大切です。

（永江彰子）

▷3 ⇨Ⅵ-4 参照。

▷4 ⇨Ⅲ-1 ，Ⅵ-4 参照。
▷5 厚生労働省(2018).保育所における感染症対策ガイドライン（2018年改訂版）.

▷6 ⇨Ⅴ-2 参照。
▷7 「保育所におけるアレルギー対応ガイドライン」は，2019年に改訂されている。厚生労働省（2019）.保育所におけるアレルギー対応ガイドライン（2019年改訂版）.

▷8 エピペン®
⇨Ⅴ-2 参照。

▷9 ⇨Ⅴ-1 ，Ⅴ-3 ～Ⅴ-5 参照。

2 保健計画の作成と活用

 保健計画とは

　保育所保育指針の「第3章　健康及び安全」では，「子どもの健康に関する保健計画を全体的な計画に基づいて作成し」とあり，保健計画の立案が明確に位置づけられていますが，その具体的な様式については，「保育所保育指針」及び「保育所保育指針解説」において示されていません。保健計画とは，一人一人の子どもの健康の保持及び増進を進めるために必要な保健活動を具体的に計画していく様式のことです。年間保健計画を作成実行している保育所の割合に関して全国的な調査はありませんが，各地域での調査では看護職の配置の有無により差があるようです。

　「全国保育協議会会員の実態調査報告書2016」[1]において障害児保育を実施する保育所は76.6％と，5年前の74.8％，10年前の68.0％に比べそれぞれ1.8，及び8.6ポイント増加しています。手帳はもっていないが特別な支援が必要と判断される子どもがいる保育所の割合は79.4％，食物アレルギーは90.6％とほとんどの保育所でこれらの健康問題がある子どもが在園していることが明らかとなっています[2]。また，虐待のある，あるいは虐待の疑いがある家庭がいる保育所の割合は32.9％と5年前の28.7％から4.2ポイントの増加を認めます。実件数の増加と発覚数増加の両面が関与している可能性を考えます。健康問題がある子どもはもちろんのこと特に健康に問題のない子どもであっても，子どもの心身の健全な成長のために保育所において保健計画を作成し活用することは，大変重要で意味のあることだと認識されるべきです。

 保健計画の作成

　保健活動は，その目的によって表Ⅵ-1のように大きく4つに分類することができます。すなわち，（Ⅰ）子どもの健康状態並びに成長及び発達状態の把握，（Ⅱ）健康増進・疾病予防，（Ⅲ）疾病等への対応，（Ⅳ）知識の普及です。表Ⅵ-1には（Ⅰ）から（Ⅳ）の目的を達成するための具体的な保健活動を「保育所保育指針解説」より抜粋しました。一人一人の子どもの健康を保持し増進するような保健計画の作成には，対象とする子どもの年齢，季節及び入園時期に合わせて表Ⅵ-1にあげた具体的な保健活動を配置していきますが，その際，子どもの健康への関心を養うという視点と，子どもの健康及び安全を確保するとい

▷1　全国社会福祉協議会・全国保育協議会（2017）.全国保育協議会会員の実態調査報告書2016.

▷2　このような状況に対応する形で2009年に作成された「保育所における感染症対策ガイドライン」は2018年にその2回目の改訂版が作成され，2011年に作成された「保育所におけるアレルギー対応ガイドライン」は2019年にその改訂版が作成されている。また「保育所保育指針解説」における保健活動の動向として，健康増進・疾病予防の項目のみならず，疾病への対応という項目も組みこまれ，具体的な内容が記載されている。

表Ⅵ-1 主な保健活動

	目 的	具体的な保健活動
Ⅰ	子どもの健康状態並びに成長及び発達状態の把握	• 保護者からの保健情報（母子健康手帳・健康調査票）や子どもの状態についての情報提供 • 発育状態の定期的な確認（体重・身体測定，頭囲・胸囲計測〔乳児〕等身体の発育状況と社会性や自主性等のこころの発達状況） • 嘱託医と嘱託歯科医による定期的な健康診断とその状況の把握（※） • 虐待など不適切な養育の兆候がみられる場合には，児童相談所，市町村や関連機関など必要な機関と連携して適切な対応を図る（＊）
Ⅱ	健康増進・疾病予防	• 子どもへの指導（手の洗い方／鼻のかみ方／咳のしかた／規則正しい睡眠，食事，排泄，薄着の習慣／子どもたちの健康への関心）と保護者への理解と協力 • 健康診断の結果によって必要な場合は，市町村や専門の医療機関などと連携する（＊※） • 清潔な環境づくり • 事故防止及び安全対策 • 感染症発症時の対応について周知する（＊※） • 保護者への予防接種の勧め（※）
Ⅲ	疾病等への対応	• 感染症が発症した場合 嘱託医などの指示に従うとともに，必要に応じて市町村，保健所等に連絡し，予防や感染拡大防止等についてその指示に従う（＊※） • アレルギー疾患への対応 地域医療機関，嘱託医，所在地域内の消防機関，市町村との連携を深め，対応の充実を図ることが重要（＊） • 医務室の整備 救急用の薬品や包帯など応急処置用品を常備する • 医師の診断及び指示による薬に限定した与薬 • 急変時の救急蘇生 • 個別的な配慮を必要とする子どもへの対応（＊※）
Ⅳ	知識の普及	• 保健だよりの発行や保護者会 • 嘱託医による保健講話，保護者の質問に対応（※）

注：※は嘱託医の介入が望しい保健活動。＊は組織的な取り組みを要する保健活動。
出所：筆者作成。

う2つの視点が必要です。さらに，保育保健は個人の健康問題に対処するだけでなく，年齢もしくは発達状態の異なる子どもの集団としての健康問題も視野に入れなければなりません。保健計画の事例集として「保育園・こども園保健計画事例集」がとても参考になります。

3 保健計画の活用

　保健計画を作成し活用することによって，保育所における保健活動の見通しが立ち，現状の問題点等がわかりやすくなります。また，「自己評価」の基盤となるものでもあり，この計画のうえに実践，評価及び改善からなる循環的なシステムが形成されていきます。今日の保育機能は，単に保育所内や通園児だけを対象にとどまっているのではなく，地域の子育て家庭に対する支援も重要なものとしてあげられます。さらに，乳児保育や障害児保育，病児保育・病後児保育おいては，小児医学的・小児保健学的知識と技能が要求されます。このような保育機能の拡大と保育形態の多様化に対応していくためにも，保健計画の作成と活用実績が必要となります。

（永江彰子）

▷3 荒木田美香子（2009）．保育園・こども園保健計画事例集（http://h-sps.jp/hoiku_jirei_2009.pdf）．

保健活動の記録と自己評価

保育における自己評価の重要性

　2017年改定の保育所保育指針には第1章「総則」のなかに,「3　保育の計画及び評価」という項目があります。そこでは,保育所の生活の全体を通して総合的に展開されるような全体的な計画の作成と,それに基づく保育,そして,その保育内容の評価と改善を行うことに努めなければならないとあります。まず,保健活動に有用な保健計画は,指導計画や食育計画と並んで,全体的な計画の一つとして記載されていますし,それらの計画に基づく保育内容の評価は,保育士等の自己評価と保育所による自己評価の両方が必要であるということも述べられています。[1]

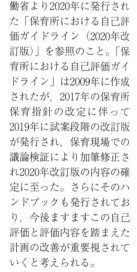 保健活動の記録

　保育所においてなされるべき保健活動については,前項Ⅵ-2で示した表Ⅵ-1を参照してください。この保健活動を盛り込んで各保育所が独自に保健計画を作成し,それに沿って保健活動を行います。次に,行った保健活動の記録の段階となるのですが,その際,記録の視点として,子どもの成長の記録という視点と保育士自ら施行した保健活動の記録という視点の2つが必要だと言えます。子どもの成長を記録する際には,一人の子どもの発育過程に数人の保育士等が関わっていくことを考えると,保育所ごとに決まった書式が望ましいでしょう。子どもの発育は心身共にめざましく,その時点での様子は,その時点での記録でしか残りません。特別の支援を要する子どもの保育に関して,特に発達障害の子どもの場合,保育現場での日々の生活活動から発見された特徴が診断のポイントになることもしばしばあり,そういう観点からも,身体発育の記録だけでなく自主性や社会性,コミュニケーション力等の心の育ちについての記録を継続的に行っていくことは大変重要です。保育士自ら行った保健活動の記録は,自らの保育実践を振り返る保育士等の自己評価につながり,さらに保育所の自己評価の基盤となります。

保健活動の自己評価

　保健活動の自己評価においても前述の通り,保育士等による保育内容の自己評価と保育所の自己評価とがあり,前者は自らの保育実践を振り返ることと保

▷1　より詳しい自己評価の方法については,厚生労働省より2020年に発行された「保育所における自己評価ガイドライン（2020年改訂版）」を参照のこと。「保育所における自己評価ガイドライン」は2009年に作成されたが,2017年の保育所保育指針の改定に伴って2019年に試案段階の改訂版が発行され,保育現場での議論検証により加筆修正され2020年改訂版の内容の確定に至った。さらにそのハンドブックも発行されており,今後ますますこの自己評価と評価内容を踏まえた計画の改善が重要視されていくと考えられる。
厚生労働省（2020）.保育所における自己評価ガイドライン（2020年改訂版）
（https://www.mhlw.go.jp/content/000609915.pdf）.

育を通して子どもが変容する姿を捉え振り返ることとの両面から行われ，後者は保育士等職員一人一人の自己評価が基盤となって行われます。具体的な自己評価の方法の展開モデルとして保育の計画，実践，評価，及び改善からなる循環的なシステムが「保育所における自己評価ガイドライン」の原版，改訂版双方にあげられています。この循環的なシステムは，１つのサイクルとして完結するものではなく，そこから発展していくらせん状の過程を表しており，この循環により，保育士等の専門性の向上とともに保育所全体における保育の質の向上が図られていきます。自己評価を行うことの大きな目的は，保育の質を向上させることであると「保育所保育指針」の第１章のなかにも記載されていますが，保育の質の向上に結びつくような自己評価とは，どのようなものなのでしょうか。保健活動の範ではやはり，その保健活動が子どもの心身の健全な発育を支えることができているかどうかがポイントになります。これらについて保育士等による自己評価と保育所の自己評価の観点から述べていきたいと思います。

○保育士等による自己評価

　まず保育士等による自己評価ですが，子どもとの日々の関わりのなかで，子どもが変化する姿を子どもの成長の記録を基に評価することが重要です。「保育所における自己評価ガイドライン」の改訂版では「子どもにとってどうか」という視座の重要性，つまり，「子どもについて，自分（保育士等）自身の枠組みに当てはめた見方でとらえようとしていないか」といったことに留意する必要性が記載されています。また，保育生活のなかで完結させずに将来を見据えた評価基準も子どもの心身の健全な発育を支えるものの目線としては重要ではないかと思います。そのためにも，保育所，幼稚園から小学校へ子どもの育ちを受け渡していくことの重要性，幼保小の連携の必要性などの検討が進むことを期待したいものです。

○保育所の自己評価

　次に，保育所の自己評価という観点からです。行った保健活動の記録を資料として，自己評価を進めていきます。保健活動全般を自己評価する場合，さまざまな相反する現実が明らかとなることでしょう。事故防止を含めて安全な環境を構成し配慮することと，子ども自身の安全と健康を自ら獲得できる能力を養っていくことは表裏一体ですし，感染症に対する保育所の対応と保護者への支援という保育所の使命も両立しない場合が多いでしょう。こういった一筋縄ではいかない現状を多く評価しなければならないのではないでしょうか。このような保育所としての自己評価の過程でそれを基盤に第三者評価など外部評価を受けることにより，評価の客観性が増し，保育所の説明責任が適切に果たされ，それぞれの評価の過程もより深まり発展すると言えます。

（永江彰子）

▶2　たとえば平衡感覚の醸成にけがはつきものであるということ。
小笠原文孝（2006）．保育保健の基本．高野陽・西村重稀（編）保育保健活動の実際．全国社会福祉協議会．

▶3　たとえば，保育所は集団生活であるため，感染予防の観点から感染した子どもは家に戻す必要があるが，その場合，保護者への支援が成り立たない。

　母子保健，地域保健における自治体との連携

　母子保健との連携

　母子保健活動の基本目的は子育て支援であることから，乳幼児とその親を支える地域の保育所や幼稚園，認定こども園が，母子保健と連携することの意義は大きいと言えます。

　母子保健法において市町村に実施義務を定めている健診は，１歳６か月児健診と３歳児健診ですが，多くの市町村ではそれ以外の年月齢の乳幼児（４か月や２歳児等）や妊婦に対しても必要性を判断して健診を行っています。市町村の保健センター並びに地域の担当保健師は，これらの健診や訪問指導などを通して，子どもの健康状態，成長や発達状態に関する情報，保護者に関する情報などを把握しています。

▷1　⇨Ⅰ-4 参照。

　また，母子健康手帳には健診や予防接種などの大切な記録が残されています。保育所や幼稚園，認定こども園が，保護者の了解を得て，積極的に地域の保健師と連絡連携し，母子健康手帳の記録も含め母子保健に関する情報を子どもの保育や保護者支援に活かすことで，地域全体で親子の健やかな成長を支えることができます。

○発達支援に関する連携

　障害や発達に課題をもつ子どもとその親への支援は，総合的で，継続性や一貫性のある支援であることが求められています。そのためには，保健，福祉，教育，医療など地域の複数の機関が互いに連携し，補い合って親子を支えるネットワークが必要です。

　発達支援を要する子どもの多くは，乳幼児健診で発見され，育児相談や発達相談を受けていたり，療育等を利用しています。そのため，保健センターや地域の担当保健師等と連携し，支援経過や子どもの発達特性等を把握することで，保育や保護者支援の計画的進展を図ることができます。この時，連絡連携は，個人情報保護の観点から，保護者の同意が必要となります。

　また，発達障害のように社会性や行動発達に課題をもつ子どもは，集団生活開始後に発達課題に気づかれることも多いことから，保育所や幼稚園，認定こども園には，発見の場として重要な役割も求められています。保護者の「気づき」を促し，丁寧にフォローすることで，地域の発達相談（母子保健や専門的な支援）等へとつなぎます。

○地域の子育て支援における連携

子ども・子育て支援新制度^{▷2}では，市町村が実施主体となり，地域の実情に応じて，子育て支援の量と質の向上を図ることを求めています。「**地域子育て支援拠点事業**^{▷3}」や「**乳児家庭全戸訪問事業（こんにちは赤ちゃん事業**^{▷4}**）**」のように，保育所・保育士等が担う可能性のある事業も含まれています。

これらはいずれも，親子の心身の状況や養育環境を把握する機会でもあり，母子保健と密に連携し，地域のなかで親子を支える役割を担うことが求められています。

○虐待予防に関する連携

保育現場において，不適切な養育や虐待等の疑いのある子どもや気になる子どもを発見した時は，速やかに市町村の関係機関（保健センターや虐待対応窓口）に連絡し，早期に子どもの保護や保護者への対応にあたる必要があります。また，市町村が設置する要保護児童対策地域協議会（子どもを守る地域ネットワーク）に保育所等が積極的に参画し，協力することも求められています。

② 感染症対策における連携

「保育所における感染症対策ガイドライン」では，感染症に関する保育所の対応方法等について，あらかじめ関係機関の協力を得ておくように示されています。そのなかで，感染予防や拡大防止に関する取り組み，報告等については，市区町村や保健所等，地域の関係機関と連携することが重要であるとされています^{▷5}。

○感染症予防にあたっての連携

感染症の発生を防止するための措置等について，適宜，所管の保健所の助言，指導を求めるとともに，密接に連携することが求められています。

○感染症が発生した場合の連携

以下のような場合，施設長が市区町村に対して感染症または食中毒が疑われる者等の人数，症状，対応状況等をすみやかに報告するとともに，保健所に報告して指示を求めるなどの措置を講ずる必要があります。

- 同一の感染症もしくは食中毒によるまたはそれらによると疑われる死亡者または重篤患者が1週間以内に2名（麻疹・風疹の場合1名）以上発生した場合
- 同一の感染症もしくは食中毒によるまたはそれらによると疑われる者が10名以上または全利用者の半数以上発生した場合
- 上記に該当しない場合であっても，通常の発生動向を上回る感染症等の発生が疑われ，施設長が報告を必要と認めた場合

（龍田直子）

▷2 **子ども・子育て支援新制度**
2012年8月に成立した「子ども・子育て支援法」，「認定こども園法の一部改正法」，「子ども・子育て支援法及び認定こども園法の一部改正法の施行に伴う関係法律の整備等に関する法律」のいわゆる「子ども・子育て関連3法」に基づく制度。幼児期の教育，保育，地域の子ども・子育て支援を総合的に推進するもの。具体的には，教育や保育の場の増設（認定こども園の普及，地域型保育の新設など）や，地域の子育て支援の充実等がある。

▷3 **地域子育て支援拠点事業**
地域において子育て親子の交流等を促進する子育て支援拠点の設置を推進することで，地域の子育て支援機能の充実を図り，子育ての不安等を緩和し，子どもの健やかな育ちを支援することを目的としている。公共施設，公民館，保育所等の児童福祉施設，小児科等の医療施設などを拠点として，下記内容を実施するもの。
- 子育て親子の交流の場の提供と交流の促進
- 子育て等に関する相談，援助の実施
- 地域の子育て関連情報の提供
- 子育て支援に関する講習などの実施

▷4 **乳児家庭全戸訪問事業（こんにちは赤ちゃん事業）**
生後4か月を迎えるまでの乳児のいる家庭を訪問し，さまざまな不安や悩みを聞き，子育て支援に関する情報提供を行うもの。

▷5 厚生労働省(2018). 保育所における感染症対策ガイドライン (2018年改訂版).

5 # 家庭，専門機関，地域の関係機関等との連携

① 地域の連携体制

　子育て支援は決して一機関で完結するものではなく，保健・医療・福祉・教育など多くの機関が携わって初めて成り立ちます。地域主体の子育て支援の必要性・重要性は周知されていますが，関係機関同士で十分な情報共有や連携ができず支援が途切れてしまうこと，各機関は問題を部分的にしか把握できず適切な支援計画を組めないことなどが課題となっています。

　現在，全国展開が目指されている**子育て世代包括支援センター**[1]は，妊娠初期から子育て期にわたり親子に関する情報を集約して管理し，関係機関と連絡調整をして，親子を継続的・包括的に支援していくことが役割とされています。各地域がセンターを要に連携体制を構築できるようになれば，より円滑で強力な連携が可能となり，地域ネットワークのなかで親子を支援していける体制が整うと思われます。

② 各機関との連携

　母親の精神医学的問題や子どもの周産期異常，経済的問題や育児サポートの欠如した環境など，「育児困難」家庭となる要因[2]をもつ親子には出生前後から保健・福祉機関の支援が入っています。子どもの入園前には各機関の担当者と十分に情報を共有し，子どもの入園前の姿や家庭環境について把握したうえで，適切な園生活につなげていく必要があります。

　養育不全や児童虐待が懸念される場合には，児童相談所へ連絡することが児童福祉法で定められています。各自治体には**要保護児童対策地域協議会**[3]も設置されており，多職種が集い，具体的な支援計画を練ることができます。

　困難を抱えた親子を支援する際に重要なことは，決して個人や一機関で抱え込まず，他機関に積極的に働きかけ，組織として対応することです。一機関でできることは限られていますが，関係機関と連携することにより，親子が抱える問題をより正確に把握でき，各機関の果たすべき役割が見え，地域ネットワークのなかでよりよい支援を行うことが可能になります。

③ 切れ目ない支援

　困難を抱える親子への支援は，決して一時だけで終えられるものではありま

▷1　**子育て世代包括支援センター**
母子保健サービスと子育て支援サービスを一体的に提供する施設として，2020年度末に向けて全国展開が目指されている。法律における名称は「母子健康包括支援センター」。
厚生労働省（2017）．子育て世代包括支援センター業務ガイドライン（https://www.mhlw.go.jp/file/06-Seisakujouhou-11900000-Koyoukintoujidoukateikyoku/kosodatesedaigaidorain.pdf）．

▷2　福岡地区小児科医会乳幼児保健委員会（編）(2015)．乳幼児健診マニュアル（第5版）．医学書院，p.140.

▷3　**要保護児童対策地域協議会**
2004年の児童福祉法の改正により，要保護児童（保護者のいない児童または保護者に監護させることが不適当であると認められる児童のこと）の適切な保護を図るため，関係機関が情報交換や支援内容の協議を行う場として設置された。

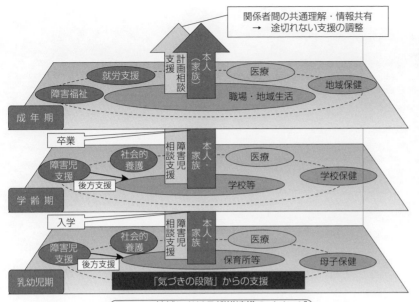

図VI-1　地域における縦横連携のイメージ

出所：厚生労働省（2014）．今後の障害児支援の在り方について（報告書）――「発達支援」が必要な子どもの支援はどうあるべきか，p.36（参考資料2）．

せん。子どもの年齢や親子のライフステージに合わせて関係機関が柔軟に円滑にバトンタッチをし，切れ目のない支援を提供していかなければなりません。障害者支援の在り方で示されている「地域における縦横連携のイメージ」（図VI-1）の重要性は，全ての支援に通じます。「気づきの段階」から介入し，関係者間で質の高い縦横連携を行いながら支援を行っていくことは，次世代の支援にもつながります。

④ 地域（コミュニティ）がもつ力

「地域（コミュニティ）」とは，その地区の地理的な広がりだけを指すのではなく，その地区に生活する人々がつくる生活空間や人々のつながりまで含めて指す言葉です。日頃からささいなことも相談し合える良好な関係が地域内にあってこそ，必要時に確固たる連携体制を組むことができます。各機関が相手の労をねぎらい，相手について知ろうとする姿勢を示せば，おのずと関係は築かれていきます。困難な事例は日々発生しますが，連携に必要な3C（Comprehensive：お互いの特色を知って理解する/Comfortable：快適に楽しく生き甲斐を感じて行う/Cooperative：協力して行う[4]）を意識し，役割分担を明確にして，密に連絡を取り合って1事例ずつ丁寧に取り組んでいけば，地域の連携力は向上していきます。

「地域の目が子どもを守る」と言われています。子どもが温かい眼差しを感じながら成長し，次世代を担う成人に育っていくために，各地域にきめ細やかな支援体制が整備されることが望まれます。

（石川依子）

▷4　前川喜平（2008）．写真で見る乳幼児健診の神経学的チェック法（第7版）．南山堂，p.308.

（参考文献）

本間博彰（2007）．乳幼児と親のメンタルヘルス――乳幼児精神医学から子育て支援を考える．明石書店．

田中康雄（2009）．支援から共生への道――発達障害の臨床から日常の連携へ．慶應義塾大学出版会．

現場で役立つ救急時等の対応

救急時の初期対応（救急処置）

①　救命の連鎖

救急車を呼ばなければいけないような緊急事態のなかで最も重症なのが，いわゆる「心肺停止」です。心肺停止は，患者のそばに居合わせた人の行動が救命の成否を分けると考えられています。そのためのカギとなる重要な一連の行動を，「救命の連鎖」と呼びます。

すなわち，①「心停止の予防」，②「早期認識と通報」，③「一次救命処置」，④「二次救命処置と心拍再開後の集中治療」の4つがそれにあたります。これらを4つの連続する鎖にたとえて，いずれの輪も途切れることなく速やかに連続して引き継がれていることの重要性を表しているのです。

これらのうち，病院で行う④を除く，①，②，③の3つの鎖を，患者のそばにたまたま居合わせた一般市民に行ってもらわなければなりません。いくら病院で高度な治療を行っても，①〜③のステップが迅速に行われなければ患者を救うことはできません。すなわち，子どもの心肺停止を救命するためには，日々子どもに関わるみなさんが，常日頃からこれらのステップを十分に理解し，練習し，そしていざという時には迅速に行動し，途切れることなく次の鎖へバトンタッチしていくことが極めて重要なのです。

②　予防の重要性

小児救急では，心肺停止が起こり得るような緊急事態を「予防する」ことが何よりも重要とされています。つまり，小児救急では予防可能な事故が非常に多いの

です。

日本においては長らく，1歳以降の小児死亡原因の第1位は「不慮の事故」でした。現在では関係者による事故防止の努力の結果，「不慮の事故」は死亡原因の第2位となっていますが，依然その発生数は多いと言えます。そのなかでも特に多い自動車・自転車事故，溺水，火災などによる死亡は，シートベルト，ヘルメット装着指導，周囲の大人の監視体制，環境の整備などにより防ぐことができます。異物誤嚥による気道閉塞（ものを気管につまらせる），毒物等の誤飲（誤って飲み込んでしまう）なども，周囲の大人への予防指導，注意喚起が重要なカギとなるでしょう。

乳幼児突然死症候群（SIDS）という疾患も，うつ伏せ寝や家族の喫煙をやめることが予防につながります。日々子どもに関わるみなさんには，これらの予防の重要性を十分に理解し，実践，指導，注意喚起を行っていただきたいと思います。

③　早期認識と通報

緊急事態が生じた場合にまずすべきことは，状態を正確に把握することです。何が起こっているのかよくわからないままパニックになってしまっては，正しい処置を行うことはできません。落ち着いてみれば本当は緊急事態ではない場合もあるかもしれません。子どもが動かない場合はまず，周囲の安全を確保したうえで意識があるか，呼吸があるかを確認してください。全く動かず，反応もなく，呼吸もしていない場合は心肺停止が疑われます。すぐに一次救命処置を開始する

と同時に，AED（自動体外式除細動器[6]）の確保を行ってください。AEDが近くにない場合は，すぐに救急車を呼んでください。

　心肺停止以外の場合は，落ち着いて救急隊にコールし，子どもの年齢，状況，住所及び周囲の目印，電話を掛けている人の名前と電話番号などをはっきりと伝え，救急隊の指示を仰いでください。

④　市民による一次救命処置の重要性

　一次救命処置の具体的な内容については Ⅱ-3 に譲りますが，ここで知っておいていただきたいのは，心肺停止救命の成否は，AEDを使用するまでの間，絶え間なく胸骨圧迫（いわゆる心臓マッサージ）を行えるかということと，さらに同時にどれだけ素早くAEDを使用することができるかということにかかっているのです。そのため，救急隊の到着を待っているのでは間に合いません。子どものそばにいるみなさんが，速やかにこれらを行ってほしいのです。そのためには，日頃から訓練を行い，どこにAEDがあるかなどを把握しておく必要があるのです。また，心肺停止発生からAEDの使用までの時間が10分を超えると救命率が著しく下がることが知られています。つまり，誰かが倒れてすぐにAEDを取りに走ったとしても，片道5分以内のところにAEDがないといけないことになります。このことを考えて，平素よりAEDの設置場所や数を検討する必要があります。まさに普段の備えが重要なのです。

　AEDがない状況での事故発生の場合は，一次救命処置を行いながら，救急車をすぐに呼ぶしかありません。

⑤　救急車を呼ぶ前に――小児救急医療現場からのお願い

　昨今，救急車の出動要請が急増しているため，救急車が現場に到着するまでの時間が長くなっています。実際には救急車を要さないような軽症であるにもかかわらず出動要請されている場合も多いのです。本当に緊急を要する人への対応が遅れてしまうことが懸念されています。意識がない，非常に強い腹痛や頭痛で苦しんでいる，呼吸が苦しい，血が止まらない，けいれんが止まらないなど，重篤な場合にのみ救急車を利用してください。交通手段がない，早く診てもらえるなどの理由で決して呼ばないでください。

（柳　貴英）

▷1　一次救命処置
心肺停止または呼吸停止に対する処置のことで専門的な器具や薬品などを使う必要がない心肺蘇生のこと。
⇨「現場で役立つ救急時等の対応3」参照。
▷2　二次救命処置
病院等医療機関において医師や救急救命士が行う救命処置のこと。
▷3　日本蘇生協議会（監修）（2016）．小児の蘇生．JRC蘇生ガイドライン2015（オンライン版2016年最終版）．
▷4　同上。
▷5　乳幼児突然死症候群
⇨ Ⅳ-9 参照。
▷6　AED（自動体外式除細動器）
⇨ Ⅱ-3 参照。

現場で役立つ救急時等の対応2

ぐったりしている

① 子どもはどのような時にぐったりするのか

○呼吸に問題がある時

呼吸に問題がある例として肺炎や気管支炎，細気管支炎，気管支喘息発作などがあります。

【気管支炎，細気管支炎，肺炎】

ウイルスや細菌によって空気の通り道にそって気管，気管支，細気管支，肺へと炎症を起こした状態です。

【気管支喘息】

空気の通り道である気管支が急に狭くなってしまい，ぜーぜー，ひゅーひゅーと喘鳴が起こり，呼吸が苦しくなる発作を繰り返します。

これらの呼吸に問題がある状態では肺で酸素を取り込み，二酸化炭素を排出する働きが悪くなるため，呼吸を早くしたり，普段は使わない呼吸筋（肋間筋，腹筋など）を使って代償しようとします。この代償による疲労や分泌物，咳の増加，呼吸がしんどいことなどが合わさってぐったりしてきます。

○脳神経に問題がある時

脳神経に問題がある例として髄膜炎（脳神経をつつむ髄膜の感染）や脳炎，脳症などがあります。ウイルスや細菌による感染やその他の原因によって脳神経に炎症が起こり，けいれんや意識障害が生じてぐったりします。

○ショックの時

ショックとは血液の循環が悪くなり，酸素が十分に全身に行き渡らなくなった状態です。全身があおじろくなり，ぐったりします。早期にショックを認識して適切な対応，治療がされないと体の重要な臓器が障害され，命に関わります。

○その他

【低血糖】

血糖をあげたりさげたりする働きがうまくいかず低血糖を起こすことがあります。また，子どもは血糖を保つための蓄えが少なく，低血糖になりやすいと言われています。低血糖でもぐったりしたり，けいれんしたりします。

【腸重積】

腸重積とは腸の一部がその先の腸にはまり込んでしまう状態で，はまり込んだ状態が解除されないと腸に血液が流れず壊死してしまいます。症状は食べ物の流れが悪くなるため嘔吐し，腸への血液の流れが悪いため血便が出ます。腸の動きに合わせて周期的に強い痛みが起こるため，急に激しく泣き，しばらくすると泣き止むということを繰り返し，徐々にぐったりしてきます。

ぐったりする原因について，「呼吸に問題がある場合」「脳神経に問題がある場合」「ショックの状態」と「その他」に分けて述べました。ショックの状態は全身に酸素が十分に行き渡らなくなった状態のことで，呼吸が悪くてもショックになります。脳神経の問題である髄膜炎や脳炎は細菌やウイルスよる感染が原因ですが，細菌やウイルスによる感染症でもショックになります。また，脳へ十分酸素が行き渡らないと意識が

悪くなるため，意識障害はショックの症状の一つです。そこで，ショックについて少し詳しく見ていきましょう。

② ショックについて

❍ショックの症状

呼吸がはやくなったり，脈がはやくなったりします。これは十分な酸素を全身に送れていない状態に対して，身体が呼吸や脈を早く，回数を多くして補おうとするためです。また，手足が冷たく，あおじろくなり，脈の触れが弱くなります。これは，手足に送る血液を減らして，心臓，脳などの大事な臓器に優先的に血液，酸素を送ろうとからだが調節するためです。ぼーっとしたり意識が悪くなるような症状が見られた時には，脳へ優先的に血液と酸素を送り届けるための調節ができなくなってきている可能性があります。また，尿の量が減ることもあり，これは尿をつくる腎臓に十分な血液と酸素が送れない状態です。

❍ショックの原因

【下痢，嘔吐，経口摂取不良による脱水，出血】

全身をめぐる水分と血液の量が減るとショックになります。子どもは体の水分の割合が大きく，代謝が活発であり，体の表面から蒸発して失う水分量が多いため，脱水からショックになりやすい特徴があります。

【アナフィラキシー，敗血症】

アナフィラキシーとは，アレルギーの原因物質であるアレルゲンが体に侵入することで起こります。血管が拡張し，体液が血管から血管の外に漏れ出しやすくなるため体がむくみ，重要な臓器に血液と酸素が巡りにくくなります。

敗血症はウイルスや細菌による感染症によって引き起こされます。やはり血管が拡張し，体液が血管の外に漏れ出しやすくなるため，重要な臓器に血液と酸素が巡りにくくなります。

アナフィラキシーと敗血症によるショックの時は血管が拡張するため，ショックであっても手足が温かく，紅潮していることがありますし，逆に，一般的なショックの症状である手足が冷たく，あおじろくなることもあります。

【心不全】

全身の臓器に血液を送るポンプの役割をしている心臓の機能が悪いとショックになります。頻度は多くないですが，特に大きな病気をしたことのない子どもが風邪のウイルスによって心臓の動きが悪くなる急性心筋炎を起こすことがあります。急性心筋炎は多くの場合，急速に心臓の動きが悪くなり，状態が悪化します。

③ ぐったりしている子どもへの対応

ぐったりしている子ども全員に治療が必要とは限りませんが，酸素投与や点滴，薬の投与などの医療者による治療が必要になることが多いです。

子どもは症状を言葉で十分に伝えることができません。活気があるか，ぐったりしているかどうかは急いで治療したほうがよいかの指標になります。ぐったりしていると感じた場合には速やかに医療機関を受診してください。

（清水淳次）

息をしていない

子どもの心停止の多くは，呼吸不全がもとで起こることが多いため，呼吸が停止している子どもには緊急の救助が必要です。呼吸停止が起きた当初は，体内の酸素が残っているため，短時間であれば脳や他の重要な臓器に酸素の供給は保たれますが，呼吸が回復されなければ心停止や臓器の低酸素症を招き，やがては死に至ります。

① 呼吸の緊急状態のサイン

「泣声が非常に弱い」「蒼白色の唇や舌」「ほとんど呼吸をしていない」など，これらが見られた場合には呼吸の緊急状態（呼吸不全）が疑われるため，すぐさま周囲に大声で異変を知らせ，119番通報を依頼し，必要なら心肺蘇生法を始めなければなりません。救助者が1名の場合は，約2分間の心肺蘇生法を実施した後で119番通報することが推奨されています。

② 心肺蘇生法を学ぶ必要性

特殊な器具や医薬品を用いずに行う心肺蘇生法をBasic Life Support（BLS）と呼び，消防庁や日本赤十字社などが講習会を行っています。呼吸停止さらには心停止に至った子どもに対して，「現場に居合わせた人が即座に行う心肺蘇生（バイスタンダーCPR）[41]」は大変重要です。これまでの研究から，バイスタンダーCPRが心停止からの回復や神経機能が正常になるのに役立つことが示されていますが，残念なことに，我が国ではバイスタンダーCPRの実施率が低いことが問題となっています。子どもたちを不慮の事故から守

るためにも，心肺蘇生法の普及が望まれます。

③ 心肺蘇生法の手順[42]

●反応の評価

やさしく子どもの肩（1歳未満の乳児なら足の裏）を叩いて刺激し，大きな声で「だいじょうぶ？」と問いかけましょう。頭や首に外傷がある場合，抱き起こしたり，強く揺さぶってはいけません。反応がある呼吸不全の子どもなら気道の確保を行い，呼吸が十分になる体位を保ちます。反応がない場合は，大声で応援を呼び，119番通報とAED（自動体外式除細動器）を持ってきてもらうよう依頼します。

●気道の確保

子どもの気道閉塞は，舌が咽頭におちこむことによることが多く，あご先をあげて頭を後屈することで気道を確保します。

●呼吸の評価

気道を確保し，呼吸の有無を10秒以内で確認します。胸と腹の上下動を「見て」，鼻と口からの呼吸音を「聞いて」，救助者の頬にあたる息を「感じて」評価し，呼吸が不十分であれば速やかに胸骨圧迫を始めます。心停止直後に見られる死戦期呼吸を通常の呼吸と誤らないように注意が必要です。10秒以内にしっかりした呼吸が確信できなければ，ただちに胸骨圧迫を始めるべきです。

●胸骨圧迫

胸の真ん中を左右の手を重ねて，救助者の体重をかけるように強く・早く・絶え間なく繰り返し圧迫しま

す。圧迫のテンポは100〜120回／分で，圧迫の深さは胸の厚みの約3分の1です。圧迫と圧迫の間は，胸の高さが元どおりに戻るよう注意します。1歳未満の乳児には，救助者の片手中指と薬指の指2本を用いて胸骨圧迫を行います。

○人工呼吸

気道を確保して口のなかを注意深く（しかもすばやく）観察し，気道閉塞の原因となっている異物を取り除き，子どもの胸部があがるように十分な流量を与えます。1歳未満の乳児に対しては救助者の口で子どもの口と鼻をふさぎ，1歳以上の小児に対しては子どもの鼻を指でふさいで，2回の呼気吹き込みを行います。人工呼吸が実施できない場合は，胸骨圧迫のみでもかまいません。

○胸骨圧迫と人工呼吸の比

胸骨圧迫を30回実施したら，2回の人工呼吸を実施します（救助者が1名の場合）。救助者が2名以上の場合は，胸骨圧迫15回に人工呼吸を2回行います。ポケットマスクやフェイスシールド等の感染防止用呼気吹き込み用具があれば使用します。

④　回復体位

子どもが自発的に十分呼吸し，外傷の疑いがなければ，横向きの体位をとらせます。気道確保の手助けとなり，誤嚥の危険性を減らすことが可能です。

⑤　AED（自動体外式除細動器）について

AED は，心臓がけいれんし有効なポンプ機能を失った際に電気ショックを与え，正常なリズムに戻すことを目的とした医療機器です。2004年7月から一般市民でも使用できるようになりました。近年，駅や商業施設，学校などの公共施設で AED の設置が進み，バイスタンダー CPR での救命率を劇的に向上させています。乳児以上の子どもに対する心肺蘇生では AED の使用が推奨され，未就学児童では小児用パッド，それ以上の子どもでは成人用パッドを使用します（小児用パッドがない状況では，乳児に対しても成人用パッドを用います）。操作方法は音声ガイドもあり，間違った接続はできない仕組みになっており簡単ですが，事前に講習を受けておくと落ち着いて操作できるでしょう。また，日頃から AED がどこに設置されているか確認しておくことが大切です。

（澤井俊宏）

▷1　CPR
CPR（Cardio ＝心臓，Pulmonary ＝肺，Resuscitation ＝蘇生）とは，胸骨圧迫（心臓マッサージ）により血液を循環させ，人工呼吸により肺に酸素を送ることで生命をつなぎ復活させること。
▷2　心肺蘇生法については，Ⅱ-3 も参照。
▷3　AED（自動体外式除細動器）の使用法などについては，Ⅱ-3 も参照。

(参考文献)

日本蘇生協議会（監修）(2016). 小児の蘇生. JRC 蘇生ガイドライン2015（オンライン版2016年最終版）.

高い所から落ちた，頭を打った，扉に挟まれた

　活発に動き回る子どもたちは，遊びや普段の生活のなかでけがをしてしまうことが少なくありません。けがの多くは病院を受診する必要のない軽いものですが，なかには緊急を要するものもあります。

　けがをした時の状況や，けがをした身体の部位によって，注意しなければならないポイントは異なります。

①　腕や足のけがの場合

　まず，けがをした部位にすり傷や皮下出血（内出血）のあとがないかを確認します。

　すり傷程度なら，水道水などでよく洗浄ができれば，消毒などの必要はありません。少量の出血であれば，清潔なガーゼで圧迫することにより容易に止血できます。ポピドンヨード液などの消毒液は細胞傷害性が強く，傷口に使用することで，逆に治りを遅くしてしまうことがあります。水道水だけでは十分な洗浄ができない，出血が止まらない，傷が深い時などは医療機関を受診したほうがよいでしょう。

　皮下出血ではすぐに腫れがおさまり，痛みが強くなければ，冷やして様子を見ても大丈夫なことが多いのですが，痛みや腫れがひどい時には，捻挫や骨折を起こしていることもあるため，医師の診察を受けるべきと考えられます。乳幼児では痛み以外を自分で説明することが難しいこともあり，骨折までを想定しておくほうが安心です。

　外見上けががはっきりしなかったり，痛みをあまり訴えなくても，腕や足を動かさない，だらんとしている時には脱臼の可能性もあるため，やはりすみやかに受診させてください。

　また，骨折や脱臼を疑った場合に，手足を添え木などを用いて固定することは，神経や血管を傷つけてしまったり，脱臼をひどくさせてしまう危険性もあるため，安易に行わないほうがよいでしょう。

②　頭のけがの場合

　乳幼児は成人に比べると「頭でっかち」で重心が高いため，転倒などにより頭をけがすることがよくあります。歩いて転倒した程度の頭部打撲であれば，ほとんどの場合，大きなけがにはなりませんが，高いところから落ちたり，走っている状態から頭を強く打ったりした時には，すぐに医師の診察を受けるべきです（ヘルメットをせずに自転車で転ぶのは極めてリスクが高い）。頭部打撲では，頭のなかに出血（頭蓋内出血）を起こすことがあり，生死に関わることもあります。脳震盪といって，頭を打った際に脳が揺さぶられることで起こる，一時的な意識の障害や嘔吐は，治療を必要とせず様子を観察することになりますが，頭蓋内出血と脳震盪を医師以外が見分けるのは困難なことがあります。

　頭蓋内出血が疑われる症状としては，けいれんを起こす，嘔吐を繰り返す，意識を失う，やたらと眠たそうにしている，いつもと違い興奮するあるいは元気がない，見当違いのことを言う，ろれつが回らない，（おむつをしていない子であれば）おしっこやうんちをもらすなどがあります。気をつけなければならないのは，これらの症状が頭を打ってすぐに出る場合もあれば，

出血がじわじわと時間をかけて進行することにより，数時間や数日（時には数か月）経過してから出現することがあるということです。このため，強く頭を打った子どもがその時には大丈夫そうに見えても，早めに医療機関を受診させることが必要です。軽く頭をぶつけた程度で，頭蓋内出血を疑う上記のような症状の出現がなければ，受診をせずに様子を見てもよいと思われます。

　また，乳幼児ではまれですが，高いところから落ちた時などの強い外傷時に，頭部打撲だけでなく背中にある頸・胸・腰の骨（脊椎）の外傷を来すことがあります。この場合には頭や身体をすぐに動かしてはいけません。脊椎の骨折を起こすと，脊椎のなかを通る脊髄神経が損傷し，自分の意思では腕や足を動かせない麻痺状態になります。頭や身体を動かそうとすると，脊髄神経の損傷をさらに悪化させることがあるので，子どもがぐったりとして腕や足を動かせない時には，抱きかかえるなどせずにすぐに救急車を要請してください。

③　肘内障

　肘内障は肘の脱臼の一つで，手や腕が強く引っ張られた時に起こり，乳幼児期に多く見られます。だらんと手を下げて動かさない状態になり，触ると痛みを訴えることもあります。

　整形外科医による整復術によって，比較的容易に治りますが，手術が必要になることもあります。癖になると，友達同士で手を引っ張り合ったりすることでも，

簡単に肘内障を起こします。整復術をしなくても自然に治ってしまうこともあり，自然整復後は痛みや腫れは生じないので，経過観察が可能です。脱臼した状態が続く時は，整形外科を受診させるようにしてください。

④　上腕骨顆上骨折

　上腕骨顆上骨折は子どもに比較的よく見られる肘部の骨折で，鉄棒やうんていなどから転落したり，走っていて転倒したりした時に，手をついて肘に強い力がかかることで起こります。

　肘内障と違い，痛みと肘の関節のはれが顕著に見られます。肘関節の神経が傷つくと，手のしびれや麻痺を伴うこともあります。けがをした状況から，肘内障との違いはわかりやすいと思います。医療機関の受診が必要ですが，腫れがどんどんひどくなる時には，救急車を要請してもよいでしょう。

（底田辰之）

▷1　捻挫
外傷などにより関節や靱帯の損傷が起こった状態。
▷2　脱臼
骨が関節から外れて正しい位置からずれた状態。
▷3　けいれん
⇨「現場で役立つ救急時等の対応9」参照。

お腹を打った，胸を打った

①　子どものお腹，胸の打撲の特徴

　お腹には肝臓，膵臓，脾臓，腎臓など重要な臓器があります。胸には肺，心臓，気管，大動脈など呼吸や循環の中心となる大切な臓器があります。

　子どもはお腹の臓器がしめるスペースが体の割合として大きく，肋骨がこれらの臓器を覆う範囲が大人に比べて小さいと言われています。さらに，脂肪が少なく，お腹の筋肉が発達していません。これらのことから子どもはお腹の臓器を守る役割が不十分で臓器の損傷が起こりやすいと言われています。

　胸の臓器は胸骨や肋骨といった骨で覆われています。しかし，子どもの胸骨や肋骨はまだ十分に丈夫になっていないため，胸にある重要な臓器を保護する役割としては不十分です。

　また，お腹だけ，胸だけを打ったように思えても，子どもは大人と比べて体格が小さいため，お腹と胸を両方打っている場合があります。

　交通事故や高いところからの転落でお腹や胸を打った時は，お腹や胸の重大な臓器損傷の可能性を考えなくてはいけません。一方で，子どもがお腹や胸を打つのは日常茶飯事で，日常生活での転倒，遊びのなかでの打撲でも臓器の損傷を起こすことがあります。たとえば，ブロック塀などを歩いていて転落してそのブロック塀で強くお腹を打ったり，遊具から落ちたり，鉄棒に失敗したりして打撲をすることがありますし，自転車での転倒ではハンドルでお腹を強打することがあります。いずれも臓器の損傷を起こす可能性がありま

す。

②　お腹の打撲，胸の打撲の原因

　お腹，胸の打撲の原因には以下のようなものがあげられます。

- 交通事故
- 転落，墜落，転倒
- スポーツ外傷
- 自転車のハンドルによる打撲
- シートベルトによる外傷

③　お腹，胸を打った時の対応

　意識はしっかりしているか，顔色，呼吸の仕方，痛みの程度を観察します。その際，膝をたて，静かに寝かせます。膝をたてて寝かせるのは，お腹の緊張をとるためです。衣服やベルトをゆるめて楽に呼吸ができるようにし，静かに寝かせて経過を見ましょう。

　大人と比べて子どもはお腹や胸の臓器を保護する働きが不十分であるという特徴があることから，それほど強く打撲をしていないように見えても，臓器の損傷を起こしていることがあるので注意が必要です。

　小さな子どもは痛みの場所や強さを適切に表現することができません。皮膚に明らかな打撲のあとがなく，見た目は何も問題がなさそうでも，臓器を損傷していることがあります。また，お腹や胸を打った直後は全く元気にしていても，しばらく時間が経ってから症状が現れてくることがあることにも注意が必要です。お腹や胸を打ってから2〜3日は子どもの様子をしっか

りと観察することが大切です。

④ すぐに医療機関を受診したほうがよい場合

以下の症状が見られる時にはすぐに医療機関を受診するようにしてください。

【意識が悪い／反応が乏しい／ぐったりしている／顔色が悪い】

頭部を同時に打撲している可能性があります。また、頭部に問題はなくても、全身状態が悪いと意識が悪く、ぐったりして、顔色が悪くなります。打撲をしてから子どもが寝てしまって、寝たままの場合には、意識を確認するために一度起こしてみることも必要です。

【呼吸がしんどそう／呼吸の仕方がおかしい／痰に血が混じる】

肺や気管が損傷している可能性があります。

【深く息をしたり咳をすると痛む】

肋骨を骨折している可能性があります。

【お腹がふくらんできたり、押さえるとかたくなったりする／嘔吐がある／血尿が出る／強い痛みがある】

お腹の臓器が損傷している可能性があります。

⑤ すぐに受診せず、様子を見てもよい場合

このくらいの打ち方であれば大丈夫といった、はっきりとした目安はありません。打った時に痛みがあっても、そのあとに痛みが消えて、元気があり、顔色がよく、普通に歩ければ大きな問題がない場合がほとんどです。しかし、時間がたって症状が出てくる場合があるので注意して経過を見る必要があります。

⑥ 心臓震盪
しんぞうしんとう

心臓震盪とは、胸部のなかで心臓の真上あたりにボールや体がぶつかるなど何らかの力が加わることで、心室細動という不整脈が起きることを言います。心室細動は心臓が細かくけいれんしている状態で、脳や全身に十分な血液や酸素を送ることができなくなり、突然死の原因になります。そのため、すみやかに心肺蘇生を行い、AED（自動体外式除細動器）による電気ショックを行わなければ救命できません。

心臓震盪はそれほど強くない衝撃でも起こります。子どもや若い人に起こることが多いです。これは、子どもの肋骨や胸部が成長途中で柔らかく、胸に受けた衝撃が心臓に伝わりやすいためと考えられています。野球やサッカーといったスポーツなどのほか、日常の遊びのなかでも起こります。

胸のあたりに何らかの力が加わったあとに意識を失って倒れた場合、心臓震盪の可能性を考えます。呼びかけに反応がなく、呼吸をしていないか呼吸の仕方がおかしい場合は直ちに救急車とAEDの手配を頼み、心肺蘇生を開始する必要があります。AEDが届き次第、直ちにパッドを装着してAEDによる電気ショックを実施する必要があります。

（清水淳次）

➤ AED（自動体外式除細動器）
⇨ Ⅱ-3 参照。

熱が出た

① 発熱の原因と意義

　熱（高体温）とは，体温が正常な日内変動を逸脱して上昇している状態とされ，発熱とうつ熱に区別されます。うつ熱は体温の調節ができなくなり体温が上がる状態ですが，発熱はウイルスや細菌による感染症を主な原因としており，脳にある体温調節中枢が感染の治癒に有利になるよう意図的に体温を上昇させた状態です。うつ熱の重症である**熱中症**の状態では脳や身体に障害が起こりますが，発熱では発熱中枢により体温がコントロールされているため適切に対応していれば脳や身体に障害が起こることはありません。

② 発熱時の注意点

　熱の高さと病気の重症度は比例しないため「体温が何度あるか」という点はあまり重要ではありません。たとえば重症感染症の場合には体温は上がらずに下がることがあります。体温だけ見て，熱が下がってきているからと様子を見ると非常に危険なこともあるのです。「体温」の代わりに「元気さ」「顔色」「機嫌」といった体全体の状態を把握することが大切です。

③ 発熱時の対応

　熱があっても元気に動き回っている時はそもそも解熱を考える必要はありません。しかし，熱でしんどがる時は安静にすることが大切です。発熱時に頭部冷却シートが使用されることもありますが，体温を下げる効果は全くなく，安全性に問題がないとも言えないた

め推奨されません。解熱を考えるのは発熱のためにしんどくてゆっくり休むこともできない，安眠もできない，水分をとることもできないなど体力を消耗する可能性がある場合です。簡単にできて最も安全な解熱方法は首筋や脇を冷やしてあげること（クーリング）です。クーリングはタオルで冷たさを調節した保冷剤や冷やしたタオルを使うとよいでしょう。またエアコンで部屋の温度を寒すぎない程度に下げてあげるのも効果的です。これらの対応でも効果がなければ，解熱薬を検討することになりますが，乳幼児の発熱にはアセトアミノフェンもしくはイブプロフェンを用いることが推奨されます。その他の解熱薬は副作用の面で推奨されていません。以前に医療機関で処方された解熱薬を使用することには使用期限の問題，保存方法の問題，保険診療上の問題から副作用時の補償に問題が生じる可能性があるため，置き薬としては市販の小児用解熱薬が適しています。

　解熱のためにクーリングや投薬などの対応を行った場合には，その効果は熱がどれだけ下がったかではなく，どれだけ元気になったかで評価します。体温に変化がなくても元気が出れば心配はありません。

　脱水を避けるために水分摂取を行いますが，水だけの過剰な摂取は禁物です。発熱時に水分を欲しがらないこともありますが，それに対する体の防御反応として尿を濃くすることで尿量を減らして脱水を防ごうとします。そのため少々水分がとれていなくてもすぐに極度の脱水にはなりません。このような状態で水をとりすぎると水過剰となり電解質のバランスが崩れて危

険な状態になることがあります。一方で乳幼児では幼いほど水分の摂取や排泄における調節能力が低いため大人と比べて脱水になりやすい傾向もあります。このため食事がとれない場合の水分摂取は適度な塩分の入った経口補水液の摂取が適切です。喉の渇きが治まるまで欲しがる分だけ飲ませます。また，発熱時に**熱性けいれん**[6]を心配されるケースがありますが，解熱薬には熱性けいれんを予防する効果はないため，この目的には使いません。

　熱が急に上がる時の寒気（悪寒）は皮膚血管が収縮し，立毛筋が収縮することによって生ずる異常な感覚です。悪寒が強い時は寒さが治まる程度に暖めてあげてください。熱が上がりきると手足は暖かくなりますから，次は熱がこもらないように着衣などを調節しましょう。昔は厚着にして汗をかかせるということもあったようですが，熱がこもって熱中症の状態となるため危険です。

④　注意すべき状態（受診の目安）

　乳幼児の発熱の大半は風邪によるものです。風邪による発熱の場合は抗菌薬（抗生物質）も風邪薬も特に効果はないため，熱が出たからということだけであわてて医療機関を受診する必要はありません。上記の対応を行い，安静にして回復を待ちます。通常の風邪であれば数日で回復してきます。しかし，発熱の際に注意が必要な状態は次のとおりです。①生後3か月未満の赤ちゃんの発熱，②無表情で元気がない，③解熱薬を使ってもぐったりしたまま，④けいれんした（特に初めての場合），⑤発熱以外の症状が重篤である，⑥水分がとれず，排尿がなく，手足が冷たい（重度の脱水の症状），⑦元気でも熱が長引く（おおむね5日以上）。これらの場合は医療機関への受診を検討する必要があります。また基礎疾患（持病）によってはより注意深い対応が必要となることがあるため，かかりつけ医と事前に相談しておきましょう。

（松井克之）

▷1　一般的に小児では腋窩温で37.5℃以上を発熱の目安にしているが，個人差があるため，37.5℃以上でも正常の場合や，37.5℃未満でも発熱の場合がある。個人の平熱より1℃以上上昇している状態を発熱と見なすこともある。

▷2　うつ熱
体温を下げる方法は汗をかくこと（発汗）と不感蒸泄（見えない発汗）であるが，これが極度の脱水などで障害されて体温を下げられずに熱がこもり体温が上がる。

▷3　熱中症
↳「現場で役立つ救急時等の対応7」参照。

▷4　冷却シートを首筋や脇に貼った場合の効果も不明で，肌のかぶれの原因にもなり得る。さらに乳児で冷却シートによって気道閉塞を起こし重篤な後遺症を残したという報告もある。

▷5　草刈章・西村龍夫（2014）．小児科外来患者における発熱と血清Naの関係．外来小児科，**17**(2)，pp. 152-156.

▷6　熱性けいれん
一般に生後6か月から6歳までに，発熱時（通常は38℃以上）に起きるけいれん。けいれんについては，「現場で役立つ救急時等の対応9」参照。

（参考文献）
　松井克之（2015）．子どものかぜ薬　何がホント？：(3)解熱薬は必要ですか？．チャイルドヘルス，**18**(10)，pp. 725-728.

熱中症

① 子どもは熱中症になりやすい

熱中症は高温の環境で体温を調節する仕組みが障害されて起こります。子どもは汗をかく機能が未熟で，体に熱がこもりやすく体温が上昇しやすい特徴があります。また，全身に占める水分の割合が大人に比べて大きいこと，体重あたりの表面積が広いことなどから気温など周囲の環境温度の影響を体温が受けやすいと言われています。また，身長が低いために地面からの照り返しの影響を強く受けます。このように子どもは体温調節機能が未発達で，体に熱がこもりやすいため，熱中症になりやすいと言えます。

② 熱中症の症状

症状は重症度によって1度（軽症），2度（中等症），3度（重症）に分けられます。

- 1度：手足のしびれ，めまい，たちくらみ，筋肉のこむらがえり，気分が悪い
- 2度：頭痛，吐き気，体がだるい（倦怠感）
- 3度：意識がない，けいれん

「気持ち悪い」「頭が痛い」「お腹が痛い」といった症状を訴えることもありますが，子どもは自分の症状をうまく伝えられないこともあるため，「普段より元気がない」「ぐったりしている」「機嫌がよくない」といった症状を含めて，周囲が子どもの様子に変化がないかを観察し，なるべく早く対処するように心がけることが必要です。症状の重さについて明確に3つに分けることは実際には難しいため，こだわる必要はありま

せん。しかし，重症の熱中症の場合，すなわち，けいれんや意識状態が悪いという症状があればすぐに救急車で病院を受診する必要があります。重症の熱中症は腎機能，肝機能や血液の凝固機能が悪くなるなど重要な臓器が障害され，命に関わる状態です。ただし，子どもで熱中症が重症化することは多くないため過度に重症化を心配する必要はありません。

③ 熱中症の対応

意識がない，けいれんしているなどの重症な熱中症の症状がなければ，体を冷やす，水分補給をするといった対応で改善することがほとんどです。涼しい環境に移動させ，体の表面を冷やし，水分補給をして，症状の悪化がないか経過を見てください。吐き気，嘔吐やその他の症状のために水分補給ができない場合は病院を受診し点滴で水分補給をしたほうがよいでしょう。

○涼しい環境へ避難させる

涼しい場所に移動させます。風通しのよい日陰やできればクーラーの効いた室内が望ましいです。

○体を冷やす

水で絞ったタオルを，首，両脇の下，ふとももの付け根にあてるなども効果があります。これらの部位は太い血管が皮膚のすぐ下にあり，血液を冷やすことができるため効果的です。

○ゆっくり休ませる

衣服を脱がせて，体から熱を逃すのを助けます。衣服をゆるめて，風通しをよくします。楽な姿勢でゆっくり休ませましょう。

❍水分補給をさせる

熱中症では体から水分だけではなく，塩分（ミネラル）も失われている状態です。塩分や糖分を含んだ**経口補水液**を飲ませましょう。「意識がはっきりしない」「呼びかけに対する反応がおかしい」など意識障害がある時は，しっかりと飲み込めず，誤って水分が気道に流れ込む可能性があります。吐き気がある時や吐いている時には胃腸の動きが弱っていることが考えられます。これらの場合は口から水分を飲ませないで，病院を受診して点滴をする必要があります。

❍重症の熱中症の治療

重症の場合，けいれん，意識障害，肝障害，腎障害，血液の凝固異常といった全身の臓器不全に対して集中治療が必要になります。気管挿管，人工呼吸，血液透析，点滴による治療などを症状にあわせて行います。

④　熱中症の予防

子どもは熱中症になりやすく，また，自分で予防することが十分にできません。周囲の大人が気をつけてあげる必要があります。

❍こまめに水分を補給させる

水分補給は熱中症の予防のためにとても重要です。しかし，子どもは自分自身での水分補給を忘れてしまいがちです。また，暑さや体の不調を，自分の言葉で十分に伝えることができず，特に遊びに夢中になるとのどの渇きや気分の悪さなど熱中症の症状に気づくのが遅くなります。周りの大人がしっかりと気にかけてこまめに水分補給させるようにすることが大切です。

❍風通しのよい服装を心がける

熱が体にこもってしまうことが熱中症の原因のため，風通しのよい服装をして，熱を逃がしやすくすることが大切です。

❍直射日光を避ける

直射日光は子どもの熱中症の原因の一つです。帽子をかぶり，頭部に直接日光が当たるのを避けることが重要です。

❍暑い環境を避ける

乳幼児は自分の力で移動することができないので，「ちょっとの時間だから」「寝ているから」と子どもを車内など高温環境に残して放置することは危険です。また，屋外だけでなく屋内でも熱中症は起きるので注意が必要です。屋内の場合は日差しをさえぎったり，風通しをよくすること，適度に扇風機やエアコンで室温を下げることが大切です。

❍夏以外でも熱中症には注意

熱中症は真夏に多く見られますが，5〜6月の暑い日や急に暑くなった場合にもなりやすいと言われています。子どもは体温の調節機能が未発達であり，急な暑さに慣れることができず，体に熱がこもってしまうために熱中症になってしまいます。夏だけでなく，急に暑くなった時にも熱中症に注意が必要です。

（清水淳次）

> ▷　経口補水液
> 経口補水液は，カリウムやナトリウムなどの電解質が入っている飲み物のことで，市販のスポーツドリンクより糖分が少なく，塩分が多い組成になっていて効率的に吸収できる。

ぼーっとしている，反応が鈍い

　ぼーっとする，反応が鈍いといった，いつもと様子が違って意識がおかしいと感じる場面ではさまざまな原因が考えられ，原因によって対応は異なります。

① どのような場合が考えられるか

　ぼーっとしている，反応が鈍い場合は意識が障害されている状態にあると考えられます。意識障害とは脳の広い範囲が障害されたり，脳幹部と言われる脳の深部の機能が低下することによって引き起こされます。原因として脳に直接的な障害を起こした場合と全身の循環の異常，低酸素症，代謝の異常，中毒などに伴う二次的な脳の障害があります。意識障害を起こす病気は種類も多く，その重症度もさまざまです。病気によって，緊急性や治療方針が大きく異なります。

　発熱時に起こる意識障害には脳炎・脳症や髄膜炎などの中枢神経の感染症の可能性があります。熱性けいれんやてんかんなどの発作後も数分から数時間にかけて意識障害が続くことがあります。てんかんでは発作の種類として，筋肉の収縮が目立たず意識が障害される複雑部分発作や欠神発作などが知られています。また，脳に直接関係する他の病気として脳梗塞や脳出血などの脳血管の障害や脳腫瘍，水頭症などの病気の可能性もあります。頭部打撲などの明らかな外傷がある場合には脳震盪や脳挫傷に伴って起こる意識障害の可能性もあります。

　全身の状態の変化を伴う病気でも意識障害は引き起こされます。たとえば，体温調整が障害される熱中症，低血糖や高血糖などの血糖値の異常，腎臓の機能障害

やナトリウムやカルシウムなどの電解質の異常，生まれつきの代謝の異常症，不整脈や心不全などの心臓の病気，気道のトラブル，高血圧に伴うものなどその原因は多岐にわたります。また，薬物を誤飲するなどして起こる中毒でも意識障害は起こります。

　これらは代表的な意識障害の原因となりますが，このような病気だけが原因ではありません。本人の性格的な特徴として注意に問題があってぼーっとしたり，反応が鈍くなることがあります。これは自閉症スペクトラム障害や注意欠陥多動性障害などの発達障害で起こることがあります。これらの病気では呼びかけなどで注意さえ引けばすぐに元の状態に戻ります。また**心因性非てんかん性発作**や**過換気症候群**，**統合失調症**などの精神的な病気によって意識や反応の変化が引き起こされる場合もあります。この場合は，身体的な異常と見分けがつかないことも多いです。

② 対応について

　意識障害かもしれないと思った場合は，まず名前を呼びかけてください。呼びかけに対して反応があり，目を開いて視線が合う場合は単に注意の問題であることが多く，緊急性のある場合は少ないと考えてよいでしょう。しかし，呼びかけに応じず，つねる・叩くといった強い刺激を与えても反応がない，もしくは反応が乏しい場合には，医療機関への受診を行い，原因を調べる必要があります。また，意識だけではなく呼吸をしているか，脈が触れるかを確認してください。不整脈や心不全など心臓が原因の場合や窒息などの気道

のトラブルが原因の場合があるからです。十分な呼吸
や脈が確認できなければ初期対応（**一次救命処置**など）
を行い，救急車を呼ぶようにしましょう。脈と呼吸に
問題がなければ，再度呼びかけか痛み刺激での反応を
確認してください。体は横に向けて，嘔吐などで誤嚥
しないように体位を整えてください（回復体位：図参
照）。何度か確認しても意識の戻りが悪い場合には医
療機関に連絡し，受診するようにしてください。

③　受診に際して注意すべきこと・確認して おくこと

　意識がおかしい状態が続いている場合は医療機関を
受診してください。意識障害はある程度状況がわかれ
ば原因を絞り込むことができますので，特に確認して
おいてほしいことを記載します。

　意識障害が起こったタイミングやきっかけがあった
かどうか，たとえば夏の暑い日に運動していて起これ
ば熱中症が，強いストレスがかかった後に起ればヒ
ステリーの可能性を考えることがあります。また，ど
れだけの間，ぼーっとした状態が続いていたかといっ
た持続時間は，発熱時のけいれんの時では熱性けいれ
んと脳炎・脳症とを区別する場合などでとても大切に
なります。今までにも同じような症状があったかどう
かも重要です。精神的なストレスで繰り返される場合
は心因性非てんかん性発作が，食前だけであれば低血
糖などが考えられるからです。発熱，嘔吐，下痢を伴
っているかどうかは重症な感染や電解質，血糖値の異
常などが隠れている可能性を考えます。糖尿病をもつ
子どもが高血糖から意識障害を起こすようにもともと
何かの病気をもっているかどうか，頭に傷痕があれば
頭部外傷のエピソードがあるかどうか，薬物や化学物
質を飲んだ可能性はないかなどもとても重要なことで

体の横を上向きにして寝かせる

足を組ませ，上側の足を前に出す

あごをあげさせて手で支える

図　意識がおかしい時の体位の取り方（特に年長児の場合）
出所：http://kodomo-qq.jp/index.php?pname=ishikigahen より。

すので思い当たることや気になることがあるようでし
たら必ず伝えるようにしましょう。また，アレルギー
をもっているかどうか，最後の食事や水分摂取の時間
なども原因だけでなく病院に到着してからの検査にも
影響することがあるのでわかる範囲で確認して伝えて
ください。

　意識障害は記載した通り，多くの病気で起こります。
身体的な病気だけで起こるわけではなく，精神的な影
響も関係することもあるため，家族と周囲の人が，普
段からの本人の様子をきちんと理解しておくことが何
より重要です。

（森宗孝夫）

▷1　⇨「現場で役立つ救急時等の対応9」参照。
▷2　⇨ Ⅴ-5 参照。
▷3　**心因性非てんかん性発作**
てんかん発作によく似ているが異なる，心理的な要因
で起こるもの。
▷4　**過換気症候群**
心理的な要因により引き起こされる過呼吸で，血液が
アルカリ性に傾くことで生じる四肢の痺れや動悸など
の症状。
▷5　**統合失調症**
幻覚や妄想，意欲の低下などを生じる精神疾患。
▷6　**一次救命処置**
⇨「現場で役立つ救急時等の対応1」参照。

現場で役立つ救急時等の対応9

けいれんした

① けいれんの発生メカニズムと種類

脳は神経細胞と呼ばれる細胞によって電気的な活動を行っています。けいれんとは，脳の神経細胞が異常に興奮し混乱状態となった時の症状の一つです。脳のなかで不整脈が起こっているようなイメージをもつとよいでしょう。興奮した脳は通常では考えられない指令を体の各部に伝え，けいれんを引き起こします。

けいれんは筋肉の収縮を伴い，複数のタイプがあります。筋肉が急激に収縮することによって上肢や下肢，または身体全体を硬くして突っ張る姿勢をとる「強直発作」，上肢や下肢，または身体全体をリズミカルに屈曲させて，手足をバタバタさせる「間代発作」，強直発作を起こしそれに引き続いて間代発作に移行する「強直間代発作」，上肢や下肢を一瞬ビクッと動かす「ミオクロニー発作」などがあります。

② けいれんの原因について

乳幼児期は一生の間で最もけいれんが好発しやすい時期です。頻度としては発熱とともに見られる「熱性けいれん」が最も多く，約6％程度の子どもに認められます。また，頻度は低いですが発熱時のけいれんでは熱性けいれんと区別するべき病気として細菌性髄膜炎，脳炎・脳症などの中枢神経の感染症があげられます。これらは後遺症を残すことが多く，注意が必要な病気です。乳幼児期に起こりやすいけいれんのなかには泣き入りひきつけもあげられます。これは泣いた時に息を止めてしまい，酸素欠乏に陥ることで生じるけ

いれんです。鉄欠乏との関係があると言われており，鉄剤を飲むことで治療できることがあります。これ以外にも，もともと脳のなかの神経細胞が興奮しやすくなって起こるてんかんが比較的多く見られます。てんかんは脳のなかの興奮する場所に応じて，いろいろな種類の発作を引き起こします。

学童期に入るとけいれんを起こす病気でてんかんが圧倒的に多くなりますが，**心因性非てんかん性発作**や**過換気症候群**などの頻度が増加してきます。

また，腫瘍などの脳のなかのできものや脳のつくりに異常がある脳奇形，脳出血や脳梗塞といった脳内の血管障害などもけいれんを起こす原因となります。

③ けいれんを起こしたら

けいれんを起こしても慌てずに見守り，具体的なけいれんの症状や時間経過を確認してください。具体的なけいれんの症状として，たとえば両手両足とも突っ張るなど左右対称かどうか，片手だけが動くといったけいれんしている体の部位，目を開いているかどうかや目の向いている方向，失禁をしているかなどについて確認するとよいでしょう。唇が真っ青になることもありますが，けいれんが短いものであればすぐに元に戻るため慌てる必要はありません。また，けいれん時には身体をぶつけてけがをしないように，周囲に危険なものがないかどうか注意しておくことが必要です。けいれんに伴って嘔吐することがあるため，吐物で窒息しないように顔や体は横に向け，呼吸をしやすいように衣服のボタンやおむつなどを緩めるようにしてく

ださい。けいれんの最中に，決して口のなかに手指や物を入れてはいけません。舌を噛むことはありますが，それよりも口に入れた物で喉を詰まらせたり，嘔吐を誘発してしまいます。吐物が気道に入り込んでしまう誤嚥を起こす危険性が高くなり非常に危険です。

　大部分のけいれんは 5 分以内におさまります。逆に 5 分以上けいれんが持続する場合には，自然に止まる可能性が低くなるため，医療機関を受診して薬剤で止める必要があります。このため，5 分以上のけいれんには救急要請を行ってください。またけいれんが自然に止まった後に長い間，普段通りに意識が戻らない場合も，医療機関で状態を確認してもらう必要があります。

　また，けいれんの原因を特定するためには，けいれんの起こった状態と状況が大切です。熱中症や泣き入りひきつけのように特定の状況下で起こるけいれんもあるため，けいれんのきっかけがあったかどうかを受診の際に医療者に伝えるとよいでしょう。

④　日常生活や学校生活での留意点

　大切な点は，子どもが自由に活動できて，のびのびと成長できる環境をつくることです。特にけいれんを起こす病気であるてんかんでは重要となってきます。このため，けいれんの予防のために日頃から体調管理をしていくことや，けいれんが起きた時の対処の仕方をあらかじめ決めておくことが必要です。特に寝不足や過度のストレスはてんかんなどの病気ではけいれんを誘発する原因になるため，日頃から規則正しい生活

を送ることが大切です。また，園に病気のことを伝えておくのは基本ですが，けいれんに対する考え方は人により大きな差があります。病気のことを保育者に伝えるかどうかも含め，子どもの自由な園生活が妨げられないよう，慎重で柔軟な判断が求められます。特にけいれんを起こす病気のある子どもは，園生活の運動時ではけいれんに関連した事故が起こらないか注意して見守る必要があります。プールなどの最中に突然のけいれんが起こる場合は溺水につながることから，保育者にも十分な理解をしてもらうことが必要です。もちろん園生活だけではなく，高い場所でのけいれんは事故につながるため，特に気をつける必要があるでしょう。ただし，子どもの成長と発達のためにはできるだけ運動の制限はしないことが望ましく，不安だからといって不必要な制限をかけてはいけません。何よりもまず周囲がそのことを理解してあげることが重要です。

（森宗孝夫）

▷1　けいれんと発作
けいれんは先述したように不随意に起こる筋肉の収縮を伴う症状を指す。これに対して，発作とは，脳の異常な興奮で引き起こされるさまざまな症状のことを指す。けいれんも発作の一つと言える。発作には，突然力が抜けてしまう「脱力発作」，突然の脱力に加え意識や反応がなくなってぼーっとした状態となる「失立発作」，倒れることはないが，動作が停止し，注意力を失い外からの刺激に反応がなくなる「欠伸発作」などがあり症状は非常に多彩である。
▷2　心因性非てんかん性発作
⇨「現場で役立つ救急時等の対応 8」参照。
▷3　過換気症候群
⇨「現場で役立つ救急時等の対応 8」参照。

変な動きをした，ピクついた

①　「変な動き」とは？

　私たちは脳からの電気的な指令により手や足を動かすことができます。この意図的な動作を随意運動と言います。反対に，自分の意図に反して，勝手に変な動きをしてしまう運動を不随意運動と言います。不随意運動の代表的なものは脳の深部にある大脳基底核や小脳という領域の障害で生じます。ここでは，まず「変な動き」＝「不随意運動」について記載します。

②　「変な動き」＝「不随意運動」を観察する

　不随意運動を起こす原因は生理的なものから病的なものまでさまざまです。生理的な不随意運動であれば，基本的には治療は必要ありません。しかし病的な不随意運動の原因のなかには，脳や脊髄などの中枢神経系の疾患が多く含まれます。このため不随意運動が見られた場合は，必ず医療機関を受診し，原因検索を行うことが必要です。

　原因検索を行ううえで，まずは不随意運動をさらに細かく分類分けします。不随意運動の主な種類は，振戦，舞踏運動，アテトーゼ，バリスム，ミオクローヌス，チックなどがあります。顔色などが問題なく，呼びかけに応じることができるなど意識に問題なければ，慌てる必要はありません。どの不随意運動の種類に含まれるかを詳細に観察し，運動パターンを判断します。

○振　戦

　手足の小刻みな震えです。この震えには固定されたリズムがあります。

○舞踏運動

　不規則で素早い，目的のない非対称性の運動で，あたかも踊っているような動作を示します。動作は急に始まって，その動き方も多様です。

○アテトーゼ

　アテトーゼは舞踏運動よりもゆっくりで，持続的な，くねるような運動です。主に手指や足指，舌に出現し，一定の姿勢を維持できません。

○バリスム

　舞踏運動の非常に激しいタイプです。四肢末端よりも体幹に近い部分に強く起こり，上下肢を投げ出すような激しい運動です。

○ミオクローヌス

　突然の瞬間的な筋収縮を特徴とする運動です。通常は関節や四肢の強い運動は伴いません。しゃっくりは横隔膜のミオクローヌスと言われ，代表的な症状です。

○チック

　顔，頸部，肩などに起こる，比較的急激で繰り返し起こる運動です。まばたきをしたり，顔をしかめたり，口唇をなめたり，額にしわをよせたりします。

　以上のような一般的な不随意運動は，記述により見分けが可能ですが，起こり得る症状は多様性がある場合も多いです。このため，実際に起こった不随意運動を言葉にして，医療機関に伝えることが困難な場合があります。このような場合は，スマートフォンなどでも構いませんので，両親に自宅でのビデオ撮影を依頼することも重要です。

③　ピクついた

　ピクついたという症状は，不随意運動以外に，てんかんのけいれん発作の可能性もあります。ピクついている時に顔色が悪くなったり，眼を見開いたり，持続時間が5分以上の場合は，**けいれん発作**の可能性があるので医療機関を受診します。それらの徴候がなければ，先ほどと同様に詳細に運動を観察します。記述が困難な場合はビデオ撮影を行うことも重要です。

　ピクついた場合に，けいれんか不随意運動かを区別するためには運動パターンの観察以外に，その時の状況を確認することも重要です。ここでは具体的にどのような状況を確認すべきか記載します。

○ピクつく前の状況

　不随意運動は運動や興奮，感情的な混乱などの心理的な要因で誘発されることがあります。しかしけいれん発作は突発的であることが多く，特に要因なく発生することがあります。このためピクつく直前に何をしていたかなどの状況を確認し，ピクつきを悪化させる要因がなかったか検討します。

○起きているか，眠っているか

　一般的に一部の不随意運動を除いて，不随意運動は睡眠中には減少するか消失します。しかし，けいれん発作は睡眠中であっても突然発生することもあり，そのほかにも運動が持続したり，増悪することがあります。このため，ピクついた時に起きていたのか，眠っていたのかを確認することは，不随意運動かけいれん発作かを区別するのに重要です。

○意　識

　不随意運動は意識が保てていることが多く，呼びかけに応じたり，こちらへの反応を示す場合が多いです。けいれんは半身など体の一部分のみの症状では呼びかけに応じることもありますが，全身がけいれんしている時には意識が消失する場合がほとんどです。ピクついている時に，激しく体を揺すってまで意識を確認する必要はありませんが，呼びかけるなどして意識を確認することは重要です。

○飲んでいる薬剤がないか

　けいれん発作は一部の抗アレルギー薬や，喘息に対する薬剤で誘発される可能性があります。また，不随意運動も制吐剤や抗精神病薬などさまざまな薬剤で誘発されることがあります。このため，けいれん発作か不随意運動かにかかわらず，ピクついた時には常備薬がなかったか，薬剤を誤って過量に飲んでしまっていないかなど，薬剤について確認します。

　けいれん発作と不随意運動が併存している場合もあり，両者の区別が困難な時もあります。またけいれん発作や不随意運動を起こす原因のなかには，重篤な疾患がある場合もあります。したがって変な動きやピクついたことがあれば，その運動パターンをよく観察し，ビデオ撮影を行うなどして，医療機関に相談するようにしてください。

（松井　潤）

> ➤　**けいれん発作**
> ⇨「現場で役立つ救急時等の対応9」参照。

くらくらする，ふらつく，目が回る

　医学的に，めまいは，回転性めまいと浮動性めまいとに分類されます。回転性めまいは，「目が回る，天井が回る，体が傾いていく」などという症状で訴えられることが多く，平衡感覚をつかさどる器官や神経の異常が原因です。浮動性めまいは，「気が遠くなる，くらくらする，足元がふらつく」などと表現されることが多く，貧血や低血糖，血圧の異常が原因であることがしばしばです。ここでは，乳幼児に多いとされている，良性発作性めまい，前庭片頭痛，前庭神経炎，起立性調節障害，他の解決できる原因によって起こるめまい・ふらつき，特に注意すべきめまい・ふらつきについて説明します。

① 良性発作性めまい

　原因はまだはっきりわかっていませんが，数秒〜数分間の短時間の回転性めまいを1〜2か月に1回の頻度で起こす病気です。2〜4歳の幼児期に多いと言われています。めまい発作が起きていない時には，けいれんや麻痺，意識障害などの神経系の異常はなく，聴覚や平衡感覚も正常です。頭痛を伴う場合には鎮痛薬を用いますが，めまい発作は短時間であるため無治療とされる場合が多いです。

② 前庭片頭痛

　日常生活が送れないほどの回転性めまいと片頭痛が同時に起こる状態です。良性発作性めまいから移行する場合があり，起こりやすい年齢も11歳前後と良性発作性めまいよりは高いです。めまいは，特にきっかけなく勝手に起こる場合と，頭の向きや視覚刺激で起こる場合とがあります。めまいの持続時間は数分〜数日と幅があります。この病態で起こる片頭痛は，通常の片頭痛と同じように，血管が広がることによるズキズキとした頭痛で，光や音で痛みがひどくなる場合があります。ストレスや睡眠不足が症状を悪くする原因である場合には心因性めまいと見分けることが重要です。治療は，片頭痛に対する薬を用います。

③ 前庭神経炎

　ウイルスが，平衡感覚をつかさどる前庭神経に感染した場合に起こります。突然，激しい回転性めまい，吐き気が出現し2〜3日間続きます。少しずつ症状は良くなることが多いですが，日常生活に支障を来すため，ウイルスに対する投薬，めまいや吐き気を和らげる薬などを使います。めまいは数週間でおさまることが多いですが，ふらつきは数か月にわたることもあります。めまいが激しい場合には無理をせず休みましょう。

④ 起立性調節障害

　めまい，立ちくらみ，乗り物酔い，朝に起きられない，などのさまざまな症状を起こす，自律神経の問題を中心として発症する疾患です。脳への血流が低下することで頭痛，失神を起こすこともあります。遺伝的な要素のほかに，生活習慣や精神的ストレスも発症に大きく影響すると言われています。軽症であれば，早寝・早起き（また，そのために寝る前や起きてからスマ

ートフォンやゲームといった光の刺激を避けて眠りやすく・起きやすくする），水分・塩分補給，日光を浴びるなどの生活指導で対応します。生活指導では不十分な場合には，血圧を上げるような薬を使用することもあります。重症の場合，朝起きられないことから不登校になり，社会復帰が困難になることもあります。

　症状に応じて，適切な受診，治療，ストレス環境調整など適切に対応することが重要です。周りから「怠けている」と言われてしまい，ストレスで症状がさらに悪化することもあります。生活習慣の改善には本人の努力が必要ですが，必要以上に本人を叱ったり責めたりしないことも重要です。

⑤　原因を解決できるめまい，ふらつき

　発熱，熱中症，脱水や低血糖でもめまいやふらつきを感じることがあります。症状が起こった状況（風邪で熱が上がっている，運動中，屋外で活動中，汗をかいているのに水分をとっていない，朝ごはんを食べてこなかった，もともと糖尿病でインスリンを注射している，など）から原因が推測できる場合には，休む，解熱剤を使う，水分や糖分をとるといった対応をしましょう。意識がおかしくなったり自分で水分や糖分をとれなかったりする場合には病院を受診しましょう。

⑥　注意すべきめまい，ふらつき

　けいれん，意識障害，歩行障害や麻痺を伴う場合には，脳出血や脳梗塞，脳腫瘍の可能性があります。めまいに嘔吐を伴う場合，成人では平衡感覚の異常によ

る良性発作性頭位めまい症などのこともありますが，これらの疾患は乳幼児では稀ですので，この場合も脳神経の病気が隠れていないか，評価が必要です。また，不整脈でもめまいやふらつきを伴ったり気を失うことがあります。

　気を失ったり，けいれんして嘔吐したりしている場合には，吐いた物が喉に詰まって息が止まってしまわないように安全な場所で静かに体を横向きにして寝かせた回復体位をとり，速やかに救急要請しましょう。

　脳出血や脳梗塞は乳幼児には珍しい病気ですので，めまいやふらつきがある場合に最初に想定して対応する必要はありませんが，心配な場合は小児科や耳鼻科に相談しましょう。

　現場でめまいやふらつきの原因を突き止めることは「⑤　原因を解決できるめまい，ふらつき」で示したような場合以外は難しいでしょう。症状が出た際には，まず活動をやめて休ませ，症状がおさまれば後日受診，おさまらないようであればその日に受診して対応を相談してください。

（一岡聡子）

（参考文献）
　五島史行（2017）．小児のめまい．脳と発達，**49**，pp. 237-242.
　堀井新（2016）．小児めまいの取り扱いについて．小児耳鼻咽喉科，**37**(3)，pp. 300-304.
　数間紀夫（2015）．小児科領域における起立性調節障害について．神経治療学，**32**(3)，pp. 351-356.

頭が痛い

①　「頭が痛い」とは？

　1歳半頃までは痛みがあった場合でも泣くなどの表現しかできません。2歳頃には「痛い」と表現できるようになり，3歳を過ぎると痛みの表現が多様化します。5歳ぐらいになると痛みの特徴を表現できるようになると言われています。しかしながら，子どもが「頭が痛い」と言う場合でも，痛みはなく困っているということのサインであることもあり，柔軟に対応する必要があります。

②　頭痛の原因

　頭痛とは頭の一部あるいは全体の痛みの総称です。後頭部と首（後頸部）の境界，眼の奥の痛みも頭痛として扱います。脳の神経細胞などの脳実質は痛みを感じることはできません。頭蓋内では，**静脈洞**や脳を包む硬膜に分布する動脈などには，痛みを感じる部位があり，そこに刺激が加わると痛みとして認識されます。眼，耳，鼻，**副鼻腔**，歯，口あるいはその他の顔面の構成組織が原因であった場合も頭痛として表現されることもあります。したがって，視力の問題や副鼻腔の炎症（副鼻腔炎）で頭痛が見られることもあります。

◯頭痛の分類

　頭痛の原因を考える時には，片頭痛を代表とする頭痛そのものが「病気」としての頭痛（一次性頭痛）と，頭部外傷や脳腫瘍など原因となる病気がある頭痛（二次性頭痛）に大きく分けます。一次性頭痛のなかでは緊張型頭痛が最も多く，片頭痛が続きます。しかしな

がら，子どもの場合で一番多いのは，風邪やインフルエンザなどの急性感染症による頭痛が多く，次いで頭部外傷が多いとされています。

③　頭痛の特徴

◯緊張型頭痛の痛みの特徴

　締め付けられるような痛みや，圧迫感のある痛みで，子どもは「何となく痛い」と表現することもあります。痛む部位は，頭の後ろや肩，首などさまざまで，頭全体が痛いと訴える子もいます。頭痛の程度は軽度から中等度で，頭痛のために日常生活に支障が出ることはあっても寝込んでしまうようなことは少ないようです。子どもでも首や肩のこりを伴うことがあります。

◯片頭痛の痛みの特徴

　ズキズキとした痛みや，脈打つような拍動性の痛みで，強い痛みのために日常生活に支障を来すことが多いようです。子どもは頭の両側やおでこ，頭のてっぺんなど，痛む場所はさまざまです。頭の片側が痛むことから片頭痛という名称がつけられています。しかし，実際には子どもや大人でも，頭の両側が痛むことがあり，子どもではむしろ両側を痛がることが多いと言われています。片頭痛は前兆の有無により「前兆のない片頭痛」と「前兆のある片頭痛」に分類されます。前兆は，頭痛の前に起こる症状で視野がぼやけて見える，キラキラした光が見えるといった目の症状が多く見られます。歩行や階段の昇降など日常的な動作によって頭痛が増強することも特徴です。吐き気や嘔吐を伴うことが多く，頭痛発作中は感覚が過敏となり，ふだん

は気にならないような光，音，臭いを不快と感じる人が多いようです。

○危険な二次性頭痛の特徴

危険な二次性頭痛には「最悪（こんな頭痛は初めて）」「増悪（どんどんひどくなる）」「突発（突然に起きる）」の特徴があると言われています。また，睡眠から目が覚めるほどの痛みがある頭痛や常に朝に出現し嘔吐を伴う頭痛は注意が必要であるとされています。

④　頭痛への対応

○こんな時は病院へ

上述の二次性頭痛の特徴がある頭痛に加えて，うとうとして意識障害がある，手足の麻痺やしびれ，けいれんを伴う，あるいは，頭部外傷後の頭痛の場合には病院を受診して正確な診断を受けるほうがよいでしょう。

○園での対応

頭痛の子どもを見た時は，まずは安静に寝かせることです。静かで直射日光の入り込まない部屋で横にさせます。頭を少し上げたほうが楽な場合もあります。また，痛み止めを飲まなくても，ひと寝入りするだけですっかり痛みが治まることもよくあります。

○慢性的な頭痛の対応

早寝早起きは予防に有効で，睡眠時間を1時間多くしたことで頭痛が改善する子どももいます。睡眠不足を避け，規則正しい生活を心がけるように指導するのもよいでしょう。頭痛を引き起こすきっかけ（誘因）がはっきりしている場合には，それを避けることも重要です。

片頭痛の場合，睡眠不足や疲労以外に食物（チョコレート，チーズなど）や空腹，光，ストレス，環境（天候，温度差）などが誘因になっていることがあります。

日常生活のなかで，直射日光を避けるため，席を窓側から廊下側に移動するという工夫も集団生活のなかでは必要です。パソコン，ゲーム機，液晶テレビなどの画面が発する光に含まれるブルーライトは，睡眠に悪影響を及ぼすだけでなく，頭痛の悪化の要因になっている場合もあり注意が必要です。

また，病院では，子どもの頭痛で薬が必要な場合は，解熱鎮痛薬（イブプロフェン，アセトアミノフェン）が使われることがあります。頭痛が始まったら，早めに内服するほうが効果的です。

（西倉紀子）

▷1　静脈洞
静脈血が流れていても血管のような管らしくなく，周りの組織の隙間と言えるような場所のこと。
▷2　副鼻腔
鼻腔の周りにある骨で形づくられた空洞のこと。頬の裏側にある上顎洞，目の間にある篩骨洞，額の裏側にある前頭洞，鼻の奥にある蝶形骨洞の4種類がある（p.140及びp.142の図参照）。

胸が痛い

① 「胸が痛い」と言う子ども

　子どもの胸痛のほとんどは心配する必要のないものですが，まれに命に関わるものもあります。一般的に，痛みを訴えることができるのは3歳以上，痛みを正確に伝えることができるのは学童期以上と言われています。大人でも，胸痛の症状を正確に伝えるのは難しいものです。ましてや，小さな子どもが「胸が痛い」と言った場合，何か嫌なことがあることは確かですが，どの程度の胸痛なのかを判断するのはとても難しいです。胸痛と聞くと，たいていの親は心臓に問題があるのではないかと不安になるものですが，顔色や活気など本人の状態を冷静に見て，あわてずに判断することが必要です。

② 胸痛の原因

　子どもの胸痛の代表的な原因は以下のとおりです。

○特発性（原因がわからないもの）

　子どもの胸痛のなかでは最も多く，3分の2を占めると言われています。胸の痛みは数十秒から長くても数分以内におさまることが多く，安静にしている時でも運動している時でもどちらも起こります。一時的なもので自然に治っていきます。

○筋肉や骨の痛み

　外傷（事故や虐待など）や激しい運動の後などにも起こりますが，そのほかの原因としては以下に示すようにさまざまありますが，多くは自然に治っていきます。

【肋軟骨炎】

　肋骨や胸骨に炎症が起こる病気で，原因は外傷やウイルスなどさまざまです。

【帯状疱疹】

　水ぼうそうにかかった後にウイルスが神経のなかに潜んでおり，免疫力が低下した際に再活性化する病気。ピリピリした痛みで始まり，紅斑や水疱ができます。

○呼吸器の病気

【気管支喘息】

　アレルギー性の咳で，気圧の変化や動物の毛，ダニ，ホコリ，煙などを吸ったことなどをきっかけに咳が出る病気。激しい咳のために胸痛を訴えることがあります。

【気管支炎・肺炎】

　細菌やウイルスが下気道（気管，気管支，細気管支，肺胞）に感染し，発熱や咳が起こる病気。激しい咳のために胸痛を訴えることがあります。

【気胸】

　肺に穴が空いて胸腔に空気が漏れる病気。長身，やせ型の子に起こることが多いです。

○消化器の病気

【胃食道逆流症】

　食道と胃がつながる部分の筋肉が弱いために，胃酸を含む胃の内容物が食道に逆流し，胸焼けが起こる病気。胸焼けだけではなく，胸痛の症状が出ることがあります。

【食道異物】

　特に5歳以下の子どもで，硬貨や電池，おもちゃな

どを飲み込むことがあります。子どもの近くに飲み込みやすい物を置かないように注意しましょう。

○心因性

精神的なストレスにより胸痛が現れることがあります。

○心臓の病気

胸痛を訴える子どもが心臓の病気である確率は2％ととても低いです。ただ，病気によっては命に関わるものがあります。胸痛を訴えている時に顔色が悪い，冷や汗が出る，嘔吐するなどの症状を伴う場合は心臓の病気の可能性があるため，速やかに医療機関を受診する必要があります。

【不整脈】

脈が不規則なもの，脈が早すぎるもの，遅すぎるものなどさまざまなものがあります。

【心筋梗塞】

心臓を栄養する冠動脈という血管が詰まる病気。子どもではまれですが，川崎病の後遺症である冠動脈瘤がある子では起こる可能性があるので注意が必要です。

【肥大型心筋症】

心臓の筋肉が厚くなり，心臓の動きが悪くなる病気。子どもの突然死の原因として多いです。

【大動脈解離】

大動脈の血管壁が裂ける病気。子どもではまれですが，「マルファン症候群」の子どもでは起こる可能性があるので注意が必要です。

【心筋炎】

風邪などのウイルスが心臓の筋肉に感染し，炎症を引き起こす病気。

③　胸痛への対応

子どもが胸を痛がったら，まずは安静にさせるようにしましょう。胸痛がおさまって元気にしていれば，様子を見て大丈夫です。元気はあっても何度も痛みを繰り返す場合は，急ぐ必要はないですが医療機関を受診しましょう。その際に，痛みの場所や持続時間，頻度，咳や呼吸の仕方，顔色，食事や運動との関係などを医師に伝えると，診断がつきやすくなります。

④　緊急を要すること

胸痛を訴える子どもたちに以下の症状が見られた場合は，速やかに医療機関を受診させてください。

- 顔色が悪い時　　・活気がない時
- 意識がない時　　・息ができない時
- 話ができない時　・冷や汗が出る時
- 動けない時　　　・おしっこが出ない時
- 嘔吐してぐったりしている時

（藤田聖実）

▷　胸腔

肋骨，胸骨，胸椎，横隔膜に囲まれた空間のこと。

（参考文献）

渡邉誠（2018）．胸痛．小児内科，**50**(7)，pp. 1067-1071.

『小児内科』『小児外科』編集委員会（編）（2018）．小児疾患の診断治療基準（第5版）．東京医学社，pp. 20-21.

咳が出た，ゼーゼーする，息苦しい

① 咳と喘鳴

咳とは，口から肺につながる気道に外部から侵入した異物（細菌，ウイルス，ほこりなど）を排出するための生理的な反射です。

喘鳴（ぜんめい）とは息を吸ったり吐いたりする時に聞こえるゼーゼー，ヒューヒューといった音のことです。

② 咳の種類

咳の種類として，「乾性咳嗽（かんせいがいそう）」「湿性咳嗽（しっせいがいそう）」「犬吠様咳嗽（けんばいようがい そう）」があります。

乾性咳嗽とは，コンコンという乾いた感じの咳のことで，湿性咳嗽とは，ゴホン，ゴホンという湿った感じの咳のことです。犬吠様咳嗽は，ケンケンという犬が吠えるように聞こえる咳のことで，オットセイのような咳と表現されることもあります。

③ 咳・喘鳴の原因

咳の原因は感染症（細菌性・ウイルス性）からアレルギー性，気道異物などさまざまな原因によります。

いわゆる風邪や気管支炎，肺炎，細気管支炎といったもののほか，以下のような原因が考えられます。

【百日咳】

百日咳菌という細菌の感染によるもので，激しい咳きこみの後，息を吸う時にピューっと笛のような音がすることがあります。また，乳児では一時的に呼吸が止まることもあります。

【クループ症候群】

喉頭に炎症が起こり，声が枯れたり，犬吠様咳嗽が出たりします。重度の場合は呼吸困難を起こすことがあります。

【気管支喘息】

アレルギー性の咳で，春，梅雨，台風などによる気圧の変化や，動物の毛，室内のダニやホコリ，たばこや花火の煙，砂ボコリを吸ったことなどをきっかけに発作が起こります。夜や明け方に悪くなることが多いです。

【副鼻腔炎】

「ちくのう」とも言い，鼻閉，どろっとした鼻汁，頭痛や頬の痛みを伴うことがあります。

【気道異物】

乳幼児で豆やピーナッツを気道に吸い込んだ場合，咳き込みや喘鳴，発熱を起こします。乳幼児には豆やピーナッツを食べさせてはいけません。

【胃食道逆流症】

胸焼けだけでなく，咳が出ることもあります。

④ 息苦しい（呼吸困難）とは

呼吸困難とは，咳や喘鳴の原因により気道（喉頭～気管～気管支）が腫れて狭くなったり，分泌物（痰や異物など）で狭くなったり閉塞したりしてしまい，十分な呼吸ができない状態を言います。肩で息をしたり，顔面蒼白になったり，胸骨や鎖骨の上，肋骨の下が息を吸った時にへこむことがあります。

⑤　子どもが咳をしていたら

咳は異物を体の外に出すための反応であり，時間を
かけて自然に治っていきます。そのため，咳止めは基
本的には不要です。ただ，咳が続くと子どもはつらく
なってくるので，以下のように環境を整えてあげましょ
う。

- 安静にさせるようにしましょう。
- 寝ていて咳が止まらない時は，いったん上半身を
  起こしてあげるほうが楽になる時があります。
- 加湿器や空気清浄機などで部屋を適切な湿度に保
  つようにしましょう。
- たばこの煙は子どもの咳がひどくなる原因になる
  ので，周りの大人は子どもの近くでは吸わないよ
  うにして，できれば吸うのを止めるようにしまし
  ょう。
- 少しずつ水分をとらせて喉を潤すようにしましょ
  う。また，子どもは咳をした拍子に吐くことがあ
  りますが，その場合も一度に大量の水分やミルク
  を飲ませずに，少しずつこまめに飲ませるように
  しましょう。
- 1歳以上では，蜂蜜をお湯に溶かして与えること
  で咳が軽くなることもあります。1歳未満ではボ
  ツリヌス菌感染の危険があるので与えないでくだ
  さい。

⑥　緊急を要すること

子どもたちに以下の症状が見られた場合は速やかに

医療機関を受診させてください。

- 意識がない，あるいはぼーっとしている時
- 顔色が悪い時
- 息苦しさを訴える時
- 胸骨や鎖骨の上，肋骨の下などが息を吸った時に
  ペコペコへこむ時
- ぐったりしている時
- 会話ができない時
- 食べ物や異物を誤嚥した（気管に吸い込んだ）と思
  われる時

⑦　その他の受診の目安

以下のような時は，急ぐ必要はないですが医療機関
を受診しましょう。その際に，いつから咳が出ている
のか，どのような咳なのか，1日のうちどの時間帯に
多いか，姿勢や運動との関係などを医師に伝えると，
診断がつきやすくなります。

- 咳は出ているが元気で食欲はある時
- 咳はあっても遊べたり眠れたりしている時
- 痰が絡み，たまに咳をして吐くことがあるが，吐
  いた後は元気にしている時

（藤田聖実）

参考文献
『小児内科』『小児外科』編集委員会（編）（2018）.
小児疾患の診断治療基準（第5版）. 東京医学社,
pp. 34-37.
日本小児呼吸器学会（2014）. 小児の咳嗽診療ガイ
ドライン. 診断と治療社.

お腹が痛い

腹痛は発熱や咳と並んで，子どもに見られるありふれた症状の一つです。緊急を要する腹痛と要しない腹痛との見きわめが難しく，経験豊かな小児科医でも判断に困ることがあります。

① 腹痛のサイン

子どもは症状をうまく伝えることができないので，顔色や表情，姿勢，歩き方などで「お腹が痛いのかもしれない」と察することが大切です。顔色が青白い，苦しそうな表情，足をお腹に引きつけて歩く，歩行できないかあるいは前屈みになってゆっくり歩く，などの様子が見られたら，腹痛を疑う必要があります。月齢・年齢別の腹痛の表現を表にまとめました。

② 腹痛の様子を伝えるために

子どもの様子を家族や医療機関のスタッフに伝えるために，次のような項目についてチェックしましょう。

(1)いつから痛くなったか

(2)どの場所か

(3)痛みがひどくなっているか／軽くなっているか

(4)痛みは続いているか／周期的か

(5)食事をとった後か

(6)嘔吐の有無

(7)排便の有無または便の様子（便の硬さについては図を参照）

(8)腹痛以外の症状（発熱や嘔吐などについて）

③ 便秘でも痛くなる

子どもの腹痛の原因として，意外に多いのが便秘です。夜間の救急外来を受診する腹痛を訴える子どもの半数近くが便秘によるものであったという研究報告もあります。食後に強くなる腹痛や，左下腹部の痛みを訴えることが特徴です。家族が「毎日排便があります」という場合でも，便秘であることをしばしば経験します。

④ 「良い便」とはどんなものか

英国ブリストル大学のヘーリング博士が考案し，1990年に発表した「ブリストル大便スケール」は，便のタイプを硬さによって7段階に分類したもので，世界中で共通したスケールとして使用されています。病院や介護施設でも広く用いられ，正確な情報の共有ができます。図のように，タイプ1は「硬く，コロコロ，ウサギの糞のよう」で，子どもは排便時に痛みを訴え，時には痛みのために排便を嫌がって我慢するようになり，さらに便秘がひどくなるという悪循環に陥ります。タイプ3からタイプ4付近が一般的に「良い便」とされるでしょう。タイプ5からタイプ6は，軟らかく泥状の便となります。これらは「下痢」と言われることもありますが，必ずしも病的なものではありません。腸炎などの感染症で下痢便となることはありますが，食事内容でも便の状態は容易に変化します。野菜や果物が多かったり，オリゴ糖やキシリトールなどの糖類が多い場合は軟らかい便となりますが，排便時に痛み

月齢・年齢	腹痛の表現
新生児	泣き叫ぶ，四肢を屈伸，哺乳を拒否する，眠らない，発汗，顔面蒼白
3か月以降	苦悶の表情
6か月以降	泣き方によって痛みの程度，持続時間を推測できる
1歳以降	表情と態度からどの部位が痛いかわかる
2歳以降	言葉で腹痛を表現できる
3歳以降	恐怖心がなければ診察に協力する 表情，態度，言葉で腹痛の様子がわかる
学童	腹痛を自発的に説明できるが，時に作為的であったり誇張したりする

表　月齢・年齢別の腹痛の表現

出所：笠井正志・児玉和彦・上村克徳（編著）（2016）．HAPPY! こどものみかた（第2版）．日本医事新報社，p. 168.

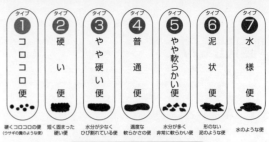

図　ブリストル大便スケール

出所：Lewis, S. J. & Heaton, K. W. (1997). Stool form scale as a useful guide to intestinal transit time. *Scand. J. Gastroenterol.* **32**(9), pp. 920–924を参考に作成.

を伴うことは少なく，子どもにとってはむしろ「良い便」とも言えます。実際に，夜尿症の診療ではまず便秘をしっかり治療しますが，食事療法だけでなく内服薬を用いてタイプ5からタイプ6の便を目指します。「マヨネーズやケチャップくらい」と説明するとわかりやすいかもしれません。

⑤　「お腹」だけとは限りません

　子どもが腹痛を訴えた時，実は「お腹」以外に原因があることがあります。腸管が足の付け根付近の鼠径部に飛び出して起こる鼠径ヘルニアや，陰嚢が腫れる精巣上体炎，水腎症などの尿路系の病気でも腹痛を訴えることがあります。便を押し出そうとする腸の動きに伴って腹痛が生じることは先に述べた通りですが，排便した後でも腹痛が変わらず続く場合には，痛みの原因を探ったほうがよいでしょう。

⑥　器質的な疾患以外にも

　2週間以上にわたり腹痛を繰り返し，器質的な原因

が否定された場合に機能性腹痛と診断する場合があります。特徴として，5歳以上，間欠的または一過性の腹痛，ヘソの周囲が痛い，運動や食事・排便習慣とは関連がないことがあげられます。診察や検査でも原因がはっきりせず，子どもと家族を取り巻く環境要因が症状を悪化させることがあります。

⑦　こんな場合は要注意

　子どもが腹痛を訴え，「青ざめてぐったりしている」「激しい苦痛が続く」「発熱や嘔吐，下痢がひどい」「イチゴジャムのような血便が出た」などの症状が見られた場合には，自家用車やタクシーなどで小児科を受診することをすすめます。

　　　　　　　　　　　　　　　　　　　（澤井俊宏）

▷　鼠径ヘルニア，精巣上体炎については「現場で役立つ救急時等の対応20」参照。

嘔吐した

① 「嘔吐」とは？

食事でとった食べ物が腸管や胸腹壁筋の収縮により口のほうに戻ってくるのが嘔吐です。もともとは，刺激物や腐ったものなど，体が受けつけない食物を取り込まないように体の外へ追い出すもので，一種の防衛反応ともとれます。

② 嘔吐の原因

消化器疾患によるものが多く，心因性，中枢神経疾患（脳炎・髄膜炎[q1]・脳腫瘍・頭蓋内出血など），内分泌・代謝性疾患と多岐にわたります。乳幼児の胃の形態は成人と比べて縦型であり，食道と胃の接合部である噴門部の括約筋[q2]が弱いため，ミルクを胃に入れた直後に臥位になったり，排便や咳嗽などの腹圧がかかったりしたときに嘔吐しがちです。嘔吐といっても泣きすぎたり，笑いすぎたりして吐くような病気とは言えないものも乳幼児期には珍しくありません。

○ 頻度が高いもの

頻度が高いものとしては，感染性胃腸炎による嘔吐，風邪の初期に主に頭痛や発熱に伴って起きる嘔吐です。感染性胃腸炎は口から胃腸に入ったウイルスや細菌により引き起こされる病気で，下痢，腹痛，発熱を伴うことが多く，通常は軽症で数日から1週間の経過で治ります。感染により胃腸の動きが悪くなると，食物が流れなくなり嘔吐が起こりますが，24時間以上続くことは少ないとされています。また，吐物が緑色や黄色のものは胆汁[q3]です。嘔吐が頻回でも認めますが，腸の通過が悪くても胆汁性嘔吐が見られる場合があり注意が必要です。

○ 肥厚性幽門狭窄症

胃の出口である幽門筋が厚くなって内腔が狭くなり噴水様の嘔吐を引き起こす2〜6週という乳児期早期に見られる病気です。

○ 腸重積

腸の一部が他の腸の部分にもぐり込んで二重になってしまい腸閉塞を起こす病気で，強い腹痛が周期的に起こるので，子どもは泣き出してぐったりし嘔吐します。

○ 頭蓋内病変によるもの

頭の病気でも嘔吐が見られます。ウイルスや細菌が入り込んで起こる髄膜炎は発熱のほか，頭痛や嘔吐が見られます。また，頭蓋内圧が亢進した場合も嘔吐が見られますので，頭部外傷後の場合は注意が必要です。また，脳腫瘍では朝起きた時に嘔吐が見られるのが特徴で，頭痛も伴いだんだん悪化します。意識障害を伴う嘔吐や頭痛は注意が必要です。

③ 嘔吐への対応

吐物による窒息を防止するため，横向き，頭部を少し上げて嘔吐時に吐物が顔にかからない工夫が必要です。また，不快なにおいや口腔内残渣物の味覚も嘔吐中枢を刺激してさらなる嘔吐を引き起こすため，すぐに吐物は処理します。

感染性胃腸炎による中等症以下の嘔吐の時は，水分の補給だけで治ります。吐き気止めは有効とする報告

がありますが，副作用の報告もされ推奨されません。また，乳酸菌製剤（整腸剤）は下痢の期間短縮効果が期待されますが，強い下痢止めはむしろ症状を悪化させる可能性があり推奨されません。しかしながら，水分補給は大切といっても吐いてすぐに水分をとらそうとすると，かえって嘔吐を誘発してしまいます。嘔吐したからといってすぐに脱水になるわけではないので，水分を与えるのを急ぐ必要はありません。

○経口補水療法（Oral Rehydration Therapy；ORT）

嘔吐がある間は1回に5〜10 ml ずつ，5〜10分間隔にスポイトやスプーンで投与します。根気は要りますが，3時間で点滴1本分の水分がとれることになり，効果は病院での点滴と全く同じです。与える水分は，経口補水液[44]（Oral Rehydration Solution；ORS）と呼ばれ，水と電解質が効率よく腸で吸収されるように浸透圧やナトリウムとブドウ糖の濃度が調整されているものがすすめられます。一般のスポーツドリンクではナトリウム濃度が低く，中等症以上の脱水には適しません。水分とともに適量の塩分と糖分をとることが大切です。1リットルの水に20〜40 g の砂糖と食塩3 g を溶かせば自家製 ORS が作成できます。果汁（浸透圧が高い）や炭酸飲料（糖分が多く下痢しやすい）は禁止です。嘔吐がなくなれば水分量を増やし，脱水が改善した段階で食事を開始します。授乳中の乳児には母乳を中止する必要はなく，また乳児用のミルクは薄める必要はありません。

○吐物について

吐物には感染性があるので，使い捨てのマスクや手袋を用いてさらなる感染を防ぐよう努力が必要です。また，正確な診断のためには，吐物の内容は何か，嘔吐以外の症状はあるのか，嘔吐後の様子はどうか，そして感染の流行が集団のなかにあるのかどうかが大切な情報になります。吐物が何時間も前に食べたものであれば胃内に停滞していたことを意味するので，消化管の運動が長時間止まっていた証拠となり感染性胃腸炎らしいと推測されます。

④　こんな時は病院へ

重症な脱水の時は ORT では追いつかず点滴が必要です。口のなかまで乾いている，泣いても涙がでない，傾眠傾向や四肢が冷たいなどが重症のサインです。早めに病院へ行って診察を受けるようにします。明らかな腹部膨満や強い腹痛を伴う，血便など嘔吐以外の症状を伴う時は胃腸炎でない場合があり，診察が必要になります。

（西倉紀子）

▷1　髄膜炎
脳や脊髄は髄膜と呼ばれる膜で保護され，髄液という液体で満たされており，髄膜及び髄液に炎症が生じる病気。
▷2　括約筋
輪状の筋肉で，「括る」の文字が示すように，その収縮と弛緩によって内容物の排泄を調整する筋肉のこと。
▷3　胆汁
肝臓で生成される消化液。
▷4　経口補水液
⇨「現場で役立つ救急時等の対応7」参照。

うんちが出ない，うんちに血が混じる

① うんちが出ない

「うんちが出ない」子どもの原因のほとんどは便秘です。便秘の子どもはよく，お腹が痛くなります。うんちが週に3回未満の時，毎日うんちがあってもうんちをする時に痛みがあったり，うんちが出てもすっきりとした感じがない場合は便秘を疑います。日本では10人に1人くらいの子どもが便秘と言われています。[注1]食生活が変わる時（母乳から人工乳に変えた時，離乳食の時），おむつをはずすトレーニングをしている時，保育所等に通いはじめた頃は便秘になりやすくなります。

便秘の症状には，お腹が痛い（腹痛），お腹が張る，食欲がない，機嫌が悪い，吐く，うんちをする時に痛くて泣く，肛門が切れてしまってうんちに血が混じるなどがあります。

便秘の原因には，食事や水分の不足，運動不足，腸の病気，ストレスがあります。

◯対応の仕方

- 「の」の字マッサージ（図1）や綿棒浣腸（図2）を行うと，肛門の刺激になって，うんちが出ることがあります。
- 便秘の予防の基本は，規則正しい生活です。
- 食事はバランスよく食べましょう。りんごやミカンなどの果物や白いご飯に雑穀や玄米を混ぜたり，"ブラン"が入っているシリアルからも食物繊維をとることができます。食物繊維の多い食事は，野菜，果物，海藻類，イモ類，豆などです。おや

つばかり食べる子には，おやつを果物やイモ類に変えることも便秘の予防につながります。
- 体を動かすことは腸の動きをよくすることにつながります。
- 水分はこまめに取りましょう。
- トイレを我慢させないようにしましょう。うんちを我慢させると便秘になることがあります。うんちを隠れてする子や立っておむつにする子もいます。無理におむつをとるトレーニングをさせると子どものストレスとなり失敗をします。その子にあわせたスタイルで，うんちをさせてあげることも大切です。
- 「トイレがきたない」「トイレがくさい」「和式トイレである」「トイレがこわい」といった理由で，保育所等でうんちをしにくいと感じている子どもも少なくありません。トイレを少しでも快適な空間になるように，明るさや清潔さに気をつけ，トイレの環境を整えることも大切です。
- お腹が張る，お腹が痛い，うんちに血が混じる，吐く場合には，医療機関を受診しましょう。

② うんちに血が混じる

「うんちに血が混じる」ことは，体のなかの異常のサインで血便と言います。血便のほかに，腹痛，発熱，下痢，嘔吐やぐったりした状態がある場合は，速やかに医療機関を受診しましょう。血便だけで機嫌よく，普段と変わりない場合には，翌日以降でも医療機関を受診しましょう。

おへその周りで「の」
の字を書くように，
3，4本の指で優しく
マッサージします。

図1　「の」の字マッサージのやり方

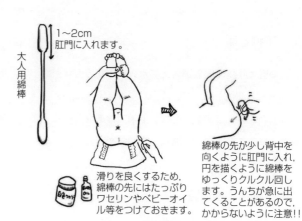

大人用綿棒

1〜2cm
肛門に入れます。

滑りを良くするため，
綿棒の先にはたっぷり
ワセリンやベビーオイ
ル等をつけておきます。

綿棒の先が少し背中を
向くように肛門に入れ，
円を描くように綿棒を
ゆっくりクルクル回し
ます。うんちが急に出
てくることがあるので，
かからないように注意!!

図2　綿棒浣腸のやり方

○対応の仕方

　まずは，うんちに「ほんとうに」血が混じっている
のか確認が必要です。食べ物（赤い食べ物，特にトマ
ト）や薬（抗生物質など），サプリメントの影響で，便
に血が混じっているように見えることはよくあります。
「うんちに血が混じっている」と思ったら，うんちを
写真に撮っておくとよいでしょう。または，医療機関
を受診する時に，おむつと一緒でよいので，うんちを
持っていくと診断に大きく役に立ちます。

　保育所等においては，血が混じっているうんちの取
り扱いには気をつけなければなりません。なぜなら，
食中毒の原因となる菌（**腸管出血性大腸菌**など）が原因
でうんちに血が混じることもあるからです。血が混じ
っているうんちを取り扱う時には，手袋をしておしり
をきれいにし，その後自分の手を念入りに石鹸できれ
いに洗いましょう。手指のアルコール消毒も大切です。

（山本かずな）

▷1　Kajiwara Mitsuru, Inoue Katsumi, Usui Akihiro,
Kurihara Makoto, Usui Tsuguru（2004）. The
Micturition Habits and Prevalence of Daytime
Urinary Incontinence in Japanese Primary School
Children. *Journal of Urology*, **171**（1）, pp. 403-407.
▷2　**腸管出血性大腸菌**
毒素を出し，出血する腸炎の原因となる菌。代表的な
ものにO-157やO-111がある。

下痢をした

① 下痢とは

　いつもより便の回数が増えて水っぽくなった状態を指します。母乳を飲んでいる赤ちゃんも水っぽい便をすることがありますが，それは下痢ではありません。個人差はありますが，普段よりも回数が多く，水っぽいようであれば下痢をしていると考えてください。

② 下痢をする原因

　子どもが下痢をする原因の大部分（80〜90％）はウイルスや細菌が腸に入り込むことで起こります。特に冬から春（特に1月から3月）にかけてロタウイルスやノロウイルスなどのウイルスが原因で下痢になる子どもが多く見られます。保育所等ではウイルスによる下痢がはやることが多く，たくさんの子どもたちが下痢をするようになるので注意が必要です。細菌による下痢は，カンピロバクター，サルモネラ，腸管出血性大腸菌（O-157など）などが原因になります。腸炎の子どもが増え出したら，ほかの子どもにもうつる可能性があることを頭にいれて，なるべく広がらないように対策をとりましょう。なお，たくさんの子どもがほぼ同時に下痢や嘔吐をするようであれば，食中毒による可能性があります。給食などで食べたものに原因がないか調べる必要があります。

③ 下痢をした時の症状

　ウイルスによる下痢の時は，多くは下痢をする1〜2日前に嘔吐が見られます。また，30〜50％の子どもには咳や鼻水などの風邪症状が見られることもあります。下痢は1日数回から十数回に及び，水のような便が出てきます。色は白色か薄い黄色のことが多いです。また，数日間熱が出ることもあります。下痢は1週間ほど続くこともあります。

　細菌による下痢の時は，ウイルスが原因の時よりも高い熱が出て，強いお腹の痛みや，血便が出る時もあります。このような時は早めに病院を受診するほうがよいと思われますので，保護者に連絡をするようにしてください。

　下痢で病院を受診した場合，症状が強い時は点滴で水分を補うこともありますが，多くの場合は次に述べる水分のとり方を指導して様子を見ることとなります。吐き気止めや整腸剤を処方されることもありますが，劇的に効くものではありません。また，下痢を無理に止めてしまうと治りが悪くなるため，下痢止めは使いません。なお，病院によっては便を使ってノロウイルスやロタウイルスがいないか検査をすることもありますが，これらのウイルスが出たからといって特別な治療をするわけではありません。

④ 下痢をしている子どものケア

　下痢をしている子どものケアで最も大切なことは脱水にならないようにすることです。下痢をしていても機嫌がよくて食欲があれば問題ありませんが，食欲がなくて水分もとれなかったり，下痢の量や回数が多かったりする子どもは脱水にならないように注意が必要です。水分がしっかりととれるまでは，食事よりも水

分をとることを優先させてください。

　水分がとれる子どもには OS-1などの**経口補水液**を飲ませるようにしてください。OS-1がなければ水１リットルに砂糖20〜40ｇと食塩３ｇを混ぜたものでも構いません。下痢をしていると水分や塩分が体から出ていってしまうので，たくさん欲しがることもありますが，一度に欲しがる分だけあげると吐いてしまうことがあるので，はじめはスプーン１杯くらい（大きい子ならコップに少しの量でも構いません）の量をあげて，数分たっても吐かないようであれば少しずつ量を増やし，こまめにあげるようにしてください。あげる量の目安としては下痢で出た分とほぼ同じ量をとることが望ましいですが，どれだけ出たか把握することは難しいと思うので，いつもよりたくさん飲ませるように心がけてください。

　経口補水液を嫌がる場合はみそ汁のうわずみやすまし汁を２〜３倍に薄めたものでも構いません。それも嫌がるようであれば飲みたがるもので構いません。ただし，水やお茶ばかりをあげることは，体のなかの塩分が薄まり余計にしんどくなることがあるので，注意が必要です。また，牛乳やジュース（特にオレンジジュースなどのかんきつ系）は避けるほうがよいです。炭酸飲料も好ましくありません。

　しっかり水分をとれる子どもであれば食事制限はありませんし，ミルクを飲んでいる時は薄める必要もありません。ただし，揚げ物など脂っこいものはなるべく食べないほうがよいでしょう。

　水分もとれずにぐったりしている，おしっこが出な

いようであればすぐに保護者に連絡をして病院を受診するように伝えます。

⑤　下痢便がもれた時などの対応

　保育所等では保育室などで突然吐いてしまったり，下痢便がオムツやパンツからもれてしまったりすることがよくあると思います。その時は片付ける必要がありますが，素手で服をさわったり，床を水拭きしただけだったりすると，片付けた人が感染したり，他の子どもたちにうつったりする可能性があります。片付ける時は手袋・マスクをして，キッチンペーパーなど捨ててもよいものを使い，水ではなく消毒液（水500 mlのなかに家庭用塩素系漂白剤をペットボトルのキャップ２杯入れてつくります）で拭くようにしてください。

　下痢・嘔吐に限りませんが，冬から春にかけては風邪などが流行りやすい時期ですので，手洗いやうがいはこまめにするようにしましょう。

（田川晃司）

▷　**経口補水液**
⇨「現場で役立つ救急時等の対応７」参照。

(参考文献)
　並木知佳（2019）．嘔吐・下痢・血便. 小児看護，42（4），pp. 413-418.
　山田寛之（2019）．腹痛・嘔吐・下痢. 小児科臨床，72（4），pp. 477-482.

おしっこが出にくい，おしっこに血が混じる

① おしっこ（尿）が出にくい

尿が出にくい場合，尿そのものが少ない場合と，その通り道（尿路）に問題があるために出にくい場合が考えられます。子どもの尿量は飲水量によってもずいぶん変化しますが，発汗などで体内の水分が失われ脱水傾向となると，尿量は少なくなってしまいます。子どもに活気がなかったり，口のなかが乾いているような場合には，脱水症を考える必要があります。脱水症を予防するために水分摂取がすすめられます。

その際の飲み物としては，まずは水やお茶などの糖分を含まないものがよいでしょう。胃腸炎などで固形物が摂取できない場合には，**経口補水液**（Oral Rehydration Solution；ORS）が便利です。適切な濃度の塩分と糖分が含まれており，医療機関で実施する点滴補液と同等の効果が実証されています。市販のスポーツドリンクが使われることもありますが，ORS と比べると塩分濃度が低く，糖分は反対に濃すぎて，適切とは言えません。ORS を飲ませる時は，お猪口に一杯程度ずつを5分おきなど，少量頻回を心がけましょう。スポーツドリンクや ORS などの糖分を含む飲料を，水分補給の目的で日常的に摂取することはすすめられません。糖分摂取過剰やう歯のリスクとなるからです。

子どもによく見られる尿路の問題としては，尿道炎があげられます。尿路のうち，膀胱から体外に出る外尿道口までの通路を尿道と呼び，体外につながっているため常に感染の可能性にさらされています。外尿道口を不潔な手指で触ったり，糞便で汚れることで尿道

に感染症を発症することがあります。こうなると子どもは排尿時の痛みのために排尿を我慢するようになり，尿が出なくなることがあります。このような場合は，小児科の受診をすすめたほうがよいでしょう。

男児で陰茎包皮が狭窄し，排尿時に風船のように膨らむことをバルーニングと呼びます。陰茎亀頭と包皮の分離はおよそ3～5歳で完了しますが，個人差が大きく，尿の出口が狭いことがあります。恥垢が溜まり，不衛生な場合は尿路感染症の原因となり得るため，小児科や小児泌尿器科を受診し軟膏を用いた治療で対処します。

② おしっこ（尿）に血が混じる

血液が混じった尿を血尿と言い，外見的にはうすい黄色であっても尿検査紙を用いて血液の混入が判明する場合を潜血尿と言います。いっぽう，尿1リットルに血液が1～2ml混入すると，肉眼でもはっきりと血液が混入していることがわかり，このような場合を肉眼的血尿と言います。なお，内服している抗生物質などの薬剤のために尿の色が赤くなったり，体内の「尿酸塩」という塩分の結晶が混じってオレンジ色がかった赤色になることもあります。

医療機関を受診する際に，おむつに付いた尿や容器にとった尿を持参すると，診察の助けになります。また，腎炎などの原因による血尿の場合は，ウーロン茶のような茶褐色の血尿が見られることがあり，注意が必要です。

③ 血尿が見られる病気

真っ赤や茶褐色の尿が出た場合には，子どもだけでなく家族も大変驚きますが，背中や下腹部を強く打撲したなどの特別な場合を除いて，緊急に受診する必要はありません。正確な検査のためには，休日や夜間の救急外来ではなく，平日の診療時間内に受診することをすすめます。

○出血性膀胱炎

アデノウイルスなどの感染症に罹患し，出血性膀胱炎を発症した場合，子どもの尿が真っ赤になることがあります。ウイルスの感染症であるため抗生物質は使用しませんが，水分をしっかりとるようにします。

○尿路結石症

尿路にカルシウムや尿酸などによる結石を生じ，子どもは排尿時に痛みを訴えます。同時に血尿が見られることがあり，小児科を受診して超音波検査やレントゲン検査で調べます。排尿時に結石が排出されたら，ビニール袋などに入れて受診時に持参しましょう。結石の成分を詳しく調べることで，今後の結石症予防に役立ちます。

○急性腎炎

溶連菌などの感染症にかかった後，2週間ほど経ってから突然に血尿（褐色尿）が見られることがあります。小児科を受診して血液検査や尿検査，身体診察や血圧測定を受ける必要があり，尿の出が悪くなって重症の場合は入院が必要なこともあります。

○慢性腎炎

上気道感染や副鼻腔炎にかかった後，48時間以内に血尿（褐色尿）が見られることがあります。契機となった感染症が治癒するにつれて尿所見も改善することが多いですが，症状の程度によっては精密検査や入院が必要になることがあります。このような症状があった場合は早朝尿を持参してかかりつけ医を受診し，今後の経過観察について相談しましょう。

○家族性血尿

検査でようやくわかる程度の血尿が続き，他の家族も同様に血尿が見られる場合は，家族性血尿と診断されることがあります。腎機能が低下し透析や腎移植を受けられた家族がいない場合，血尿が続いていても生活に支障がないと考え，定期診察で経過を観察することがあります。

○良性反復性血尿

原因もよくわかっていませんが，「突然真っ赤な血尿が出て，また突然消える」ことがあります。たいへん心配になりますが，十分な検査を行い，腎炎などの病気がないことを確認すれば，問題はないと考えられています。

（澤井俊宏）

> ▷ 経口補水液
> ⇨ 「現場で役立つ救急時等の対応7」参照。

おちんちんが痛い，おしもがかゆい

① 亀頭包皮炎

亀頭包皮炎は包皮内板と亀頭部の間に細菌感染を起こすことで発症します。多くが**包茎**を伴い，恥垢・尿などの刺激による亀頭内板と亀頭の皮膚炎から皮膚化膿症に発展します。頻尿を伴わない排尿時痛を訴えることが多く，外陰部のかゆみから始まることもあります。他に，陰茎部痛や亀頭・包皮の発赤・腫脹（腫れ），包皮口からの排膿で見つかることもあります。

原因菌はブドウ球菌が多く，痛みを感じない範囲で包皮を翻転・排膿し，消毒及び外用抗菌薬の塗布を行います。改善が乏しければ，抗菌薬の内服を行います。

② 急性陰嚢症

急性陰嚢症は，陰嚢部あるいは陰嚢内容の急激な有痛性腫脹を来す疾患群の総称です。

○精巣捻転

精巣捻転は精巣（睾丸）が回転することにより精索（精巣に行く血管や精管）が捻れ，その結果精巣が虚血に陥るために精巣機能の消失を来す，最も緊急性の高い急性陰嚢症です。乳児期，特に新生児期と思春期以降の青年期に多いです。

症状は突然生じる局所の激しい痛み，それに続く陰嚢の腫脹・発赤が一般的です。精巣捻転が疑われる場合には一刻も早い整復による虚血の解除が必要で，緊急手術の対象になります。発症後6〜12時間以内は精巣機能を救済できる可能性があり，24時間以降では精巣は萎縮し，精巣機能が廃絶してしまいます。

精巣捻転を疑った場合は早期に医療機関を受診し診断をつける必要があります。通常**カラードプラー超音波検査**による血流の確認により診断を行います。ほとんどの場合，**精巣挙筋反射**は消失しています。

○鼠径ヘルニア嵌頓

鼠径ヘルニアは脱腸とも呼ばれ，新生児期から乳幼児期によく見られ，手術を必要とする子どもの病気のなかで最も多いものです。

立った時やお腹に力を入れた時に，鼠径部の皮膚の下のほうに柔らかい膨隆ができることで見つかることが多いです。通常は指で押さえると引っ込みますが，膨隆が急に硬くなったり，押さえても引っ込まなくなることがあり，腹痛や嘔吐などの消化器症状を伴う腸閉塞状態になることもあります。この状態をヘルニアの嵌頓と言い，長時間放置すると腸管が壊死するため早期の対応が必要になります。ヘルニアは通常手術をしないと治りません。

○精巣炎，精巣上体炎

精巣炎，精巣上体炎は，尿道から入った細菌が精子を送る管（精管）に逆流することによって起こります。陰嚢内容の有痛性腫脹と陰嚢皮膚の発赤・熱感を認め，排尿痛・頻尿などの下部尿路症状を伴うことも多いです。

精巣捻転との鑑別が重要で，カラードプラー超音波検査で血流は正常，もしくは増加しており，精巣挙筋反射は陽性を示します。抗菌薬の内服，陰嚢を冷やす，安静を保つことで治ります。

③ 外陰腟炎

おむつやパンツに黄色いおりものが付いたり，陰部をかゆがったりします。女の子は尿道口，腟口，肛門が並んでいて，それらが近くにあるため細菌が尿道や腟に入りやすいために感染しやすいとされています。外陰部を清潔に保ち，軟膏や抗菌薬の内服を行います。予防としては，排便後に前から後ろに拭くようにするなどの指導を行います。

④ 嵌頓包茎

子どものほとんどは包茎の状態ですが，時に包皮を無理に反転すると亀頭部分が締め付けられ，浮腫により整復できない状態になります。嵌頓包茎は，長時間経過すると包皮の器質化や壊死，絞扼部皮膚のびらんや潰瘍ができるため整復する必要があります。嵌頓包茎は包皮を元の状態に戻すしかありませんが，浮腫が著明で整復困難な場合には手術を行う場合もあります。

⑤ 尿道炎

尿道に病原菌が感染し炎症を起こす病気です。排尿時痛や頻尿，尿道口からの分泌物の排出を認め，抗菌薬の投与で治療をします。放置したり治療が不十分だと，尿道が狭くなり，膀胱や腎臓に感染が起きるリスクが上がります。子どもではそれほど多くありません。

⑥ 皮膚カンジダ症

カンジダ菌は皮膚の表面にいるカビの一種で，元気な時には発症しませんが，抵抗力が弱った時などに増殖し，皮膚炎を起こします。発症すると，陰部や股のこすれあう部分に赤いぶつぶつとした湿疹ができ，かゆくなるのが典型的な症状です。ひどくなると湿疹が水疱になり，皮膚が薄くむけたりすることもあります。抗真菌薬を塗って治療をします。

（池田勇八）

▷1 包 茎
発生学的に亀頭と包皮は癒着しており，子どもでは生理的包茎が正常な状態である。真性包茎は新生児ではほぼ100%，乳児では約80%，幼児では約60%，小学生では約30%に見られ，思春期以降ではさらに減少する。一般的に子どもの包茎は治療を必要としないが，ステロイドを塗ったり手術をする場合もある。

▷2 カラードプラー超音波検査
血管の狭窄や閉塞，血流の有無を調べる超音波検査。陰囊の栄養血管である精索血管の血流を調べることで精巣捻転の診断の参考にする。

▷3 精巣挙筋反射
太ももの内側を触った時に脊髄反射により精巣が挙睾筋の働きで睾丸が上に持ち上がる反射で，本来精巣を外傷などから保護する役目がある。

（参考文献）
遠藤文夫（編）（2017）．最新ガイドライン準拠 小児科 診断・治療指針（改訂第2版）．中山書店．
『小児内科』『小児外科』編集委員会（編）（2018）．小児疾患の診断治療基準（第5版）．東京医学社．
市川光太郎（編）（2015）．内科医・小児科研修医のための小児救急治療ガイドライン（改訂第3版）．診断と治療社．

やけどした

① やけどの原因

子どもは好奇心が強く何でも触ろうとすることや，運動機能が日に日に発達して保護者の予想外のところまで手が届くようになることから，少し目を離した隙にやけどをします。そのため3歳以下の子どもがやけどになることが多いです。

昔は高温になりすぎた風呂へ転落し広い範囲にやけどを起こすこともありましたが，生活環境が良くなったことや安全対策のおかげで珍しくなっています。子どものやけどの原因は，机に置かれたお茶やコーヒー，味噌汁，スープなどの熱い飲み物を意図せずに手や太もも，体に浴びてしまうことが最も多いです。そのほかには卓上の湯沸し器やウォーターサーバー，炊飯器からの水蒸気，アイロンなど身近なところにやけどの原因がたくさんあります。花火が衣服に引火してやけどを起こすこともあります。また，高温のものだけではなくホットカーペットや湯たんぽに長時間あたっていることによる低温やけどにも注意が必要です。

このような不慮の事故が多いですが，なかには虐待によるやけどの場合もあります。

② やけどの程度

やけどの程度の評価には，①やけどの深さと，②やけどの範囲を把握することが重要です。

やけどの深さは，表面からⅠ度（表皮），Ⅱ度（真皮），Ⅲ度（皮下組織）に分けられます（表参照）。Ⅰ度では皮膚が赤くなり少し痛みますが，痕を残さずに数日で治ります。Ⅱ度では皮膚が赤くなり水疱もできて痛みが強く，治るのに2週間程度かかります。Ⅲ度では皮膚は白くなりひどいと黒くなることもあります。やけどが皮下組織まで及ぶため，痛みを感じません。痕が残り治るのに1か月以上かかります。子どもの皮膚は薄いので，成人と比べてやけどが深くなりやすいのが特徴です。また，顔や口，鼻にやけどした場合は呼吸の通り道である気道にもやけどを起こし，呼吸が困難になることがあるため注意が必要です。

やけどの範囲を評価する方法として，9の法則[注1]や5の法則[注2]，手掌法[注3]などがあります。成人では9の法則が用いられますが，乳幼児は体に比べて頭部の面積が大きいため5の法則を使うことが多いです。範囲が広い場合は体から水分が多量に失われ，状態が不安定になることがあります。

③ やけどに対する救急時の対応

○何よりもまず冷やす

1秒でも早く水道水やシャワーで冷やします。水をかけられない場所は冷たいタオルで冷やします。広い範囲の場合は浴槽の水などで冷やします。15分以上しっかりと冷やすことで，深いやけどにならず，痛みを和らげる（鎮痛）効果もあります。

○衣類をつけている場合

衣類を脱がさず服の上から水をかけます。無理に脱がすと皮膚が一緒にはがれることがあります。

○全身を冷やす場合

寒い時期は体温が下がらないように注意します。

やけどの深さ	及ぶ範囲	皮膚の様子	症状	経過
Ⅰ度	表皮	赤くなる	少し痛む	数日で治る
Ⅱ度	真皮	水疱ができる	強く痛む	1〜2週間で治る
Ⅲ度	皮下組織	白くなる 黒くなる（壊死） 皮膚がはがれる	痛みを感じない	痕が残ったり皮膚の移植が必要になる

○病院を受診する目安

Ⅱ度以上のやけどやⅠ度でもやけどの範囲が広い場合は十分に冷やした後に病院を受診しましょう。特にやけどの範囲が10％以上では重症化する危険性があるため，すみやかに病院を受診しましょう。

○その他の注意点

水で冷やすかわりにアロエやみそ，オリーブオイル，他の塗り薬などを塗ってはいけません。やけどした皮膚が不潔になり感染などの危険があるからです。

④　病院での対応

やけどの程度を評価し，重症の場合は入院することになります。気道のやけどの場合には気管挿管がされ，失われる水分に応じて点滴が行われます。軟膏を塗り保護剤で覆う治療がされることもあれば，皮膚移植がされることもあります。

全身のやけどでは免疫が低下し感染症を起こすことがあります。また，やけどのストレスのため消化管出血を起こす場合もあるため注意が必要です。

⑤　子どものやけどを予防するために

ひどいやけどの場合は病院できちんとした治療を受けることが重要ですが，子どものやけどで一番大切なことは予防することです。まずは子どもの手の届く範囲を確認し，成長とともに届く範囲が広がることを想像しましょう。やけどする危険があるものは子どもの手の届かない場所に置くよう，大人が意識して生活環境を整えてあげることが必要です。

また，子どもがテーブルクロスを引っ張り，机の上にある熱いものがこぼれてやけどする危険があります。テーブルクロスは使用しないようにしましょう。チャイルドロック機能や湯漏れ防止機能が付いた電化製品を使用する方法もあります。

（太田宗樹）

▷1　9の法則
成人のやけどの範囲の評価法。頭，片腕は9％，胴体前面，胴体背面，片脚は18％，陰部は1％で合計100％。
▷2　5の法則
乳幼児のやけどの範囲の評価法。頭，胴体前面，胴体背面は20％，片腕，片脚は10％で合計100％。
▷3　手掌法
やけどした人の手掌（手のひら）を体の面積の1％としてやけどの範囲を評価する方法。

手足が腫れている

手足が腫れている時にはさまざま原因が考えられます。大きくは①炎症，②浮腫，③腫瘍に分けて考えます。

① 炎症とその対応

炎症の場合，腫れだけではなく，表面に赤みがある，熱をもっている，触ると痛みがある，といった症状が出ます。腫れが一か所で他に異常がない場合は，腫れているところへのウイルスや細菌の感染，骨折，虫刺されといった可能性があります。手足に痛みがあり，動きに異常が出ている時は，特に外傷（骨折，捻挫），熱傷，感染（**蜂窩織炎**，骨髄炎，化膿性関節炎）に注意しないといけません。腫れに加え手足が変形している時は骨折の心配が強くなります。不自然な傷があって腫れている時は子どもの虐待も考える必要があります。

また，他の病気でも炎症で手足が腫れることがあります。アレルギー性紫斑病では手足の腫れや痛みに加え，足に青アザのような出血斑が出たり腹痛を伴ったりします。まれですが若年性特発性関節炎という大人のリウマチと同じような病気では手足の関節が腫れることもあり，この場合は一か所ではなく複数箇所腫れることが多いです。食物などへのアレルギー反応によるじんましんでも手足が腫れることがあり，その時には全身の赤みや，ぶつぶつを伴うこともあります。手足の腫れに加えて，顔色が悪い，息が苦しそうなど具合が悪そうな様子があればアナフィラキシーという強いアレルギー反応かもしれないのですぐに救急受診をするようにしてください。

炎症への対応としては，まずは氷や冷たい水などで腫れているところを冷やすことです。冷やすと炎症は抑えられ，痛みも軽減します。痛みが強い場合は，解熱剤に鎮痛作用がありますので熱がなくても痛みを和らげるために使用できます。使用する量も熱を下げる時と同じです。ただし，これらはあくまでも応急処置ですので速やかに病院を受診してください。

② 浮腫とその対応

手足の浮腫（むくみ）では，赤みや熱感はなく，痛みも通常は伴いません。指で押さえるとへこみ，離してもしばらく指の形のへこみが残ります。浮腫は重力の関係で手よりも足に強く現れる傾向にあります。原因として，体に水分がたまりすぎていること，血液中のタンパク質成分が少なくなって水分が血管の外に漏れ出していることがあります。

浮腫がある時は，まず腎臓の病気を考えます。腎臓に障害が起きるとおしっこが出なくなって水分が体にたまったり，タンパク成分がおしっこから体の外に漏れ出したりして，浮腫になります。腎臓の病気には細菌やウイルス感染をきっかけとした急性腎炎や，大量のタンパクが尿中に失われることにより浮腫を生じるネフローゼ症候群などがあります。

また，感染症，不整脈，先天性心疾患，先天代謝異常，神経筋疾患などにより心臓の動きが悪くってなっても浮腫になります。血液の巡りが悪くなると血管外に水分が漏れてしまいますし，腎臓に十分な血液を送れなくなるとおしっこが減ってしまいます。足の浮腫

とともに，まぶたが腫れている，顔色が悪い，呼吸が
しんどそう，冷や汗をかいているなどの症状がある時
はすぐに病院を受診してください。川崎病では手足の
浮腫に加えて，何日も高い熱が続く，体に発疹が出る，
目や唇が赤くなる，舌が苺のようにぶつぶつする，首
にぐりぐりとしたリンパ節が触れるという症状が出ま
す。これらの症状が揃えば川崎病と診断します。手足
の浮腫が良くなった後，やがて指先から薄く皮がめく
れてきます。

　その他，血管やリンパ管に異常がある場合でも手足
に浮腫が生じます。浮腫はさまざまな病気が原因で生
じますので，気がつけば小児科を受診して原因を調べ
る必要があります。

③　腫瘍とその対応

　手足が腫れる場合，腫瘍などのいわゆる腫れ物，で
きものが原因である場合があります。腫瘍には転移な
どで生命に悪影響を及ぼさない良性のものと，転移し
て生命に悪影響を及ぼす悪性のものがあります。腫瘍
は炎症や浮腫と比べると硬い固まりとして触れること
が多いと思われます。しかし，腫瘍のせいで炎症，骨
折，浮腫が起きることもあり，判断が難しいこともあ
ります。骨腫瘍は膝や股関節周囲，手の骨にできるこ
とが多く，運動や歩行時に痛みが出たり，骨が盛り上
がってきたりします。腫瘍にはさまざまな種類のもの
があり，レントゲン，CT 検査，MRI 検査などの精密
検査でどこにどれくらいの大きさの腫瘍かを調べます。
検査により腫瘍だとわかっても，手術でとってみない

と良性か悪性かわからないことも多いです。手術でと
った組織を検査して腫瘍細胞の種類を鑑別して治療を
行います。良性のものであれば手術が必要なかったり，
手術でとってしまって治療が終わったりしますが，悪
性のものでは手術のほかに放射線照射や抗癌剤治療を
組み合わせて治療することが必要になり，腫瘍の種類
によっても治療方法は異なります。特に硬いできもの
が徐々に大きくなってくる場合は悪性腫瘍の可能性が
高くなり要注意ですので，小児科に相談してください。
治療を要する場合は，経験の多い高次医療機関に長期
間入院して行うことになります。

　以上のように手足が腫れている時にはさまざまな原
因があり，なかには入院治療が必要な重い病気の時も
あります。手足の腫れに気がついたら医療機関を受診
し，適切な治療を受けるようにしてください。

（吉田大輔）

▷1　蜂窩織炎
皮膚とその下の組織に細菌が入り込んで生じる感染症。
▷2　一般的な浮腫とは異なり，手足がてかてかにな
り，ぱんぱんに腫れて，押さえてもへこまない。硬性
浮腫と呼ばれる。

ぶつぶつが出てきた

"ぶつぶつが出てきた"と一言で言っても，その中身は文字通りぶつぶつとした丘疹から水疱性（水ぶくれ）のもの，紅斑（赤みがあるもの），膨疹（盛り上がっているもの），湿疹，膿痂疹（皮膚に膿をもつ水ぶくれができる），出血斑などいろいろなものを含みます。また，今朝から出現したという急性のものから，数か月も前からというものまで，時間経過もさまざまです。

① 発疹が出てきた時の注意点

子どもに発疹ができる病気は多く，比較的よく遭遇する症状ですが，その形だけですぐ診断できることはまれです。緊急性があるものや感染性があるものかを判断する必要があります。

大切なことはまず発疹以外の症状（発熱，咳，鼻汁，のどの痛み，目の充血，関節痛，腹痛など他の症状が見られないか，元気はあるか，機嫌は良いか，など）があるか確認することです。

たとえば，はしか（麻疹）は通常高熱と共に咳や鼻汁もひどいのが特徴です。のどが痛く吐くなどの症状では溶連菌感染も考えます。溶連菌は抗生物質が効きますが，しっかり治療しないと後々，腎臓が悪くなることがあります。目が充血したり，唇が赤く腫れたり，手足が腫れたり，首にぐりぐりとリンパ節が腫れたりした時は川崎病が疑われます。川崎病は冠動脈という心臓に栄養を送る血管に瘤ができて心筋梗塞の原因になることがあり，小児科でしっかりと治療する必要があります。

ただし，実際には一時的な湿疹やあせもの場合，あるいは軽い風邪に伴って発疹が出る場合も多く，これらの場合は全身状態が良く，元気なことが普通です。

次に大切なことは発疹の時間的な経過です。発疹がいつから始まったのか，時間と共に増えてくるのか，増え方のスピードやひろがり方，などを確認します。

水疱瘡や手足口病などウイルス性感染症の発疹は半日～1日の間に時間と共に増えていきますが，虫刺されは新たに虫に刺されないかぎり増えません。じんましんは短時間の間に発疹が広がったり形が変わったりします。また数時間以内にあとを残さずに消えていきますが，数日間出たりひいたりを繰り返します。

他の症状との前後関係も重要です。多くの感染症は発熱とほぼ同時に発疹が出現しますが，突発性発疹は数日間発熱があり，熱が下がる頃に発疹が出現します。

はしか（麻疹）は二峰性の発熱を認め，一旦熱が下がり再度発熱してくる時に一緒に発疹が出現します。

○確認すべき情報

病気を診断する助けとして，最近周囲で流行っている病気はないか，何か変わったものを食べたか，どこかに外出したか，薬を使用したか，などを確認します。伝染病は周囲に同じ病気の人がいることが多く，診断の参考にします。薬疹の形はさまざまで，発疹だけを見て診断することは難しく，薬を使い始めてから発疹が出た時は薬疹も疑わなくてはなりません。食べ物はみなさんよく気にしますが，草むらに入ったり，砂で遊んだり，何かを触ったりして，発疹が出ることもよくあります。その場合は服で隠れていないところに発疹が出ます。

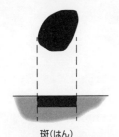

斑（はん）
皮膚の盛り上がりがなく局所的に色が変化。形や大きさはいろいろで，赤や紫色に変わる。

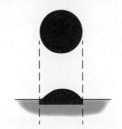

丘疹（きゅうしん）・結節（けっせつ）
皮膚の表面がドーム状に盛り上がる。エンドウ豆ほどの大きさを丘疹（あせも，いぼ，水いぼ），それ以上大きいものを結節と言う。

膨疹（ぼうしん）
みみず腫れのようなふくらみがある。数時間できれいに消えるのが特徴。じんましんの発疹。

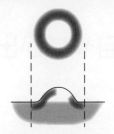

水疱（すいほう）・膿疱（のうほう）
いわゆる水ぶくれで，皮膚の上部に体液がたまりふくらんだ状態。破れてなかの液が皮膚につくと接触部に伝染（とびひ・単純ヘルペス・手足口病）。また，水疱に菌が感染した状態を膿疱と言う。

図　発疹の種類と形

○発疹の形や位置の違い

発疹の形や発疹が出てきた部位を確認する時には，明るい場所で，可能なかぎり自然光のもとで全身を観察します。感染症に伴う発疹の場合，口のなかにも発疹を認めることがあります。発疹の形で注目するところは，盛り上がっているかどうか，赤みはあるか，水疱はあるか，かゆみはあるか，などです（図参照）。

地図状に赤く盛り上がってかゆみが強く，出たり消えたり移動したりするのはじんましんが疑われます。じんましんだけならば慌てる必要はありませんが，ゼーゼーと苦しそうに息をする場合は強いアレルギー反応で，命に関わることもあるので急いで救急病院を受診します。虫さされのように盛り上がった発疹の先に水疱ができて，それが頭髪部も含めた全身にあれば水疱瘡を疑います。口周囲，手のひらや足の裏の水疱は手足口病の可能性が高いです。手足口病では口のなかに口内炎ができて痛がりますが，水分がとれないと脱水になるのでしっかりと水分を与えます。両側の頬にべったりとした紅斑（赤み）を認めた場合にはりんご病（伝染性紅斑）を疑います。一緒にうでや太ももにレース状，網目状の発赤も出現します。

虫さされやあせもをかきむしったところや，傷あとに細菌が感染し，赤みや水疱ができることがあります。水疱が破れると痂疲（かさぶた）になりますが，破れた時の液が他の皮膚につくと，そこにまた赤みや水疱ができます。いわゆる「とびひ」（伝染性膿痂疹）です。夏に特に多く，鼻のまわりや手足，胸やお腹によく見られます。手を介して感染することもあり，時に集団発生することもあるため注意が必要です。手洗いをよく行い爪は短めにするなど清潔にすることが大切です。

② 出血斑について

時に一見発疹に見えて，実は内出血であること（出血斑または紫斑）もあり注意が必要です。普通の発赤した発疹との違いは，その上を指で圧迫して赤い色が変わらなければ出血斑です。発赤なら押さえている間に赤みが消えて，指を離すとすぐに赤みが戻ります。出血斑は激しく泣いた赤ちゃんの顔にもたまに出ることがありますが，出血しやすい特殊な病気が隠れている可能性もあるので小児科を受診したほうがよいでしょう。

（柴田晶美）

目やにが出た，目が腫れた

① 目やに

　目やに，なみだ目は子どもに見られる目の症状として最も多いものです。主な病気には結膜炎（ウイルス性，細菌性，アレルギー性など），さかさまつ毛，先天性鼻涙管閉塞などがあります。

○結膜炎

　目やにやなみだ目を見た場合に，注意する点は結膜充血があるかないかです。結膜充血がある場合には感染性結膜炎（ウイルス性や細菌性）を疑います。症状が強い場合にはまぶたの腫れも伴います。

　ウイルス性結膜炎としてアデノウイルスによる流行性角結膜炎や咽頭結膜熱（プール熱），エンテロウイルスやコクサッキーウイルスによる急性出血性結膜炎などが有名です。これらは接触感染で感染力が非常に強いと言われています。周囲の流行状況を確認しましょう。疑わしい場合は，小児科や眼科を受診して診断を受けましょう。感染を拡げないためには感染予防が大切です。手洗いをしっかりと行い，タオルなどは共有しないようにしましょう。またドアノブやスイッチなど複数の人が触る場所は消毒を心がけます。流行性角結膜炎や急性出血性結膜炎にかかった場合には症状が完全になくなるまで，咽頭結膜熱（プール熱）にかかった場合には発熱や充血などの症状が完全になくなった後，2日以上経過するまで登園や登校は禁止です。おおよその目安としては1～2週間程度になります。

　細菌性結膜炎は黄色いクリーム状の目やにを伴うのが特徴です。抗生剤による治療が必要であり，眼科や小児科を受診しましょう。

　結膜充血があっても少なく，かゆみが強い場合にはアレルギー性結膜炎が疑われます。原因は，花粉やダニ，ハウスダストなどが多いと言われています。症状が季節性に見られるものと1年中見られるものがあります。

○さかさまつ毛

　まぶたの縁が眼球側にむいていることにより眼球にまつ毛が接触する状態です。

　まつ毛の刺激により目やに，なみだ目のほか，結膜充血や目の痛みが見られたり，瞬きが増えたり，まぶしがることがあります。乳児期にはよく見られますが2歳までに自然に良くなることが多いです。ただし，角膜が傷ついて障害されると視機能に影響が出るため眼科を受診するようにしましょう。

○先天性鼻涙管閉塞

　涙は角膜や結膜など目の表面を潤したあと，鼻涙管と呼ばれる管を通って鼻腔へ流れます。生まれた時にこの管がつまっていると涙がうまく流れず，目やにやなみだ目の原因になります。片側のことが多いですが両側のこともあります。乳幼児には多く見られる病気であり，"片眼が潤んでよく目やにがでる，結膜炎で目薬をさすと治るがやめるとすぐに繰り返す"といった場合には先天性鼻涙管閉塞が疑われます。1歳までに95%が自然に治ると言われています。

② 目の腫れ

　目の炎症として局所的に腫れる場合，目やにやなみ

だ目，かゆみ，痛みなどを伴うことがあります。結膜炎やさかさまつ毛などがその例です。

また，目の腫れが全身の病気の一部として現れることもあります。目局所だけではなく全身もチェックする必要があります。

○麦粒腫，霰粒腫

まぶたにしこりを認めた場合には麦粒腫（ものもらい）や霰粒腫の可能性があります。まぶたのなかにある脂や汗を流す管が目詰まりを起こし，なかに内容物がたまった状態で，通常目の異物感や熱感を伴います。細菌感染を起こしている場合には痛みを伴います。

眼科でみてもらうようにしましょう。

○眼瞼浮腫

まぶたは伸縮性があり腫れやすい部位のため，全身の病気の一部としてまぶたに所見が現れることがあります。そのため，目だけではなく全身もチェックする必要があります。

まぶただけではなく，顔や手足など全身がむくんでいる場合には腎臓や心臓の病気のことがあります。全身にも症状が見られる場合には小児科を受診し相談しましょう。

まぶたのほか，顔や体に急に発赤が出現した場合はアレルギーの可能性があります。何かを口にした後や触った後，蜂にさされた後などにアレルギー症状としてまぶたや顔がむくみ，赤く腫れてきます。特にゼーゼーと呼吸を苦しそうにする症状を伴う場合はアナフィラキシーと呼ばれる緊急を要する事態であり，すぐに救急車を要請しましょう。

○蜂窩織炎

目の周囲には副鼻腔と呼ばれる鼻腔からのびた空洞が存在します。この副鼻腔で炎症が起こった際に，炎症がまわりの皮膚にひろがると**蜂窩織炎**を引き起こします。まぶたを含めた目の周囲が腫れ，皮膚の発赤や発熱，痛みを伴います。抗菌薬による治療が必要となるため小児科を受診するようにしましょう。

○悪性腫瘍

腫瘍の頻度は少ないですが，腫瘍のはじめの症状としてまぶたが腫れぼったくなることがあります。特に急激に腫れが悪化し，片眼が突出してきたときは要注意で，すぐに小児科や眼科を受診するようにしましょう。

③　目に異物が入った

目に異物が入ると刺激により大量に涙がでて洗い流されます。いつまでも刺激が続いているときは異物が残っている可能性があります。液体の場合はまず洗うことが大切です。成分によっては視力を損なうこともあるため，すぐに10分以上水道水で洗い流して眼科を受診します。液体でなければ，異物が確認できた場合，水道水で洗い流すか黒目の上になければティッシュなどやわらかいものを丸めてこすってみましょう。難しい場合は眼科を受診しましょう。

（柴田晶美）

▷　蜂窩織炎
⇨「現場で役立つ救急時等の対応22」参照。

鼻血が出た，鼻血が止まらない

① 鼻血とは

鼻血とは鼻の粘膜（内側の柔らかい皮膚）から出血することです。

鼻の内側には血管がたくさんあり，出血しやすい構造となっています。そのなかでも特にキーゼルバッハ部位は，血管がより集まっており，鼻血が最も起こりやすい部分です。キーゼルバッハ部位は，鼻の出口から爪が隠れる程度指を入れた時に，真ん中の仕切りで触れる部分です（図参照）。そのため鼻の真ん中側を少し強くほじったら鼻血が出るということになります。

しかし子どもは，そこを強くほじったら鼻血が出るという認識はありません。また，一度出血した後のかさぶたが気になりいじってしまうことで，何度も鼻血を出すということがあります。いじってしまうとまた出血することは，鼻血を出した子に教えてあげる必要があるでしょう。小さな子の場合，寝ている時には手袋をつけることで無意識にいじるのを防いだりすることもあります。

② 鼻血の原因

鼻血は，ほじるといった物理的な刺激で出血することが多いですが，なかには鼻血を起こしやすい原因が裏に潜んでいることがあります。風邪やアレルギー性鼻炎，副鼻腔炎といった鼻とのどの病気の時には，鼻の粘膜がむくんで出血しやすくなります。その際には鼻をかんだだけでも出血することがあります。

もし強い力で鼻を打ってしまい，鼻血とともに鼻が

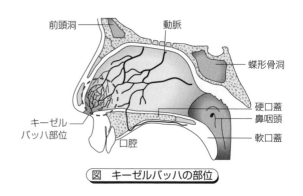

図 キーゼルバッハの部位

（ラベル：前頭洞，動脈，蝶形骨洞，硬口蓋，鼻咽頭，軟口蓋，キーゼルバッハ部位，口腔）

曲がってしまっている場合には，すぐに病院を受診するようにしましょう。

③ 対処方法

鼻血を止めるための方法はごく簡単です。鼻翼（通称小鼻：鼻がぷくっと膨らんでいるところ）を外側から親指と人差し指でしっかりと押さえて圧迫します。この際，上を向いて圧迫すると鼻の奥から喉のほうに血液が流れてしまい，むせてしまったり吐いてしまうことがあります。そのため下を向いて押さえるほうがいいでしょう。

また，鼻の上を冷たいタオルや氷袋で冷やすこともよく行われる方法です。氷に手をつけると手から血の気がなくなるように，冷たいと血管はぎゅっと縮こまります。鼻を冷やすと鼻の血管が縮み，なかを流れる血液が減るために血が止まりやすくなります。

鼻のなかに丸めたティッシュペーパーや綿を詰めることはよくしますが，止まったと思って鼻から出したり触ったりすると，かさぶたがはがれるためにまた出

血してしまうことがあり，血を止めるのに余計に時間がかかることがあります。もしその方法で止血を行おうとするなら，かなり長時間入れるつもりで鼻に詰めましょう。

血を見ると，誰もが少なからず慌てるものですが，鼻血が少々流れたところで大出血になることはありません。ひとまず落ち着いてこれまで説明した対処法を実践しましょう。大人が慌てると鼻血を出している子どもも慌ててしまい，上手に対処法を実践することができません。まずしっかりと自分を落ち着かせましょう。

しかし，きっちりと対処法を実践しているのに10分以上血が止まらないような場合には，何らかの別の原因が隠れている可能性があります（鼻の奥のほうから出血している，血液の病気など）。その場合には病院を受診するようにしましょう。

④　鼻血が止まらない時

一度きちんと止まっているのに血餅（血のかたまり，かさぶた）を取り除いたらまた出てきた，というのは血が止まりにくいというわけではありません。十分に血餅の下の粘膜が修復されていないだけなので，再度しっかりと止血処置を実践する必要があります。

一方，血が止まりにくい病気があるのも事実です。たとえば血液のなかの血小板という血液を固める成分が少ない病気の子や，アスピリン・ワーファリンといった血液を固まりにくくする薬を飲んでいる子は，鼻血が止まりにくいと思われます。「③対処方法」のと

ころでも述べたように，10分以上対処法を実践しても止まらない場合や血液を固まりにくくする薬を内服している場合には，鼻血を止めるための処置（血管を収縮させる薬剤を含んだ綿を鼻の奥に入れる，鼻の粘膜を焼くといった処置）が必要な場合があります。そのような場合には耳鼻科を受診するのがよいでしょう。

⑤　医療機関における止血処置の実際

鼻血が止まらなくて病院を受診する場合には耳鼻科を受診しましょう。それ以外の科は鼻のなかの処置が得意ではありません。

耳鼻科では，まずは出血している部位を特定するために鼻のなかを観察していきます。出血している部位が特定できたら，その部位へ止血処置を行っていきます。まずはタンポンガーゼというガーゼを出血部位に押し詰め止血を図ります。このガーゼは数日後に同じ耳鼻科で抜いてもらう必要があり，それまでは入れたままにします。

血が止まりにくい原因が明らかな場合（血小板が少ない，血液を固まりにくくする薬を飲んでいる等）やタンポンガーゼでも止まらない場合，反復する場合には，薬剤や電気凝固メス，レーザーなどを使用して，直接出血している血管を焼き固める処置を行うことがあります。

（木川　崇）

喉につめた，耳や鼻に物を入れた

好奇心旺盛な乳幼児期には，異物を誤って飲み込んだり（誤嚥・誤飲），鼻や耳につめてしまったりすることがあります。本人がつめたことを自覚している場合や，保護者など周りにいる大人が気づいた場合には，耳鼻咽喉科や小児科を受診することが可能ですが，時には胃カメラなどを使用して，緊急で除去を行わなくてはならないこともあります。異物を飲み込んですぐに，咳き込んだり苦しそうにしている時には，気管に異物が入っている可能性があるため，迅速な対応が必要です。

気管と食道の位置関係を理解しておくと，緊急を要するかどうかの判断に役立ちます（図参照）。

① 喉に異物を詰めた場合

空気の通り道（気道）をふさぐような大きな異物やお餅などの食物がつまった場合，窒息状態になる危険性があり，緊急の対応が必要になります。呼吸が苦しそうになり声が出ない状態は，気道が完全に閉塞している可能性があり，極めて緊急性の高い状態です。**ハイムリッヒ法（腹部突き上げ法）**や**背部叩打法**など，喉につまったものを吐き出させる方法がありますが，心臓マッサージや人工呼吸法を含めた**一次救命処置**（Basic Life Support；BLS）の講習会を，消防庁や日本赤十字社などが一般市民などを対象に行っており，子どもに関わる仕事に就かれる方は一度でも受講されることをおすすめします。呼吸が苦しそうではなく，全く咳が出ない，普段と変わりない様子であれば，異物は気管ではなく食道を通って胃のなかに入った可能性

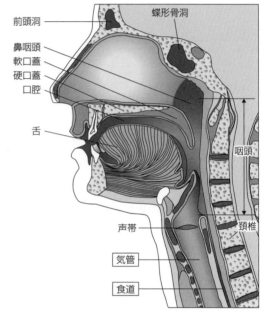

図　食道と気管の位置関係

（図中ラベル：前頭洞／蝶形骨洞／鼻咽頭／軟口蓋／硬口蓋／口腔／舌／咽頭／頸椎／声帯／気管／食道）

が高いと考えられます。

気管ではなく胃内に食物以外の異物が入った場合，大きなもの，とがったものやひっかかりのあるものでなければ，ほとんどは数日の間にうんちのなかに排泄されますし，特に処置が不必要なことが多いです。しかし，飲んでしまったものがタバコや電池（特にボタン電池），防虫剤のような毒性のあるものの場合には，緊急で医療機関の受診が必要であり，様子観察の時間はとらないほうがよいでしょう。

また，食事中に食べ物の一部が食道ではなく誤って気管に入ることがあります。少量であれば反射的に強い咳き込みが誘発されて排出されますが，咳き込むこ

とでうまく排出できたかどうかの判断が難しいことも
あり，咳が続く時は医療機関を受診させてください。

② 耳や鼻にものを入れた

　小石や豆類，ナッツ類，虫，小さいおもちゃ，ボタ
ン電池などが耳や鼻に異物として入ってしまうことが
あります。

　耳や鼻にものを入れてしまった場合，ピンセットな
どでつまもうとすると逆に奥に押し込んでしまったり，
耳の奥にある鼓膜を傷つけたり，鼻粘膜から出血を起
こす可能性があります。押し込んだ異物が鼻の奥から
気道に入った場合には，異物誤嚥と同じように対応す
る必要があります。可能な限り医療機関（耳鼻咽喉科
が望ましい）を受診させるようにしてください。

③ ボタン電池

　一般家庭で使用されているボタン電池にはボタン型
のアルカリ電池とコイン型のリチウム電池があり，ど
ちらも誤飲や鼻・耳につめた場合に危険性が高いので
すが，より緊急性が高いのはコイン型リチウム電池で
す。ボタン型アルカリ電池も時間をかけて金属被膜が
腐食して胃や鼻，耳の粘膜を傷つけることがあります
が，リチウム電池は早ければ30分程度で食道や胃の粘
膜を障害して潰瘍をつくってしまう可能性があります。

　いずれにしても子どもの生活する環境では，ボタン
電池を子どもの手の届かないところに置くようにする
ことが重要です。

④ ピーナッツの誤嚥

　ピーナッツを誤嚥して気管に入った時は，ピーナッ
ツが徐々に膨張して気管を閉塞することがあるため，
緊急性は高くなります。ピーナッツの油成分で肺炎を
起こすこともあります。病院では**全身麻酔**で気管支カ
メラを使用してピーナッツの除去を行い，入院が必要
になります。乳児や小さな幼児にピーナッツ類を食べ
させることは危険であることを知っておくべきです。

（底田辰之）

▷1　誤嚥・誤飲
誤嚥とは，食物や異物が誤って気道（空気の通り道）
に入ること。誤飲とは，食べ物以外の異物を飲み込む
こと。
▷2　ハイムリッヒ法（腹部突き上げ法）・背部叩打法
⇨Ⅱ-3 参照。
▷3　一次救命処置
⇨「現場で役立つ救急時等の対応1」参照。
▷4　潰瘍
粘膜が深く損傷をうけて欠損した状態のこと。潰瘍が
さらにすすむと穿孔して穴が空いてしまう。
▷5　全身麻酔
手術や処置による痛みを取り除き，身体の動きを防ぐ
ために行う。さまざまなリスクを伴う。

（参考文献）
　国民生活センター「命を落とすこともある！子ども
の誤飲事故」（http://www.kokusen.go.jp/news/data/
n-20050406_2.html）．

耳が痛い，耳だれが出た

① 耳痛・耳だれの原因

耳が痛いと言う場合は，いつから，どの場所がどんなふうに痛いか考えてみましょう。痛いと言えない乳幼児では，突然に泣き出したり，ぐずったり，不機嫌になるだけで，耳を痛がっていることにすぐに気づけないことがあります。でも，よく見ると，耳を引っ張るのを嫌がったり，いつもより頻回に耳を押さえたり触ったりしていることから，耳痛に気づけます。夜中に耳痛が急に起こることもありますが，あわてないで，見える範囲で耳のなかや周囲の皮膚をよく見ましょう。皮膚の発赤（赤くなっている），腫れているところがないか，耳だれがないか，虫やビーズ玉などの異物が入っていないか，発熱・鼻汁や咳の有無，耳掃除やけがのエピソードなどを確認しましょう。

耳痛の原因は，急性中耳炎，外耳炎，鼓膜炎，耳介軟骨膜炎，外傷や外耳道異物，耳瘻孔（生まれつき，耳の付け根付近に小さな穴がある）の感染，耳下腺炎，急性咽頭炎，急性扁桃腺炎，急性乳様突起炎などがありますが，子どもでは急性中耳炎が最も多いです。耳介から鼓膜までを外耳，鼓膜のすぐ奥の空洞を中耳と呼びます（図参照）。耳だけを見ていると，他の重要な状態を見逃すことがあるので，全身を見るのも大事です。急な耳の痛みに困ってしまうことが多いですが，冷やして楽になるようであれば，軽く冷やして，耳鼻科や小児科を受診しましょう。

耳だれは，耳から流れ出る液体で，原因によって，粘液性のある膿から水のように透明なものまでさまざ

まです。耳に細菌やウイルスが入り，炎症が起こると膿性の液体になります。急性外耳道炎や中耳炎でよく見られ，他には，耳垢塞栓（耳垢がつまっている状態），中耳真珠腫（鼓膜付近の皮膚が層状に貯まっていき，真珠のような丸い塊が中耳にできる状態），鼓膜炎などがあります。耳掃除のしすぎや外耳道湿疹によって，水様性の液体を認めます。皮膚の傷から血が出て，血が混じった耳だれになることもあります。頭蓋骨の骨折や骨欠損などにより，髄液が耳のなかに流れ出ると，水様性になります。耳だれは病気が隠れている場合があるので，耳が痛いなどの他の症状がなくても，耳鼻科に相談したほうがよいでしょう。

② 急性中耳炎への対応

急性中耳炎は子どもに多い耳の病気の一つで，耳痛と耳だれの原因としても多いです。3歳以下の乳幼児がかかる場合が多く，1歳までに約60%，3歳までに約80%の子どもが少なくとも1回はかかると言われています。鼓膜の奥の中耳と呼ばれるところに，細菌やウイルスが入り，感染と炎症を起こすことにより，耳が痛い，発熱，耳がつまった感じ，耳だれ，難聴などの症状が出ます。鼓膜の奥にたくさん膿がたまり，鼓膜が腫れてきて，鼓膜がやぶれると膿性の耳だれが出ます。

治療の目安に，2歳未満，耳痛，発熱，啼泣（声をあげて泣くこと）・不機嫌，鼓膜の発赤，鼓膜の膨隆（腫れている），耳だれの状態により，軽症，中等症と重症の3つに分けます。軽症であれば，抗生剤投与を

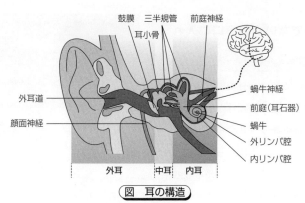

図　耳の構造

出所：日本耳鼻咽喉科学会のウェブサイトより。

せずに，3日間様子を見ます。症状がよくならなけれ
ば，抗生剤の内服をします。鼻汁がある時は，鼻汁を
吸い取ったりする鼻処置をしてもらいましょう。鼻の
奥の細菌が減ることで，治療の一つになります。中等
症以上で，抗生剤を3〜5日間，内服してもらいます。
発熱があったり，耳が痛い場合は，解熱鎮痛剤を頓用
してもらいます。抗生剤で治りにくい場合や重症の場
合は，鼓膜切開をして膿を出すことになります。鼓膜
切開することにより，耳の痛みや発熱などの症状が早
く良くなることが知られています。急性中耳炎の時の
鼓膜切開では，切開してできた穴は数日で自然に閉じ
ることが多く，永久に穴が残ることはほとんどありま
せん。

　中耳炎を繰り返す原因として，年齢が2歳未満，お
しゃぶりの使用，母乳哺育をされてない，兄弟がいる，
集団保育を受けている，家族の喫煙，原因となる細菌
に抗生剤が効かなくなっている，免疫能の未熟さや低
下，胃食道逆流症（胃液や胃内容物が胃から食道に逆流

する状態），鼻炎や滲出性中耳炎にもかかっているな
どがあげられます。急性中耳炎にかかった後に，滲出
性中耳炎になることもあります。滲出性中耳炎は，難
聴や耳閉感（耳がふさがれたような感じ）が主な症状で，
耳痛，耳だれや発熱のない中耳炎です。自然に治るこ
ともありますが，去痰剤などの内服，治りにくい急性
中耳炎の場合と同様に，鼓膜切開や鼓膜換気チューブ
留置（鼓膜に穴をあけ，チューブを留置します）が必要と
なり，治療に数年かかる場合もあります。中耳炎にな
ったら，治療により症状がしっかり治るまでみてもら
いましょう。

（林　安里）

参考文献

　阪本浩一（2013）．小児の耳鼻咽喉科領域の痛み．
小児科臨床，66(12)，pp. 2359-2365.
　工藤典代（2009）．子どものみみ・はな・のどの診
かた．南山堂．
　日本耳鼻咽喉科学会・日本小児耳鼻咽喉科学会・
日本耳鼻咽喉科感染症・エアロゾル学会（編）（2018）．
小児急性中耳炎診療ガイドライン（2018年版）．金原
出版．

変な物を飲んだ

① なぜ子どもは食品でないものを口に入れるのか

ハイハイをし始める月齢（7〜8か月頃）から5歳まで，特に0〜1歳の子どもは食べ物以外のものを口にします。これは「子どもは生後5〜6か月頃になるとつかんだものを口に持っていくようになる」，「食べ物かそうでないかを区別できるのは早くて生後1歳6か月から2歳以降」などの子どもの成長・発達が大きく関係しています。

② 変な物を口に入れないために

変な物を口に入れないためには予防が重要です。子どもは何でも口に入れてしまうものだと考えて，次の点を必ず確認しましょう。

- 直径3.9 cm以下のものは子どもの手が届かない1 m以上の高さに置く（特に電池や磁石，鋭利なものは注意しましょう。誤飲チェッカーというものがあるので（写真参照），それを利用するのもよいと思います。「トイレットペーパーの芯を通るものは危ない」と思ってください）。
- 農薬や漂白剤などは，子どもの手が届かない吊り棚などの高いところに保管する（チャイルドロックはかけ忘れなどの可能性がありますのでおすすめできません）。

③ 口にしてしまった時の対応

口にしてしまったものによって対応は違います。よ

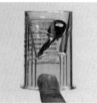

> 写真 誤飲チェッカー

注：このなかに入るものは飲み込んだり窒息したりする危険がある。
出所：日本家族計画協会HPより。

く飲み込みやすいものや，注意が必要なものは後で詳しく説明します。もし飲み込んだと思われるものと同じようなものがあればそれを持って受診してください。レントゲンで撮影する時の参考になりますし，何を飲んだかわかるほうが病院での対応もスムーズです。飲み込んでも大丈夫なものか，すぐに保護者に連絡をして病院を受診させるべきなのか迷った時などは電話相談窓口に電話してください。

④ 固形物を飲んだ時の対応

おもちゃやコインなどを間違って飲み込んでしまうことが多いですが，症状がなければ慌てる必要はありません。ただし，以下にあげるような時はすぐに病院を受診させてください。

- 顔色が急に悪くなる，息がしにくそう，しゃべれないなどの時は窒息している危険がありますので，すぐに救急車を呼ぶなどの対応をしてください。
- ひどく咳き込んでいる，ゼーゼーしている時は肺などの呼吸器系に入っている可能性があります。取り出す必要がありますので，すぐに大きな病院

に連れていってください。

- 何度も吐いている，胸を痛がるなどの時は食道に引っかかっている可能性があります。そのような時も取り出す必要がありますので，すぐに大きな病院に連れていってください。

- ボタン電池は放電してお腹のなかを傷つけるため，取り出す必要があります。2個以上の磁石を飲んだり，針などの鋭利なものを飲んだ時も取り出す必要があるので，早めに大きな病院に連れていってください。

- 症状がなければ慌てる必要はありませんが，病院を受診させてください。3 cm以上の長さ，直径2 cm以上の幅があるものを飲み込んだかもしれない時は自然に出る可能性が低いので，要注意です。[3]

⑤　飲み物でないものを飲んだ時の対応

　昔は，吐かせたり，水や牛乳を飲ませたりすることがありましたが，飲んだものによってはそれがかえって危険なことがあります。飲んだ割には元気にしている場合は慌てる必要はありませんが，ぐったりしている，いつもと様子が違う，どれだけ飲んだかわからない時はすぐに受診してください。以下によく飲むものや要注意なものをあげておきます。

- タバコそのものを食べてしまった時は，中毒症状が出る量を食べる前に嘔吐するため，基本的に具合が悪くなることはありません。ただし，灰皿など「タバコの吸殻を入れていた水」を飲んだ場合は多量のニコチンをとることになるため，すぐに

水を飲ませて受診させてください。

- 乾燥剤を食べた時や洗剤を飲んでしまった時は，基本的には無害なので，普段と様子が変わらないか注意して様子を見るようにしてください。

- 防虫剤を食べた時は，そのなかにある樟脳やナフタリンなどの成分がけいれんなどの原因になることがあります。牛乳を飲ませるとよく吸収されるようになるため，牛乳は飲ませてはいけません。水を飲ませて，けいれんなどの症状が出ないか注意して様子を見てください。

- 灯油や除光液を飲んでしまった時は，吐かせると重症の肺炎になる危険があるので絶対に吐かせてはいけません。灯油自体はあまり吸収されません。熱が出たり，息苦しそうにしていたりした時は肺炎になっている可能性があるので，その時はすぐに病院を受診させてください。

- 消毒剤を飲んだ時は，アルコールなどの成分が吸収されて体調が悪くなることがあります。水などを飲ませて様子を見てください。　（田川晃司）

▷1　3歳の子どもが口を大きく開けた時の大きさは約3.9 cmとされている。
▷2　**日本中毒情報センター「中毒110番」**
大阪中毒110番：072-727-2499（通話料無料）
つくば中毒110番：029-852-9999（通話料無料）
▷3　長くお腹のなかにとどまるため，胃や腸の粘膜を傷つけたり，穴が開いたりする危険がある。

（参考文献）
　『小児内科』『小児外科』編集委員会（編）（2018）．小児疾患の診断治療基準（第5版）．東京医学社．
　細井千晴（2019）．誤飲．小児看護，**42**(4)，pp. 464-468．

虫に刺された，動物に咬まれた，友達に嚙まれた

① 虫に刺された

虫に刺された時の症状は，刺された際に体に進入する化学物質による刺激反応と，それによるアレルギー反応の2つに分けることができます。

虫刺されを予防するための一般的な注意事項としては，野外での肌の露出を減らし，虫よけスプレーなどを使用することです（年齢制限があるものもあります）。

○アナフィラキシー

虫に刺された時に一番怖いのが，アナフィラキシーという重症のアレルギー反応です。これは，局所の症状にとどまらず全身の臓器にわたってアレルギー症状が出る状態で，時にはショックや呼吸困難を起こし死亡する場合もあります。ハチが最も有名ですが，ムカデなどその他の虫や，動物によっても起こり得ます。以下のような場合は一刻を争って救急車を要請してください。(1)刺されて15分以内に，刺されたところだけでなく全身に赤身，腫れ，盛り上がったような発疹（＝じんましん）が出現した場合，(2)吐き気，嘔吐，胸の締め付けられるような苦しさ，息苦しさ，声がれ，咳，ぐったりする，意識が低下するなどの症状が出現した場合，(3)過去に同じ虫に刺されて気分が悪くなったことがある場合，です。皮膚の症状だけの早い段階で病院に到着することで，救命の確率が上がります。

(3)にあげた，過去にハチなどに刺されてアナフィラキシー症状を起こしたことがある人は特にハイリスクです。主治医から緊急用の治療薬を処方されている場合もあります。平素から保護者とよく話し合って情報の共有を行っておくことが重要です。

なお，アナフィラキシーではありませんが，最近問題になっているセアカゴケグモは神経毒を持っており，激しい痛み，発汗，嘔吐，筋けいれんなど重症の症状を呈します。刺された場合はすぐさま医療機関へ搬送する必要があります。

○局所の皮膚の腫れ（皮膚炎）

刺されたとたんに痛みを生じる場合（ハチ，ムカデ，アリ，クモなど）は，まず安静にして患部を冷却してください。市販の塗り薬（抗ヒスタミン剤を含む）を塗布し経過を見ましょう。ハチなどの毒針が残っている場合は，定規などのかたいものではじくようにして除去を試みます。不要につまむと，毒針に残った毒が体内に注入されます。

血を吸ってあとから腫れてくるカ，ノミ，ダニなどもやはり局所冷却や市販薬で様子を見ますが，ひどい場合は医療機関を受診させましょう。

② 動物に咬まれた

動物に咬まれた場合の重要なポイントは，感染，なかでも破傷風をいかに予防するかです。破傷風菌の毒素に対するワクチンは，いわゆる四種混合ワクチンに含まれていますが，このワクチンを子どもがスケジュール通りに接種しているか，最後の接種からどれくらい経過しているかなどについて受診前に必ずチェックしておいてください。

受傷後早い時期に適切な処置を受けることが，感染を予防するうえで最も重要です。

○イ　ヌ

　動物に咬まれるケガのうち，80〜90％はイヌによる
ものです。イヌの場合は，狂犬病も問題になります。
実際には日本では狂犬病の国内感染は60年以上報告さ
れていませんが，海外で感染し帰国後発症した例は最
近でも確認されています。輸入したイヌなどは注意が
必要で，イヌの予防接種歴も必ず確認する必要があり
ます。イヌの口のなかにはさまざまな細菌が生息して
おり，破傷風菌を含む細菌による感染が心配されます。
イヌは咬む力が強いため，骨折したり，非常に重度の
組織損傷を伴ったりする場合もあります。子どもの場
合は，大量出血で死亡することもあります。直ちに傷
を流水で洗浄したうえで，出血量が多ければ圧迫止血
をし，急いで病院を受診しましょう。

○ネコ，げっ歯類など

　ネコや，げっ歯類（ネズミやハムスター）などでもイ
ヌと同じく傷の細菌感染が問題となります。ネコには
ネコひっかき病という病気も存在します。ハムスター
によるアナフィラキシーも報告されており，注意が必
要です。ネコの咬んだ痕は一見小さく大したことがな
いように見えますが，実は鋭く深いことが多く，感染
率も非常に高いとされています。

○ヘ　ビ

　日本で見られる毒蛇はマムシ，ハブ，ヤマカガシな
どで，毒素による重症の症状が起こり得ます。咬まれ
た時にはまず安静を保ち，興奮させたり歩かせたりし
ないでください。傷より心臓に向かって上流を軽くし
ばったうえで（図参照），一刻も早く医療機関を受診さ

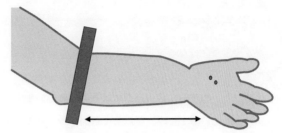

病変から10〜20cm 上流をゆるくしばる。
決して強くしばってはいけない！
（指が1本入る程度のすきまをあける）

図　ヘビ咬傷時の圧迫

せてください。

③　友達に噛まれた

　動物に咬まれる事故のなかでイヌ，ネコに続いて3
番目に多いのが，ヒトによる咬み傷です。動物に比べ
ると安全な気がしますが，実は人の口のなかには極め
て多くの細菌が存在し，むしろ感染の危険が高いので
す。また，B型肝炎などに感染する可能性などもあり
ます。そのため，友達に噛まれたときの対応は，動物
の時と同様に注意深く行いましょう。軽そうに見える
からと言って油断せず，病院を受診することが大切で
す。

（柳　貴英）

参考文献
　須貝雅彦（2016）．動物咬傷，虫刺症．小児内科，
48(11)，pp. 1783-1785.

髪に何かついている，肌に虫がついている

① アタマジラミ

アタマジラミは体長2〜4mm程の灰白色の虫で，髪の毛に寄生して人の血液を吸います。12歳以下の，髪の毛の長い子どもに寄生しやすいと言われています。成虫は髪の毛に卵を生み，卵は約1週間でかえります。幼虫も成虫も，オスもメスも血液を吸い，また成虫になると卵を産んで髪の毛でどんどん増えます。アタマジラミは血液を吸う時に唾を頭皮に注入し，この唾のせいで頭皮がかゆくなります。アタマジラミが寄生していても数が少なければ症状はありません。しかし，ある程度たくさん増えると，頭皮がとてもかゆくなりイライラしたり，そのせいで眠れなくなったりします。

アタマジラミが寄生したことを確認するためには，髪の毛にひっついている白っぽいかたまりを，虫眼鏡で観察すると虫や卵が見えます。アタマジラミが寄生する経路は，頭と頭，髪の毛と髪の毛が触れ合うことで虫が移動することが主です。不潔だからうつるわけではありません。また，保育所や学校，家族などの集団生活のなかでタオル，帽子，布団，くし等を一緒に使うことも原因となります。プールに入ることはアタマジラミがうつる原因になりませんが，ロッカーを一緒に使うことが原因となる可能性はあります。集団でアタマジラミが発生した場合には，一斉に駆除対策を行うことが大切です。

駆除方法は，専用のシャンプーやパウダーを使うこと，少なくとも10日間はしっかり頭を洗うこと，梳き櫛を使って虫や卵，卵の殻を取り除くこと（髪の毛が絡まりやすい場合はオイルやリンスをつけるとましになる），アタマジラミが寄生している子どもの服，寝具，帽子，くしなどを60℃以上のお湯で5分以上熱すること，などです。アタマジラミに寄生された場合，このような対策は重要ですが，学校保健安全法では，登園・登校は制限されていません。

② マダニ

日本には47種類のマダニが生息していると言われています。マダニはシカやウサギなどの野生動物の出没する場所，裏山や畑などに生息しています。

マダニもシラミと同じように血液を吸う虫ですが，シラミと異なり1〜2週間にわたって嚙みついたまま血液を吸い続けます。一部のマダニはセメントのような物質を出すことにより，嚙みついた口が離れないようにしているものもあります。このため，吸血中のマダニを無理やり剝がそうとすると，マダニの一部が皮膚に残って化膿してしまうことがあります。マダニが付着していることに気づいたら，医療機関への受診が望ましいでしょう。

マダニに嚙まれると，皮膚が赤く腫れたり菌に感染したりするだけでなく，ダニの媒介するさまざまな病気にかかる可能性があります。リケッチアによる日本紅斑熱，Q熱，スピロヘータによるライム病，ウイルスによる重症熱性血小板減少症候群，ダニ媒介性脳炎などが有名です。これらの病気は嚙まれてから数週間の間に症状が出るため，マダニに嚙まれたらしばらくは発疹や発熱などの体調の変化に注意し，症状がある

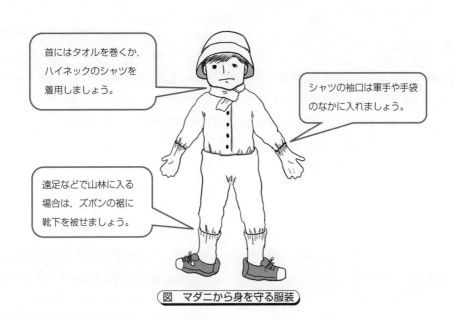

首にはタオルを巻くか，ハイネックのシャツを着用しましょう。

シャツの袖口は軍手や手袋のなかに入れましょう。

遠足などで山林に入る場合は，ズボンの裾に靴下を被せましょう。

図　マダニから身を守る服装

場合には医療機関を受診することがすすめられています。特に西日本で多く発生している**重症熱性血小板減少症候群**は特効薬がなく致死率も高く，まずはマダニに噛まれないよう予防することが重要です。

　マダニの活動が盛んな春から秋にかけて，山や草むらに入る際には，長袖・長ズボンを着用し，シャツの袖口は軍手や手袋のなかに入れる，シャツの裾はズボンのなかに入れる，ズボンの裾は靴下や長靴のなかに入れる，など露出を最小限とし，マダニが服のなかに入り込まないような工夫が必要です（図参照）。ディートやイカリジンなどの成分を含む虫除けも効果的ですが，完全にマダニが付着しないわけではないので，服装の注意はやはり必要です。服にマダニがついてしまった場合には，家に入る前に服を脱ぎ，ガムテープを

使ってマダニを取り除く方法も効果的です。

（一岡聡子）

▷　**重症熱性血小板減少症候群**
マダニに噛まれることでウイルスに感染し，6〜14日の潜伏期間を経て発熱，頭痛，下痢嘔吐，意識障害などを起こす疾患。重症になると体のなかの炎症がおさまらず，血液を固める機能が乱れ，全身の臓器の機能も異常に低下し致死率が高くなる。

（参考文献）
　関なおみ・小林睦生（2006）．シラミ症とは．IDWR, **26**, pp. 14-18.
　豊島区保健所（豊島区池袋保健所）生活衛生課（2008）．資料編　アタマジラミ駆除方法の手引き．駆除方法の10例．
　国立感染症研究所昆虫医科学部（2019）．マダニ対策，今できること（https://www.niid.go.jp/niid/ja/sfts/2287-ent/3964-madanitaisaku.html）．

午睡時の注意点，夜驚症

① 睡　眠

　睡眠は体の機能を維持するために重要な時間です。特に子どもは心身の健全な発育のためにも，睡眠が重要なことはよく知られています。午睡の回数や時間は年齢があがるにつれ，徐々に減少していきますが，赤ちゃんや乳幼児は午睡をする子どもがほとんどです。

　このように子どもであればほとんどが午睡をしますが，午睡時の事故で死亡するといった痛ましいニュースを耳にすることもあるかと思います。

　ここでは午睡時の注意点を具体的に記載し，我々が救急外来などでよく相談される夜驚症について述べます。

② 午睡時の注意点

○うつ伏せ寝は避ける

　子どもは体の機能が未熟な部分も多く，安全な睡眠環境を確保することが重要です。特に生後1年くらいまでの期間は，危険な状態を回避する身体機能も未熟です。**乳幼児突然死症候群**（Sudden Infant Death Syndrome；SIDS）という睡眠中に赤ちゃんが突然死亡する原因のわからない病気があります。うつ伏せ寝で寝かせたほうがSIDSの発生率が高いという報告があります。このため特別な理由がある時以外は，子どもの顔が見える仰向けに寝かせるようにすることが大切です。

○子どもの周りに危険なものを置かない

　午睡の最中に窒息する子どもの事例の報告があります。子どもの場合，思いがけないものが窒息の原因になることがあるので，注意が必要です。たとえばやわらかい布団，タオル，枕，ぬいぐるみなどは子どもの口や鼻を完全に塞いでしまうことがあるので，あらかじめ子どもの周りに置かないことが大切です。その他の午睡時の窒息のリスクとしては，口のなかにお菓子などの食べ物を食べた状態で午睡をすることは，窒息の原因となります。

　子どもは風邪の時には嘔吐することも多いです。このため風邪の時は，睡眠中に嘔吐して吐物を喉につまらせないように気をつける必要があります。

　また，子どもは睡眠中に寝返りなどで移動することも多いです。このため，首に巻きついてしまうおそれのあるヒモや布などは，寝る前に取り除いておくことが望ましいです。ベッドで寝ている時は，あらかじめベッド柵をするなどして，落下の危険がないようにもしておきます。

○体温に注意する

　子どもは体温の調節も未熟なために，季節に応じた適切な室内温度を保っているか注意します。夏場の日中は，暑すぎる室内にいると熱中症になる場合があるので，特に注意が必要です。このため夏場の午睡の時は，直接子どもに冷風があたらないように注意しながら，適度に冷房などを利用したり，直射日光があたる窓際で寝させないなどの対策が必要です。

　一方，子どもは発汗することが多く，汗をかいた服をそのままにしておくと，極端に体温が低下する場合もあります。このため，午睡の時の体温はこまめに配

慮することが大切です。

○午睡の時間

乳幼児は睡眠のリズムが確立していないので，夜にまとまって寝るようなことはあまりありません。しかし年齢が上がるにつれ，徐々に夜の睡眠時間が増え，午睡の時間は減っていきます。1日の総睡眠時間は人によって多少の差はありますが，午睡を多くしすぎると夜の睡眠の妨げになることがあります。子どもで，夜の寝つきが悪かったり，夜中にぐっすり寝ない場合には，無理のない範囲で午睡の時間を少しずつ減らしてみてもよいかもしれません。

子どもが夜に起きてしまい，両親の疲労が蓄積し，育児不安につながることもあります。これらの夜の睡眠については，午睡の時間が原因になっている場合があるので注意しましょう。

③ 夜驚症

睡眠に関連した疾患は多数ありますが，有名な疾患の一つとして夜驚症があります。夜驚症は，夜寝ている時に強い恐怖感があり，突然悲鳴をあげたり，泣いたり暴れたりします。激しく動いたりする場合もあるために，両親は驚き，夜間に救急受診されることもあります。一方で，夜驚症で困っていても，家族が治療法は特にないと思い経過を見ている場合もあります。ここでは夜驚症の症状や誘因について述べます。

夜驚症の詳細な原因は不明ですが，発症率は1〜5％くらいで，兄弟姉妹や両親が夜驚症であった場合もあります。通常は4歳から6歳くらいで発症し，大多数は大人になると自然治癒するので，頻度が多くなければ無治療で経過を見る場合もあります。また，夜驚症は睡眠を開始した時から数時間後までに起こることが多く，持続時間は5分から15分くらいが多いですが，時に1時間程度持続することがあります。夜驚症の間の記憶はありません。発作時は，周りの人が子どもを起こそうと思っても覚醒させることは困難なので，制止させることが難しい時があります。このため，あらかじめ周りの危険物を取り除いておくことが重要です。ベッドや階段から転落しないように，寝室の扉を閉めるなどの対処も重要です。夜驚症の発作が出現した際は，けがをしないように注意して，見守る必要があります。

夜驚症の誘因は睡眠不足，睡眠の途中で起こすなどの睡眠が断片化される，ストレス，発熱，騒音，痛み，寝る前に非常に興奮していたなどがあります。このため，明らかな誘因があれば，その誘因を除去することで症状の改善も期待できます。夜驚症の頻度が多い時は，扁桃腺肥大などが原因で寝ている時の呼吸障害がある場合もあるので，医療機関を受診することも重要です。また睡眠前に薬を飲むことで，夜驚症の症状が改善する時もあります。このため，夜驚症の頻度が多かったり，症状が激しく困っている時は医療機関に一度相談するようにしてください。

（松井　潤）

▶ **乳幼児突然死症候群**
⇨ Ⅳ-9 参照。

長時間移動時の注意点，乗り物酔い

① いつから乗り物に乗れるのか

多くの航空会社では，生後7～14日を過ぎた新生児であれば航空機に乗ることができますし，鉄道会社などでは年齢の制限はありません。ただし，自家用車に乗る時は6歳未満ではチャイルドシートに座らせることが義務づけられています。年齢にあったものを用意し，万一の事故の時を考えて助手席に座らせることは避けましょう。

子どもにとっては長距離の移動は大人よりも負担が大きいです。できれば生後1か月健診で問題がないことを確認してもらってから，1時間程度の範囲で移動するようにしましょう。長距離の移動は，しっかり首がすわった5～6か月以降のほうがよいでしょう。

移動はだっこひもなど月齢にあったものでいいですが，1～2時間に1回は休憩するようにしましょう。

② 長時間移動時の注意点

公共交通機関はもちろん，車の移動でも長時間になると子どもは飽きてグズグズしがちです。また，乗り物酔いでしんどくなる子どもも出てきます。大人はどうしても「子どもが騒いで迷惑をかけないか」と心配になりますし，グズグズしだすと注意して，火に油を注ぐこともよくあります。

子どもは次の行動が見通せないと，その時・その場で好奇心を満たそうとするため，普段より聞き分けが悪くなりやすいということを頭に入れて接することが大切です。

③ 長時間移動を乗り切るポイント

長時間移動でなるべくグズグズしないようにするには事前に言い聞かせておくことがよいでしょう。3歳以上の子どもであれば絵本などを用いて，たとえば「電車にはいろいろな人が乗っていて，楽しくお出かけする人ばかりでなく，眠い人やしんどい人なども乗っているから，静かにしようね」などと静かにしなければいけない理由を説明しておくとよいでしょう。また，5歳くらいからは先を見通せるようになりますので，旅のスケジュールをわかりやすく伝えたり，簡単な「旅のしおり」をつくってあげたりするのもよいでしょう。

グズグズしだした時は，「大声を出してはダメ！」としかると逆効果になることもあります。「～しない」というマイナス方向の努力は我慢のみを強いてしまうため，長続きしません。3歳までなら「コショコショ話しようね」と小声で語りかけてみてください。4歳以上なら理由をきちんと説明して納得させるようにしましょう。他のお客さんの気持ちを想像させることも効果的です（小さい子どもでも理解力や共感能力は大人が思っている以上に備わっています）。また，「次の駅まで，おもしろい看板がいくつ見つかるか競争してみよう」などと具体的に指示や提案をするのもよいでしょう。

④ 乗り物酔いとは

乗り物酔いは，電車がカーブを連続で通過するなど

体が複雑な動揺刺激を受けた時に生じやすいです。乗り物酔いは健康な子でも起こることがあり，特に平衡感覚（自分の体が今どこでどのような位置にあるのか，どのように動いているかを察知する脳の力）が発達し始める小学生くらいから中学生くらいまでに見られやすいと言われています。乗り物だけでなく，ビデオゲームでも乗り物酔いを起こすことがあります。あくび，吐き気，嘔吐，めまい，冷や汗，頭が重い感じ，胃の不快感などのように多くの不快な症状が見られます。乗り物から降りてしばらくすると症状は良くなり，後遺症が残ることもありません。

⑤　乗り物酔いの予防

　睡眠不足，急発進・急停車，車中での読書，乗り物酔いに対する不安感によって乗り物酔いが起きやすくなります。したがって，乗り物酔いを起こす乗り物に乗る前には睡眠不足，空腹または満腹をさけるようにしましょう。前日にはしっかりと睡眠をとり，適度に食事をとりましょう。服装はゆったりとしたものにし，乗っている間は頭をできるだけ動かさず，背もたれに頭をつけておくようにしましょう。乗り物酔いを起こしやすい子はバスなら揺れの少ない前の方の席に，船であれば揺れが少ない中央の座席に座らせること，遠くをながめられるように景色がいい座席に座らせることをポイントとして席を決めてあげるとよいでしょう。ゲームや読書は酔う原因になるので，遠くを見ているか目をつぶっているように指示してください。もし酔ってしまったら早めにシートを倒すか横になる，窓を開けるなどして新鮮な空気を吸う，風に当たる，可能なら乗り物から降りるとよいでしょう。

　また，薬局で売っている酔い止めの薬を乗り物に乗る30分〜1時間前に飲むのもよいです。酔い止めの成分は眠りやすい状態にする成分や吐き気を抑える成分が含まれています。年齢にあったものを使用しましょう。酔ってからでも飲むことで効果はあります。

⑥　乗り物酔いを起こさないためには

　乗り物酔いは動きや刺激に対応する脳の力が個々で違うために，個人差が非常に大きいものです。しかし，酔いやすい人でも繰り返し脳に刺激を受けると次第に動きについていく力が備わってくるため，酔いにくくなると言われています。ブランコやシーソーなどの公園の遊具を使って多くの刺激を与えること，でんぐり返し，水泳，トランポリンなどの運動で平衡感覚を養うことも効果的です。ただし，酔いやすい子どもに行う時は気持ち悪くなってしまうと次からは拒否反応が出て訓練ができなくなるので，気持ち悪くなる前に中止し，時間をあけて少しずつ繰り返すようにしましょう。

（田川晃司）

参考文献
　吉田友英（2018）．子どもの乗り物酔い対策．小児科，59(8)，pp. 1189-1195.
　こどもまなび☆ラボ．長距離移動中にこどもの聞き分けが悪くなるのには理由があった！（https://kodomo-manabi-labo.net/idou-koekake）．

巻末資料

保育所保育指針（抄）

（平成29年3月31日厚生労働省告示第117号　平成30年4月1日施行）

第1章　総則

　この指針は，児童福祉施設の設備及び運営に関する基準（昭和23年厚生省令第63号。以下「設備運営基準」という。）第35条の規定に基づき，保育所における保育の内容に関する事項及びこれに関連する運営に関する事項を定めるものである。各保育所は，この指針において規定される保育の内容に係る基本原則に関する事項等を踏まえ，各保育所の実情に応じて創意工夫を図り，保育所の機能及び質の向上に努めなければならない。

1　保育所保育に関する基本原則

(1)　保育所の役割

　ア　保育所は，児童福祉法（昭和22年法律第164号）第39条の規定に基づき，保育を必要とする子どもの保育を行い，その健全な心身の発達を図ることを目的とする児童福祉施設であり，入所する子どもの最善の利益を考慮し，その福祉を積極的に増進することに最もふさわしい生活の場でなければならない。

　イ　保育所は，その目的を達成するために，保育に関する専門性を有する職員が，家庭との緊密な連携の下に，子どもの状況や発達過程を踏まえ，保育所における環境を通して，養護及び教育を一体的に行うことを特性としている。

　ウ　保育所は，入所する子どもを保育するとともに，家庭や地域の様々な社会資源との連携を図りながら，入所する子どもの保護者に対する支援及び地域の子育て家庭に対する支援等を行う役割を担うものである。

　エ　保育所における保育士は，児童福祉法第18条の4の規定を踏まえ，保育所の役割及び機能が適切に発揮されるように，倫理観に裏付けられた専門的知識，技術及び判断をもって，子どもを保育するとともに，子どもの保護者に対する保育に関する指導を行うものであり，その職責を遂行するための専門性の向上に絶えず努めなければならない。

(2)　保育の目標

　ア　保育所は，子どもが生涯にわたる人間形成にとって極めて重要な時期に，その生活時間の大半を過ごす場である。このため，保育所の保育は，子どもが現在を最も良く生き，望ましい未来をつくり出す力の基礎を培うために，次の目標を目指して行わなければならない。

　　(ｱ)　十分に養護の行き届いた環境の下に，くつろいだ雰囲気の中で子どもの様々な欲求を満たし，生命の保持及び情緒の安定を図ること。

　　(ｲ)　健康，安全など生活に必要な基本的な習慣や態度を養い，心身の健康の基礎を培うこと。

　　(ｳ)　人との関わりの中で，人に対する愛情と信頼感，そして人権を大切にする心を育てるとともに，自主，自立及び協調の態度を養い，道徳性の芽生えを培うこと。

　　(ｴ)　生命，自然及び社会の事象についての興味や関心を育て，それらに対する豊かな心情や思考力の芽生えを培うこと。

　　(ｵ)　生活の中で，言葉への興味や関心を育て，話したり，聞いたり，相手の話を理解しようとするなど，言葉の豊かさを養うこと。

　　(ｶ)　様々な体験を通して，豊かな感性や表現力を育み，創造性の芽生えを培うこと。

　イ　保育所は，入所する子どもの保護者に対し，その意向を受け止め，子どもと保護者の安定した関係に配慮し，保育所の特性や保育士等の専門性を生かして，その援助に当たらなければならない。

(3)　保育の方法

　保育の目標を達成するために，保育士等は，次の事項に留意して保育しなければならない。

　ア　一人一人の子どもの状況や家庭及び地域社会での生活の実態を把握するとともに，子どもが安心感と信頼感をもって活動できるよう，子どもの主体としての思いや願いを受け止めること。

　イ　子どもの生活のリズムを大切にし，健康，安全で情緒の安定した生活ができる環境や，自己を十分に発揮できる環境を整えること。

　ウ　子どもの発達について理解し，一人一人の発達過程に応じて保育すること。その際，子どもの個人差に十分配慮すること。

　エ　子ども相互の関係づくりや互いに尊重する心を大切にし，集団における活動を効果あるものにするよう援助すること。

　オ　子どもが自発的・意欲的に関われるような環境を構成し，子どもの主体的な活動や子ども相互の関わりを大切にすること。特に，乳幼児期にふさわしい体験が得られるように，生活や遊びを通して総合的に保育すること。

　カ　一人一人の保護者の状況やその意向を理解，受容し，それぞれの親子関係や家庭生活等に配慮しながら，様々な機会をとらえ，適切に援助すること。

(4)　保育の環境

　保育の環境には，保育士等や子どもなどの人的環境，施設や遊具などの物的環境，更には自然や社会の事象などがある。保育所は，こうした人，物，場などの環境が相互に関連し合い，子どもの生活が豊かなものとなるよう，次の事項に留意しつつ，計画的に環境を構成し，工夫して保育しなければならない。

　ア　子ども自らが環境に関わり，自発的に活動し，様々な経験を積んでいくことができるよう配慮すること。

　イ　子どもの活動が豊かに展開されるよう，保育所の設備や環境を整え，保育所の保健的環境や安全の確保などに努めること。

　ウ　保育室は，温かな親しみとくつろぎの場となるとともに，生き生きと活動できる場となるように配慮すること。

　エ　子どもが人と関わる力を育てていくため，子ども自らが周囲の子どもや大人と関わっていくことができる環境を整えること。

(5)　保育所の社会的責任

　ア　保育所は，子どもの人権に十分配慮するとともに，子ど

も一人一人の人格を尊重して保育を行わなければならない。
イ　保育所は，地域社会との交流や連携を図り，保護者や地域社会に，当該保育所が行う保育の内容を適切に説明するよう努めなければならない。
ウ　保育所は，入所する子ども等の個人情報を適切に取り扱うとともに，保護者の苦情などに対し，その解決を図るよう努めなければならない。

2　養護に関する基本的事項

(1)　養護の理念

　　保育における養護とは，子どもの生命の保持及び情緒の安定を図るために保育士等が行う援助や関わりであり，保育所における保育は，養護及び教育を一体的に行うことをその特性とするものである。保育所における保育全体を通じて，養護に関するねらい及び内容を踏まえた保育が展開されなければならない。

(2)　養護に関わるねらい及び内容

　ア　生命の保持

　　(ア)　ねらい

　　　①　一人一人の子どもが，快適に生活できるようにする。
　　　②　一人一人の子どもが，健康で安全に過ごせるようにする。
　　　③　一人一人の子どもの生理的欲求が，十分に満たされるようにする。
　　　④　一人一人の子どもの健康増進が，積極的に図られるようにする。

　　(イ)　内容

　　　①　一人一人の子どもの平常の健康状態や発育及び発達状態を的確に把握し，異常を感じる場合は，速やかに適切に対応する。
　　　②　家庭との連携を密にし，嘱託医等との連携を図りながら，子どもの疾病や事故防止に関する認識を深め，保健的で安全な保育環境の維持及び向上に努める。
　　　③　清潔で安全な環境を整え，適切な援助や応答的な関わりを通して子どもの生理的欲求を満たしていく。また，家庭と協力しながら，子どもの発達過程等に応じた適切な生活のリズムがつくられていくようにする。
　　　④　子どもの発達過程等に応じて，適度な運動と休息を取ることができるようにする。また，食事，排泄，衣類の着脱，身の回りを清潔にすることなどについて，子どもが意欲的に生活できるよう適切に援助する。

　イ　情緒の安定

　　(ア)　ねらい

　　　①　一人一人の子どもが，安定感をもって過ごせるようにする。
　　　②　一人一人の子どもが，自分の気持ちを安心して表すことができるようにする。
　　　③　一人一人の子どもが，周囲から主体として受け止められ，主体として育ち，自分を肯定する気持ちが育まれていくようにする。
　　　④　一人一人の子どもがくつろいで共に過ごし，心身の疲れが癒されるようにする。

　　(イ)　内容

　　　①　一人一人の子どもの置かれている状態や発達過程などを的確に把握し，子どもの欲求を適切に満たしなが

ら，応答的な触れ合いや言葉がけを行う。
　②　一人一人の子どもの気持ちを受容し，共感しながら，子どもとの継続的な信頼関係を築いていく。
　③　保育士等との信頼関係を基盤に，一人一人の子どもが主体的に活動し，自発性や探索意欲などを高めるとともに，自分への自信をもつことができるよう成長の過程を見守り，適切に働きかける。
　④　一人一人の子どもの生活のリズム，発達過程，保育時間などに応じて，活動内容のバランスや調和を図りながら，適切な食事や休息が取れるようにする。

（…中略…）

第3章　健康及び安全

　保育所保育において，子どもの健康及び安全の確保は，子どもの生命の保持と健やかな生活の基本であり，一人一人の子どもの健康の保持及び増進並びに安全の確保とともに，保育所全体における健康及び安全の確保に努めることが重要となる。
　また，子どもが，自らの体や健康に関心をもち，心身の機能を高めていくことが大切である。
　このため，第1章及び第2章等の関連する事項に留意し，次に示す事項を踏まえ，保育を行うこととする。

1　子どもの健康支援

(1)　子どもの健康状態並びに発育及び発達状態の把握

　ア　子どもの心身の状態に応じて保育するために，子どもの健康状態並びに発育及び発達状態について，定期的・継続的に，また，必要に応じて随時，把握すること。
　イ　保護者からの情報とともに，登所時及び保育中を通じて子どもの状態を観察し，何らかの疾病が疑われる状態や傷害が認められた場合には，保護者に連絡するとともに，嘱託医と相談するなど適切な対応を図ること。看護師等が配置されている場合には，その専門性を生かした対応を図ること。
　ウ　子どもの心身の状態等を観察し，不適切な養育の兆候が見られる場合には，市町村や関係機関と連携し，児童福祉法第25条に基づき，適切な対応を図ること。また，虐待が疑われる場合には，速やかに市町村又は児童相談所に通告し，適切な対応を図ること。

(2)　健康増進

　ア　子どもの健康に関する保健計画を全体的な計画に基づいて作成し，全職員がそのねらいや内容を踏まえ，一人一人の子どもの健康の保持及び増進に努めていくこと。
　イ　子どもの心身の健康状態や疾病等の把握のために，嘱託医等により定期的に健康診断を行い，その結果を記録し，保育に活用するとともに，保護者が子どもの状態を理解し，日常生活に活用できるようにすること。

(3)　疾病等への対応

　ア　保育中に体調不良や傷害が発生した場合には，その子どもの状態等に応じて，保護者に連絡するとともに，適宜，嘱託医や子どものかかりつけ医等と相談し，適切な処置を行うこと。看護師等が配置されている場合には，その専門性を生かした対応を図ること。
　イ　感染症やその他の疾病の発生予防に努め，その発生や疑いがある場合には，必要に応じて嘱託医，市町村，保健所

等に連絡し，その指示に従うとともに，保護者や全職員に連絡し，予防等について協力を求めること。また，感染症に関する保育所の対応方法等について，あらかじめ関係機関の協力を得ておくこと。看護師等が配置されている場合には，その専門性を生かした対応を図ること。

ウ　アレルギー疾患を有する子どもの保育については，保護者と連携し，医師の診断及び指示に基づき，適切な対応を行うこと。また，食物アレルギーに関して，関係機関と連携して，当該保育所の体制構築など，安全な環境の整備を行うこと。看護師や栄養士等が配置されている場合には，その専門性を生かした対応を図ること。

エ　子どもの疾病等の事態に備え，医務室等の環境を整え，救急用の薬品，材料等を適切な管理の下に常備し，全職員が対応できるようにしておくこと。

2　食育の推進

(1)　保育所の特性を生かした食育

ア　保育所における食育は，健康な生活の基本としての「食を営む力」の育成に向け，その基礎を培うことを目標とすること。

イ　子どもが生活と遊びの中で，意欲をもって食に関わる体験を積み重ね，食べることを楽しみ，食事を楽しみ合う子どもに成長していくことを期待するものであること。

ウ　乳幼児期にふさわしい食生活が展開され，適切な援助が行われるよう，食事の提供を含む食育計画を全体的な計画に基づいて作成し，その評価及び改善に努めること。栄養士が配置されている場合は，専門性を生かした対応を図ること。

(2)　食育の環境の整備等

ア　子どもが自らの感覚や体験を通して，自然の恵みとしての食材や食の循環・環境への意識，調理する人への感謝の気持ちが育つように，子どもと調理員等との関わりや，調理室など食に関わる保育環境に配慮すること。

イ　保護者や地域の多様な関係者との連携及び協働の下で，食に関する取組が進められること。また，市町村の支援の下に，地域の関係機関等との日常的な連携を図り，必要な協力が得られるよう努めること。

ウ　体調不良，食物アレルギー，障害のある子どもなど，一人一人の子どもの心身の状態等に応じ，嘱託医，かかりつけ医等の指示や協力の下に適切に対応すること。栄養士が配置されている場合は，専門性を生かした対応を図ること。

3　環境及び衛生管理並びに安全管理

(1)　環境及び衛生管理

ア　施設の温度，湿度，換気，採光，音などの環境を常に適切な状態に保持するとともに，施設内外の設備及び用具等の衛生管理に努めること。

イ　施設内外の適切な環境の維持に努めるとともに，子ども及び全職員が清潔を保つようにすること。また，職員は衛生知識の向上に努めること。

(2)　事故防止及び安全対策

ア　保育中の事故防止のために，子どもの心身の状態等を踏まえつつ，施設内外の安全点検に努め，安全対策のために全職員の共通理解や体制づくりを図るとともに，家庭や地域の関係機関の協力の下に安全指導を行うこと。

イ　事故防止の取組を行う際には，特に，睡眠中，プール活動・水遊び中，食事中等の場面では重大事故が発生しやすいことを踏まえ，子どもの主体的な活動を大切にしつつ，施設内外の環境の配慮や指導の工夫を行うなど，必要な対策を講じること。

ウ　保育中の事故の発生に備え，施設内外の危険箇所の点検や訓練を実施するとともに，外部からの不審者等の侵入防止のための措置や訓練など不測の事態に備えて必要な対応を行うこと。また，子どもの精神保健面における対応に留意すること。

4　災害への備え

(1)　施設・設備等の安全確保

ア　防火設備，避難経路等の安全性が確保されるよう，定期的にこれらの安全点検を行うこと。

イ　備品，遊具等の配置，保管を適切に行い，日頃から，安全環境の整備に努めること。

(2)　災害発生時の対応体制及び避難への備え

ア　火災や地震などの災害の発生に備え，緊急時の対応の具体的内容及び手順，職員の役割分担，避難訓練計画等に関するマニュアルを作成すること。

イ　定期的に避難訓練を実施するなど，必要な対応を図ること。

ウ　災害の発生時に，保護者等への連絡及び子どもの引渡しを円滑に行うため，日頃から保護者との密接な連携に努め，連絡体制や引渡し方法等について確認をしておくこと。

(3)　地域の関係機関等との連携

ア　市町村の支援の下に，地域の関係機関との日常的な連携を図り，必要な協力が得られるよう努めること。

イ　避難訓練については，地域の関係機関や保護者との連携の下に行うなど工夫すること。

（…後略…）

予防接種のスケジュール

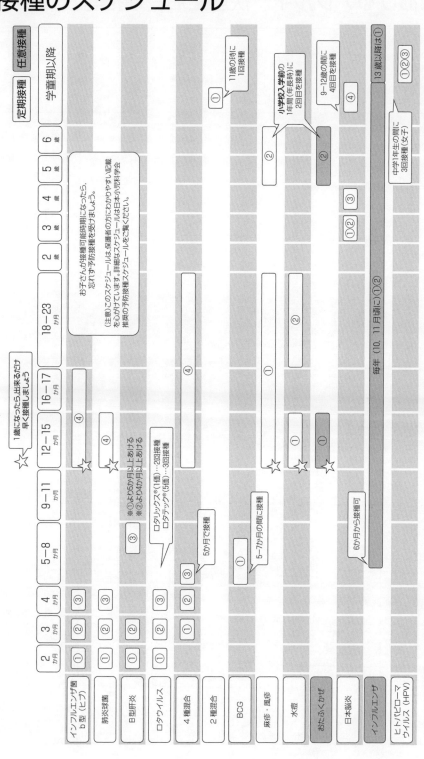

出所：日本小児科学会ウェブサイト内「日本小児科学会が推奨する予防接種スケジュール（保護者用）」（http://www.jpeds.or.jp/uploads/files/vaccine_schedule_hogosya.pdf）より一部改変。

保育所におけるアレルギー疾患生活管理指導表（参考様式）

（参考様式）

※ 「保育所におけるアレルギー対応ガイドライン」（2019年改訂版）

保育所におけるアレルギー疾患生活管理指導表（食物アレルギー・アナフィラキシー・気管支ぜん息）

この生活管理指導表は、保育所の生活において特別な配慮や管理が必要となった子どもに限って、医師が作成するものです。

名前 _____ 男・女 ___ 年 ___ 月 ___ 日生（ ___ 歳 ___ ヶ月） ___ 組　提出日 ___ 年 ___ 月 ___ 日

記載日 ___ 年 ___ 月 ___ 日

食物アレルギー・アナフィラキシー（あり・なし）

病型・治療

A．食物アレルギー病型
1．食物アレルギーの関与する乳児アトピー性皮膚炎
2．即時型
3．その他（新生児・乳児消化管アレルギー・口腔アレルギー症候群・食物依存性運動誘発アナフィラキシー・その他　　　　）

B．アナフィラキシー病型
1．食物（原因：　　　　　）
2．その他（医薬品・食物依存性運動誘発アナフィラキシー・ラテックスアレルギー・昆虫・動物のフケや毛）

C．原因食品・除去根拠　該当する食品の番号に○をし、かつ（ ）内に除去根拠を記載
［除去根拠］該当するものすべてを《 》内に番号を記載
①明らかな症状の既往
②食物経口負荷試験陽性
③IgE抗体等検査結果陽性
④未摂取
1．鶏卵（ ）
2．牛乳・乳製品（ ）
3．小麦（ ）
4．ソバ（ ）
5．ピーナッツ（ ）
6．大豆（ ）
7．ゴマ（ ）
8．ナッツ類*（ すべて・クルミ・カシューナッツ・アーモンド・ ）
9．甲殻類*（ すべて・エビ・カニ・ ）
10．軟体類・貝類*（ すべて・イカ・タコ・ホタテ・アサリ・ ）
11．魚卵*（ すべて・イクラ・タラコ・ ）
12．魚類*（ すべて・サバ・サケ・ ）
13．肉類*（ 鶏肉・牛肉・豚肉・ ）
14．果物類*（ キウイ・バナナ・ ）
15．その他（ ）
　*は（ ）の中の該当する項目に○をするか具体的に記載すること

D．緊急時に備えた処方薬
1．内服薬（抗ヒスタミン薬、ステロイド薬）
2．アドレナリン自己注射薬「エピペン®」
3．その他（ ）

保育所での生活上の留意点

A．給食・離乳食
1．管理不要
2．管理必要（管理内容については、病型・治療のC. 欄及び下記C. E欄を参照）

B．アレルギー用調整粉乳
1．不要
2．必要　下記該当ミルクに○、又は（ ）内に記入
ミルフィー HP・ニュー MA-1・MA-mi・ペプディエット・エレメンタルフォーミュラ
その他（ ）

C．除去食品においてより厳しい除去が必要なもの
病型・治療のC. 欄で除去の際に、より厳しい除去が必要となるもののみに○をつける
※本欄に○がついた場合、該当する食品を使用した料理については、給食対応が困難となる場合があります。
1．鶏卵：卵殻カルシウム
2．牛乳・乳製品：乳糖
3．小麦：醤油・酢・麦茶
6．大豆：大豆油・醤油・味噌
7．ゴマ：ゴマ油
12．魚類：かつおだし・いりこだし
13．肉類：エキス

D．食物・食材を扱う活動
1．管理不要
2．原因食材を教材とする活動の制限（ ）
3．調理活動時の制限（ ）
4．その他（ ）

E．特記事項
（その他に特別な配慮や管理が必要な場合には、医師が保護者と相談のうえ記載。対応内容は保育所が保護者と相談のうえ決定）
（ ）
（ ）
（ ）

医師名 _____
医療機関名 _____
電話 _____

気管支ぜん息（あり・なし）

病型・治療

A．症状のコントロール状態
1．良好
2．比較的良好
3．不良

B．長期管理薬（短期追加治療薬を含む）
1．ステロイド吸入薬
　剤形：
　投与量（日）：
2．ロイコトリエン受容体拮抗薬
3．DSCG吸入薬
4．ベータ刺激薬（内服・貼付薬）
5．その他（ ）

C．急性増悪（発作）治療薬
1．ベータ刺激薬吸入
2．ベータ刺激薬内服
3．その他（ ）

D．急性増悪（発作）時の対応
（自由記載）

保育所での生活上の留意点

A．寝具に関して
1．管理不要
2．防ダニシーツ等の使用
3．その他の管理が必要（ ）

B．動物との接触
1．管理不要
2．動物への反応が強いため不可
　動物名（ ）
3．飼育活動等の制限（ ）

C．外遊び、運動に対する配慮
1．管理不要
2．管理必要
（管理内容：　　　　　）

D．特記事項
（その他に特別な配慮や管理が必要な場合には、医師が保護者と相談のうえ記載。対応内容は保育所が保護者と相談のうえ決定）
（ ）
（ ）
（ ）

記載日 ___ 年 ___ 月 ___ 日
医師名 _____
医療機関名 _____
電話 _____

● 保育所における日常の取り組み及び緊急時の対応に活用するため、本表に記載された内容を保育所の職員及び消防機関・医療機関等と共有することに同意しますか。
　同意する
　同意しない
保護者氏名 _____

緊急連絡先
★保護者
電話：
★連絡医療機関
電話：

（参考様式）　※「保育所におけるアレルギー対応ガイドライン」（2019年改訂版）

保育所におけるアレルギー疾患生活管理指導表　（アトピー性皮膚炎・アレルギー性結膜炎・アレルギー性鼻炎）

名前 ＿＿＿＿＿　男・女　＿＿年＿＿月＿＿日生（＿＿歳＿＿ヶ月）　＿＿＿組

※この生活管理指導表は、保育所の生活において特別な配慮や管理が必要となった子どもに限って、医師が作成するものです。

提出日　＿＿＿年＿＿月＿＿日

	病型・治療	保育所での生活上の留意点	
アトピー性皮膚炎 （　）あり （　）なし	A. 重症度のめやす（厚生労働科学研究班） 1. 軽症：面積に関わらず、軽度の皮疹のみみられる。 2. 中等症：強い炎症を伴う皮疹が体表面積の10％未満にみられる。 3. 重症：強い炎症を伴う皮疹が体表面積の10％以上、30％未満にみられる。 4. 最重症：強い炎症を伴う皮疹が体表面積の30％以上にみられる。 ※軽度の皮疹：軽度の紅斑、乾燥、落屑主体の病変 ※強い炎症を伴う皮疹：紅斑、丘疹、びらん、浸潤、苔癬化などを伴う病変 B-1. 常用する外用薬 1. ステロイド軟膏 2. タクロリムス軟膏（「プロトピック®」） 3. 保湿剤 4. その他（　） B-2. 常用する内服薬 1. 抗ヒスタミン薬 2. その他（　） C. 食物アレルギーの合併 1. あり 2. なし	A. プール・水遊び及び長時間の紫外線下での活動 1. 管理不要 2. 管理必要（　） B. 動物との接触 1. 管理不要 2. 管理必要（　） 　動物への反応が強いため不可　動物名（　） 3. 飼育活動等の制限（　） 4. その他（　）	D. 特記事項 （その他に特別な配慮や管理が必要な場合には、医師が必要な事項を記載。対応内容は保育所が保護者と相談のうえ決定） 記載日　年　月　日 医師名（　） 医療機関名（　） 電話
		C. 発汗後 1. 管理不要 2. 管理必要（管理内容：　） 3. 夏季シャワー浴（施設で可能な場合）	
アレルギー性結膜炎 （　）あり （　）なし	A. 病型 1. 通年性アレルギー性結膜炎 2. 季節性アレルギー性結膜炎（花粉症） 3. 春季カタル 4. アトピー性角結膜炎 5. その他（　） B. 治療 1. 抗アレルギー点眼薬 2. ステロイド点眼薬 3. 免疫抑制点眼薬 4. その他（　）	A. プール指導 1. 管理不要 2. 管理必要（管理内容：　） 3. プールへの入水不可 B. 屋外活動 1. 管理不要 2. 管理必要（管理内容：　）	C. 特記事項 （その他に特別な配慮や管理が必要な場合には、医師が必要な事項を記載。対応内容は保育所が保護者と相談のうえ決定） 記載日　年　月　日 医師名（　） 医療機関名（　） 電話
アレルギー性鼻炎 （　）あり （　）なし	A. 病型 1. 通年性アレルギー性鼻炎 2. 季節性アレルギー性鼻炎（花粉症） 主な症状の時期：春　夏　秋　冬 B. 治療 1. 抗ヒスタミン薬・抗アレルギー薬（内服） 2. 鼻噴霧用ステロイド薬 3. 舌下免疫療法 4. その他（　）	A. 屋外活動 1. 管理不要 2. 管理必要（管理内容：　） B. 特記事項 （その他に特別な配慮や管理が必要な場合には、医師が必要な事項を記載。対応内容は保育所が保護者と相談のうえ決定）	記載日　年　月　日 医師名（　） 医療機関名（　） 電話

● 保育所における日常の取り組み及び緊急時の対応に活用するため、本表に記載された内容を保育所の職員及び消防機関・医療機関等と共有することに同意しますか。
・同意する
・同意しない　保護者氏名

出所：厚生労働省 (2019). 保育所におけるアレルギー対応ガイドライン (2019年改訂版), pp.75-76.

さくいん

執筆者紹介 （氏名／よみがな／生年／現職／主著／子どもの健康と安全を学ぶ読者へのメッセージ）　＊は編著者

池田勇八（いけだ　ゆうはち/1982年生まれ）

滋賀医科大学附属病院小児科医員

子どもの病気は幅広く，また症状をうまく伝えてくれないために困ることが多いと思います。この本が，子どもを診る時に少しでも役に立てば幸いです。

木川　崇（きがわ　たかし/1980年生まれ）

滋賀医科大学附属病院小児科助教

子どもは身体も精神も発展途上です。子どもについてよく学び，共に育んでいきましょう。

石川依子（いしかわ　よりこ/1980年生まれ）

東近江市立能登川病院小児科医長

地域の子どもたちが安定した環境で育っていけるよう，多職種で手を取り合っていきたいですね。

阪上由子（さかうえ　ゆうこ/1974年生まれ）

滋賀医科大学小児科学講座小児発達支援学部門特任准教授

『腸内細菌・口腔細菌と全身疾患』（共著・シーエムシー出版）『便秘薬との向き合い方』（共著・金芳堂）

読者のみなさんが輝く未来をもつ子どもたちに寄り添い，その成長を見守る仕事を選択されることを願っています。

一岡聡子（いちおか　さとこ）

滋賀医科大学男女共同参画推進室小児科診療登録医

子どもに限らず，他者を思いやり支え合える社会になると良いですね。

澤井ちひろ（さわい　ちひろ/1973年生まれ）

滋賀医科大学小児科学講座小児発達支援学部門特任講師

『小児科疾患アルゴリズム』（共著・中山書店）

子どもたちの成長と発達は，いつも新鮮な驚きを与えてくれます。一緒に見守る幸せを日々感じています。

上羽智子（うえば　さとこ/1979年生まれ）

済生会守山市民病院小児科医長

保護者と協力し，子どもたちのことを第一に考え，行動できる素敵な先生になってください。期待しています。

澤井俊宏（さわい　としひろ/1973年生まれ）

滋賀医科大学附属病院小児科講師

『小児臨床検査のポイント2017』（共著・東京医学社）『今日の小児治療指針（第17版）』（共著・医学書院）

すべての子どもたちが，健やかで，幸せな毎日をすごせますように。このテキストが役立つよう願っています。

太田宗樹（おおた　もとき/1981年生まれ）

済生会滋賀県病院小児科副部長

みなさまの学びが子どもたちの健やかな成長と発達につながっていくと思います。

柴田晶美（しばた　まさみ/1979年生まれ）

滋賀医科大学医師臨床教育センター特任助教（小児科兼任）

未来ある子どもたちのために，この本で学んだ知識を活かしていただければ幸いです。

執筆者紹介 (氏名/よみがな/生年/現職/主著/子どもの健康と安全を学ぶ読者へのメッセージ)　　*は編著者

清水淳次（しみず　じゅんじ/1980年生まれ）

滋賀医科大学附属病院救急・集中治療部助教

未来ある子どもたちのために，共に取り組んでいくことができればとてもうれしいです。

底田辰之（そこだ　たつゆき/1976年生まれ）

滋賀医科大学附属病院小児科助教

すべての子どもたちの輝かしい未来に役立ててください。

田川晃司（たがわ　こうじ/1984年生まれ）

滋賀医科大学附属病院小児科医員

元気な子どもたちと接していくなかで起こり得ることについて，この本を参考にしていただけると幸いです。

＊竹内義博（たけうち　よしひろ/1951年生まれ）

滋賀医科大学名誉教授，小児発達支援学部門特任教授

『Neuronal Serotonin』（共著・John Wiley & Sons）『Autism — A neurodevelopmental journey from genes to behaviour』（共著・InTechWeb. Org）

無限の可能性を持った子どもを守るために。

龍田直子（たつた　なおこ/1969年生まれ）

大津市子ども発達相談センター所長

『メンタルヘルス事典』（共著・同朋舎）『ストレスの事典』（共著・朝倉書店）

子どもが自分らしさを発揮して育っていけるように，それぞれの立場で学びと経験を積み重ねていきましょう。

長井静世（ながい　しずよ/1976年生まれ）

滋賀医科大学附属病院小児科医員

子どもたちの健やかな成長のために，保育士を目指す方々の勉学のお役に立ちますと幸いです。

永江彰子（ながえ　あきこ/1972年生まれ）

びわこ学園医療福祉センター草津医師

子どもの発達の奥深さを日々感じております。

中島　亮（なかじま　りょう/1977年生まれ）

済生会滋賀県病院小児科副部長

『新版よくわかる子どもの保健』（共著・ミネルヴァ書房）

子どもたちの明るい未来のために，共に頑張っていきたいと思います。

西倉紀子（にしくら　のりこ/1977年生まれ）

滋賀医科大学小児科学講座小児発達支援学部門特任助教

子どもたちの力は無限大です。持っている力を十分に発揮できる環境を整え，発育を見守っていきましょう。

林　安里（はやし　あんり/1979年生まれ）

びわこ学園医療福祉センター野洲医師

日々成長していく子どもたちに，どんな時でも寄り添える助けになればうれしいです。

執筆者紹介 （氏名／よみがな／生年／現職／主著／子どもの健康と安全を学ぶ読者へのメッセージ）　＊は編著者

藤田聖実（ふじた　まさみ/1984年生まれ）

滋賀医科大学附属病院小児科医員
未来ある子どもたちのために，たくさん勉強してください。

森宗孝夫（もりむね　たかお/1982年生まれ）

滋賀医科大学附属病院小児科助教
子どもを健全に育てることは，将来の自分たちに還る，社会的にもとても大切なことです。子どもの心身の健康を守り，そして維持するために多くのことを学んでください。

松井克之（まつい　かつゆき/1973年生まれ）

滋賀医科大学附属病院小児科講師
健康な子どもも病気をかかえる子どもも一人の自立した成人に育つように将来を意識して関わってあげてください。

柳　貴英（やなぎ　たかひで/1973年生まれ）

滋賀医科大学附属病院小児科講師（学内）
未来のある子どもたちに関わることのできるのは素晴らしい仕事です。ぜひ頑張って夢をかなえてください。

松井　潤（まつい　じゅん/1984年生まれ）

大和郡山病院小児科医員
子どもの健康と安全の理解を深めることに役に立てればうれしいです。

山本かずな（やまもと　かずな/1984年生まれ）

滋賀医科大学附属病院小児科医員
「面白きこともなき世をおもしろく」つまらないと思っても，違う角度から見ると面白く感じるかも。

＊丸尾良浩（まるお　よしひろ/1964年生まれ）

滋賀医科大学小児科学講座教授
『新版よくわかる子どもの保健』（共編著・ミネルヴァ書房）
子どもの成長・発達を見守る立場で小児医療にあたっています。

吉田大輔（よしだ　だいすけ/1981年生まれ）

滋賀医科大学附属病院小児科特任助教
子どもたちの健康と安全の一助となれれば幸いに思います。これからもみなさまと一緒に勉強を続けていきたいです。

三村由卯（みむら　ゆう/1975年生まれ）

豊郷病院小児科部長
未来の子どもたちの育成に関わるみなさんに少しでもお役に立てたらと思います。

やわらかアカデミズム・〈わかる〉シリーズ

よくわかる子どもの健康と安全

2020年12月1日　初版第1刷発行　　　　　　　　〈検印省略〉

定価はカバーに
表示しています

編 著 者	丸 尾 良 浩
	竹 内 義 博
発 行 者	杉 田 啓 三
印 刷 者	田 中 雅 博

発行所　株式会社　ミネルヴァ書房

〒607-8494　京都市山科区日ノ岡堤谷町1
電話代表　(075) 581-5191
振替口座　01020-0-8076

©丸尾良浩・竹内義博ほか, 2020　創栄図書印刷・新生製本

ISBN978-4-623-09023-5
Printed in Japan

教育・保育

よくわかる学びの技法
田中共子編　本体　2200円

よくわかる卒論の書き方
白井利明・髙橋一郎著　本体　2500円

よくわかる教育評価
田中耕治編　本体　2600円

よくわかる授業論
田中耕治編　本体　2600円

よくわかる教育課程
田中耕治編　本体　2600円

よくわかる教育原理
汐見稔幸・伊東　毅・髙田文子
東　宏行・増田修治編著　本体　2800円

新版　よくわかる教育学原論
安彦忠彦・藤井千春・田中博之編著　本体　2800円

よくわかる生徒指導・キャリア教育
小泉令三編著　本体　2400円

よくわかる教育相談
春日井敏之・伊藤美奈子編　本体　2400円

よくわかる障害児教育
石部元雄・上田征三・髙橋　実・柳本雄次編　本体　2400円

よくわかる特別支援教育
湯浅恭正編　本体　2500円

よくわかるインクルーシブ教育
湯浅恭正・新井英靖・吉田茂孝編著　本体　2500円

よくわかる肢体不自由教育
安藤隆男・藤田継道編著　本体　2500円

よくわかる障害児保育
尾崎康子・小林　真・水内豊和・阿部美穂子編　本体　2500円

よくわかる保育原理
子どもと保育総合研究所
森上史朗・大豆生田啓友編　本体　2200円

よくわかる家庭支援論
橋本真紀・山縣文治編　本体　2400円

よくわかる子育て支援・家庭支援論
大豆生田啓友・太田光洋・森上史朗編　本体　2400円

よくわかる社会的養護
山縣文治・林　浩康編　本体　2500円

よくわかる社会的養護内容
小木曽宏・宮本秀樹・鈴木崇之編　本体　2400円

よくわかる子どもの保健
竹内義博・大矢紀昭編　本体　2600円

よくわかる子どもの健康と安全
丸尾良浩・竹内義博編著　本体　2200円

よくわかる発達障害
小野次朗・上野一彦・藤田継道編　本体　2200円

よくわかる子どもの精神保健
本城秀次編　本体　2400円

よくわかる環境教育
水山光春編著　本体　2800円

福祉

よくわかる社会保障
坂口正之・岡田忠克編　本体　2500円

よくわかる社会福祉
山縣文治・岡田忠克編　本体　2500円

よくわかる社会福祉運営管理
小松理佐子編　本体　2500円

よくわかる社会福祉と法
西村健一郎・品田充儀著　本体　2600円

よくわかる社会福祉の歴史
清水教惠・朴　光駿編著　本体　2600円

新版　よくわかる子ども家庭福祉
吉田幸恵・山縣文治編著　本体　2400円

新版　よくわかる地域福祉
上野谷加代子・松端克文・永田祐編著　本体　2400円

よくわかる家族福祉
畠中宗一編　本体　2200円

よくわかるスクールソーシャルワーク
山野則子・野田正人・半羽利美佳編著　本体　2800円

よくわかる高齢者福祉
直井道子・中野いく子編　本体　2500円

よくわかる障害者福祉
小澤　温編　本体　2500円

よくわかる医療福祉
小西加保留・田中千枝子編　本体　2500円

よくわかる司法福祉
村尾泰弘・廣井亮一編　本体　2500円

よくわかるリハビリテーション
江藤文夫編　本体　2500円

よくわかる障害学
小川喜道・杉野昭博編著　本体　2400円

心理

よくわかる心理学実験実習
村上香奈・山崎浩一編著　本体　2400円

よくわかる心理学
無藤　隆・森　敏昭・池上知子・福丸由佳編　本体　3000円

よくわかる心理統計
山田剛史・村井潤一郎著　本体　2800円

よくわかる保育心理学
鯨岡　峻・鯨岡和子著　本体　2400円

よくわかる臨床心理学　改訂新版
下山晴彦編　本体　3000円

よくわかる臨床発達心理学
麻生　武・浜田寿美男編　本体　2800円

よくわかるコミュニティ心理学
植村勝彦・高畠克子・箕口雅博
原　裕視・久田　満編　本体　2500円

よくわかる発達心理学
無藤　隆・岡本祐子・大坪治彦編　本体　2500円

よくわかる乳幼児心理学
内田伸子編　本体　2400円

よくわかる青年心理学
白井利明編　本体　2500円

よくわかる高齢者心理学
佐藤眞一・権藤恭之編著　本体　2500円

よくわかる教育心理学
中澤　潤編　本体　2500円

よくわかる学校教育心理学
森　敏昭・青木多寿子・淵上克義編　本体　2600円

よくわかる学校心理学
水野治久・石隈利紀・田村節子
田村修一・飯田順子編著　本体　2400円

よくわかる社会心理学
山田一成・北村英哉・結城雅樹編著　本体　2500円

よくわかる家族心理学
柏木惠子編著　本体　2600円

よくわかる言語発達　改訂新版
岩立志津夫・小椋たみ子編　本体　2400円

よくわかる認知科学
乾　敏郎・吉川左紀子・川口　潤編　本体　2500円

よくわかる認知発達とその支援
子安増生編　本体　2400円

よくわかる情動発達
遠藤利彦・石井佑可子・佐久間路子編著　本体　2500円

よくわかるスポーツ心理学
中込四郎・伊藤豊彦・山本裕二編著　本体　2400円

よくわかる健康心理学
森　和代・石川利江・茂木俊彦編　本体　2400円